U0090236

民國文化與文學研究文叢

三　編

李　怡　主編

第 6 冊

民國歷史文化與中國現代經典作家（下）

李怡、胡昌平　主編

國家圖書館出版品預行編目資料

民國歷史文化與中國現代經典作家（下）／李怡、胡昌平 主編
— 初版 — 新北市：花木蘭文化出版社，2014〔民103〕
目 4+220 面；19×26 公分
（民國文化與文學研究文叢 三編：第6冊）
ISBN 978-986-322-778-6(下冊：精裝)
1.中國文學 2.現代文學 3.作家 4.文學評論
541.26208   103012743

特邀編委（以姓氏筆畫為序）：

ISBN-978-986-322-778-6

丁 帆	王德威	宋如珊
岩佐昌暲	奚 密	張中良
張堂錡	張福貴	須文蔚
馮 鐵	劉秀美	

9 789863 227786

民國文化與文學研究文叢
三 編 第六冊   ISBN：978-986-322-778-6

民國歷史文化與中國現代經典作家（下）

作　　者　李怡、胡昌平
主　　編　李　怡
企　　劃　四川大學現代中國文化與文學研究中心
　　　　　民國文學與海外漢學研究中心（籌）
　　　　　北京師範大學民國歷史文化與文學研究中心
總 編 輯　杜潔祥
副總編輯　楊嘉樂
編　　輯　許郁翎
出　　版　花木蘭文化出版社
社　　長　高小娟
聯絡地址　235 新北市中和區中安街七二號十三樓
　　　　　電話：02-2923-1455／傳真：02-2923-1452
網　　址　http://www.huamulan.tw 信箱 hml 810518@gmail.com
印　　刷　普羅文化出版廣告事業
初　　版　2014 年 9 月
定　　價　三編 20 冊（精裝）新台幣 35,000 元
版權所有・請勿翻印

民國歷史文化與中國現代經典作家（下）

李怡、胡昌平　主編

目

次

第三編　作家作品研究

壹、話語形式與文學品格
——以胡適、魯迅和張愛玲爲中心的考察

布小繼[*]

　　摘要：話語形式是指文學家如何進行話語表達和話語言說的方式，文學品格是文學家借助話語形式建立起來的、有獨創性的、在詞句微觀表達和思想結構、技法等宏觀表達上的特徵。胡適在採用白話代替文言上有著強烈的理論自覺，又躬行於詩歌的園地，但他囿於強勢的文言而無法獲得更大突破；時用文言詞語、多引用典故、多旁涉重大事件或對重大事件隱寫、暗寫，是魯迅突破文言話語限制的一種手段和策略，在擺脫傳統羈絆、開闢文學話語新紀元上取得了前所未有的成功；張愛玲不受文言句法、詞法和形式拘束自如地運用民間、底層白話來刻繪人物，傳情達意，表述觀感，獲得了深刻性。文學品格之確立是借助話語形式的結果，成熟、完善的話語形式會催生多樣化的文學品格。

關鍵詞：話語形式，文學品格，胡適，魯迅，張愛玲

---

* 布小繼，男，1972 年 11 月出生，雲南省大姚縣人，文學博士，紅河學院人文學院副教授。主要研究中國現當代作家作品和現代文化。

話語即言語，是指說話者或敘述人思考（觀念、態度）的表達結果；它既是思維方式，也是思維策略，既是思維過程，也是思維結果。使用什麼樣的話語、如何使用話語即話語形式，是話語表達和話語言說的中心問題。中國現代文學在其發生期，各方對於話語及其形式有著比較廣泛和多樣的論述：

> 我的「建設新文學論」的唯一宗旨只有十個大字：「國語的文學，文學的國語」。我們所提倡的文學革命，只要是替中國創造一種國語的文學。有了國語的文學，方才有文學的國語。有了文學的國語，我們的國語才可算得眞正國語。國語沒有文學，便沒有生命，便沒有價值，便不能成立，便不能發達。這是我這一篇文字的大旨。〔註1〕

胡適在此至少表述了幾層意思：其一、在胡適提倡之前或者說在新文化運動發生之前，中國的語言（國語）和文學是分離的；其二、國語與文學之間是互爲互存的；其三、國語的發育程度決定文學發達昌明與否。胡適所說的國語，實際上就是話語，此前的言文分離使中國文學走入了死胡同，沒辦法創新，思想情感模式化，語言傳達不了豐贍的情感和複雜的思想，即所謂「死文字不能產生活文學」〔註2〕。在《國語的進化》、《文學革命運動》等篇什中，胡適又舉出了若干實例力證國語的進化與文學發展之間的關係，凡此，都是在反覆闡述國語（白話）非但不會阻礙反而會促進文學的發展，是文學走向新生、走向未來和適應現實社會的必然選擇。胡適重視的是要把文學話語的使用對象從文言轉向白話，從而建立起相應的話語系統，形成一套完整的文學規範的問題。這無疑是一件前無古人的、具有開創性的事業。爲此，他不竭其力地鼓與呼。「吾曾作《白話解》，釋白話之義，約有三端：一、白話的『白』，是戲臺上『說白』的『白』，是俗語『土白』的白。故白話即是俗話。二、『白話』的『白』，是『清白』的『白』，是『明白』的『白』。白話但須要『明白如話』，不妨夾幾個文言的字眼。三、白話的『白』，是『黑白』的『白』。白話便是乾乾淨淨沒有堆砌塗飾的話，也不妨夾入幾個明白曉暢的文言字眼。」〔註3〕這是胡適從話語的基本內涵上切入對「白話」所做的定義。認爲其具有與文言、雅語相對卻相通的特質，是能夠被大眾廣泛接受的。這

〔註1〕 胡適：《建設的文學革命論》，《胡適自選集》，安徽人民出版社，2013年版，第144頁。
〔註2〕 同上，第115頁。
〔註3〕 胡適：《論小說及白話韻文》，《新青年》，1918年第4卷第1號。

也是之後轟轟烈烈的「國語運動」的邏輯起點。也就是說，以現代白話為文學話語從可能變為現實是在胡適等人的理論闡述和創作實踐中逐步實現的。在胡適的觀念中，文學創作之工具（白話），應先取材於「模範的白話文學」，如《水滸傳》、《西遊記》、《儒林外史》、《紅樓夢》；宋儒語錄；元人戲曲；明清時期的說白；唐宋的白話詩詞等。同時，還要用白話作各種文學。〔註4〕結合《嘗試集》中的詩歌可以見出，胡適對白話文學的推廣不僅有著深刻的理論自覺性，也有著實踐的自覺性。從文化發展的高度來看，胡適一方面能夠努力破除語言舊形式的壁壘，清除其對文學在新形勢下發展的諸種障礙，從而使文學發展獲得新質，即運用新的話語和話語形式為文學注入推動劑，使其擺脫傳統羈絆，獲得更大的生長空間。另一方面，胡適顯然也看到了白話的局限性，即傳情達意上文言也有其優長。

在胡適同儕——語言學家錢玄同、劉半農這裡，對白話文的理解又有所不同。前者認為，「我們主張文學革命，不是嫌古文太精深，乃是嫌古文太粗疏；不是單謀初級教育和通俗教育的方便，乃是謀中國文學的改良。我們不僅主張用白話文來做初級教育和通俗教育的教科書，尤其主張用彼來著學理深邃的書籍。」〔註5〕不僅要把白話作為中國文學改良的工具，更要把它用作深入持久的推廣。在對「京語」、「國語京調」等問題發表議論時，後者認為「我要請大家不要看輕了中國國語已有的好根基，這根基便是我們現在筆下所寫的白話文，也便是一般主張京語者為京語辯護時所寫的白話文」。〔註6〕白話文的使用是有著相當的群眾基礎的。同時，胡適也贊成錢玄同的先用白話取代文言，再用拼音取代白話的主張。

可見，新文學的倡導者們對白話作為文學話語的正當性、合理性和合法性之辯護理據並不僅僅局限於白話經典，也強調要從當下的現實中去尋找。事實上，白話作為新文學話語不單是個思維變革的問題，更深層次的問題還在於其也是一個文化權力爭奪和文化資源再分配的問題。白話的提倡和運用正好可以作為這些文化學者主動適應世界發展大勢、與世界「接軌」、與守舊

〔註4〕 胡適：《建設的文學革命論》，《胡適自選集》，安徽人民出版社，2013 年版，第 151 頁。

〔註5〕 錢玄同：《國文的進化》，《精讀錢玄同》，鷺江出版社，2007 年版，第 203 頁。

〔註6〕 劉半農：《國語問題中的一個大爭點》，《老實說了》，北京大學出版社，2010 年版，第 123 頁。

派區分的一個重要標誌。從話語權的制高點入手，從多數人的利益訴求入手，顯然可以獲得來自底層力量尤其是智識階層中知識青年的支持。如果仔細翻檢胡適《嘗試集》中的詩歌，還可以發現，胡適的詩之所以未能褪盡古詩的牽扯，在於他對於古白話的理解和運用有著極深的感情。這一點不僅使他的話語（國語）論述充滿了兩難和悖論，也使他無法在白話的使用形式上獲得突破，形成了自身創作上的困境。譬如《蝴蝶》一詩，整體上看是在追求一種押韻、對仗與和諧的效果，屬於即景即情的書寫方式。從詩歌形式來看，無論是贈別和人詩、還是援用《水調歌頭》、《臨江仙》、《沁園春》等詞牌寫就的舊體詩詞，多是以排律、韻文、歌行體出之。儘管有不少詩歌也在力避平仄、押韻、對仗等古詩套路，但字裏行間古詩痕迹依然可辨。與《建設的文學革命論》同時發表在《新青年》第 4 卷第 4 號上的譯作蘇格蘭女詩人 Anne Lindsay 的《老洛伯「Auld Robin Gray」》恰好與此形成對照，「全篇作村婦口氣，語語率真，此當日之白話詩也。」〔註7〕對其推崇可見一斑。在《嘗試後集》中的《大明湖》（1922）、《迴向》（1922）、《煙霞洞》（1923）、《秘魔崖月夜》（1923）等的詩味就更加濃鬱，更有新詩的品質。試以下面兩首詩來看這種變化：

> 依舊是月圓時，／依舊是空山，靜夜／我獨自月下歸來，——／這淒涼如何能解！／翠微山上的一陣松濤／驚破了空山的寂靜。／山風吹亂了窗紙上的松痕，／吹不散我心頭上的人影。（《秘魔崖月夜》）〔註8〕

> 剛轉個彎，忽然眼前就是海了，／太陽光從山頭上射出去：／他呢，前面一片黃金的大路／我呢，只剩下一個空洞洞的世界了。
> （《譯白朗寧的〈清晨的分別〉》）〔註9〕

前詩第一節在對景物的寫意式描繪後，以「獨自」、「淒涼」灌注進自己的感受，第二節的「驚破寂靜」的「松濤」、「吹亂松痕」的「山風」，無疑是具體化了的景物，與末句一起，再次把感情具體化——「人影」，可以是沉沉的思

〔註7〕 胡適：《老洛伯「Auld Robin Gray」》，《胡適文集09》，北京大學出版社，1998年版，第125頁。

〔註8〕 胡適：《秘魔崖月夜》，《胡適文集09》，北京大學出版社，1998年版，第232頁。

〔註9〕 胡適：《秘魔崖月夜》，《胡適文集09》，北京大學出版社，1998年版，第237頁。

念，也可以是黯然的痛楚。有傳統詩歌中的「賦比興」、融情入景的手法，也有西洋詩歌中對「我」的意志力、生命力的闡釋，更是胡適白話詩突出古詩「重圍」的一個標誌。在話語形式上，找到了其自身存在著的「內在律」，結構上把情感作為詩歌抒寫的主體。和《人力車夫》相比，情感的表達不再那麼生硬、僵化，話語逐漸褪去了生澀和執拗，搭配組合上有了詩味，和郭沫若那些「情緒亢奮型」的詩相比，無疑更為柔婉，更有「個人主義」的溫情和個性色彩，也是其詩藝在具體實踐中的提高。

後詩第一節屬於截取橫斷面或是片段式的寫法，以「海」、「陽光」來作為詩人敘述其即時性感受時的背景。第二節則是一個鮮明的對比，即「他」和「我」在清晨分別後的不同道路，「黃金的大路」對「空洞洞的世界」，尤其可以見出其反差，該詩耐人尋味之處也就在於此。它和胡適所譯的其他詩相比較，獨特性在於「言有盡而意無窮」，可以供人揣想的空間極大，也合乎中國古詩「味外之味」的要旨。

所舉二詩之共同點在於它們切入到了詩歌的根本：以凝練、濃縮的語言傳達出詩人對世界富有個性的體認，以結構上的簡潔來營造出特徵鮮明、意味雋永的境界。但後詩顯然是更值得琢磨的，它不僅合乎自身的邏輯，做到了張力場的擴大化，借助跳脫、留白和對詩意遮而不蔽的方式製造出了詩味，在話語的使用上選擇性更強、與中國古詩經典的關聯度更低。較諸胡適的詩中對傳統意象「圓月」、「空山」、「靜夜」、「松濤」、「山風」的繼承來看，後詩不同質地的話語體系給中國新詩帶來的東西無疑是多方面的。尤其是它對中國古詩話語（習見習察的意象話語）內涵的封閉性、自足性和外延的確定性、周全性的特徵，帶來了思維習慣上的衝擊。胡適的譯詩確實在改變他自己的詩風方面有著不小的貢獻，宛如裹腳布被小心翼翼地放開。胡適是個善於虛心接納不同意見的人，正如其在《〈嘗試集〉自序》中所言，「這些詩的大缺點就是仍舊用七言五言的句法。句法太整齊了，就不合語言的自然，不能不有截長補短的毛病，不能不時時犧牲白話的字和白話的文法，來牽就五七言的句法。音節一層，也受很大的影響：第一、整齊劃一的音節沒有變化，實在無味；第二、沒有自然的音節，不能跟著詩料隨時變化。因此，我到北京以後所做的詩，認定一個主義：若要做真正的白話詩，若要充分採用白話的字，白話的文法，和白話的自然音節，非做長短不一的白話詩不可。這種主張可叫做『詩體的大解放』。詩體的大解放就是把一切束縛自由的枷鎖鐐

銬，一切打破：有什麼話，說什麼話；話怎麼說，就怎麼說。這樣方才可有真正白話詩，方才可以表現白話的文學可能性。」〔註10〕故此，在 1922 年《嘗試集》出第四版時他不僅接納了朱執信、蔣百里等人的建議，還請任叔勇、陳莎菲、魯迅、周作人、俞平伯等加以刪改，從中加以選擇。實際上，《嘗試集》不斷再版的過程，也可以看做是胡適對新詩的理解不斷深化的過程。在《嘗試後集》作於二十年代的新詩中，確有部分詩具備有了新詩的若干要素。但也要看到，胡適從《嘗試集》及《嘗試後集》中所表現出的文學品格正如其書名一樣：嘗試──對文言傳統破除的企圖，也有求新求變的內在需要。但在重負因襲之下，所邁步伐相當謹慎、步步為營，話語和話語形式整體上的簡單化導致了其創作思路被圈定在一個有限的範圍內，只好以「但開風氣不為師」自況。其話語形式與所追求的文學品格是矛盾和衝突的，可見，作為「文學革命」和「國語文學」的首倡者，其理論準備與創作實踐並不能同步。

魯迅是白話文當然的、自覺的實踐者。在《狂人日記》中，虛構了一個以自己狂亂思維來解釋歷史的狂人形象。小說開頭的「某君昆仲，今隱其名，皆余昔日在中學校時良友……」〔註11〕一段之寫法卻完全以文言文出之，其中所透露出的信息是耐人尋味的，是對狂人之「迫害狂」、妄想症一類病態來歷的交代，也是「狂人」始狂終愈──無法「狂」得徹底、其病根與封建制度之間聯繫的緊密性和作家假借「狂人」言說歷史之便利性和隱喻的正當性的需要。後面的白話文敘述即為現代小說樹立起了一個高標，也是魯迅成為現代文學旗幟的一個開始。但該文仍然有幾點值得注意：第一、小說以心理獨白、意識流、象徵隱喻等手法為主，並不注重傳統經典小說中敘述的完整性，這說明了魯迅對傳統的揚棄、對現代小說技法的變革是比較徹底的；第二、以「狂人」之眼為敘述視角的第一人稱敘事，在糅合了對「吃人」與「被吃」的複雜關係和現實情狀的描述後，有不少的議論，而這些議論顯然是要為歷史論述和歷史觀點的揭示張目；第三、敘述話語上，該小說初步顯現出了白話之「白」的特點。比如「早上，我靜坐了一會。陳老五送進飯來，一碗菜，一碗蒸魚；這魚的眼睛，白而且硬，張著嘴，同那一夥想吃人的人一

〔註10〕 胡適：《〈嘗試集〉自序》，《胡適文存 09》，北京大學出版社，1998 年版，第 80～81 頁。

〔註11〕 魯迅：《狂人日記》，《魯迅全集第一卷》，人民文學出版社，2005 年版，第 444 頁。

樣。吃了幾筷，滑溜溜的不知是魚是人，便把他兜肚連腸的吐出。」「其實我豈不知道這老頭子是劊子手扮的！無非借了看脈這名目，揣一揣肥瘠：因這功勞，也分一片肉吃。我也不怕；雖然不吃人，膽子卻比他們還壯。」〔註12〕把「魚眼」和「滑溜溜」的觸感轉移爲心理感受──「疑心」，則是對中醫何先生、大哥的所有行動均持敵意所致。

《風波》中，先對「風波」的發生環境加以刻畫，實質上是要揭示這無謂的「風波」對七斤所在的小村莊的影響，也是對「張勳復辟」鬧劇的嘲諷。在人物刻畫上，更容易讓讀者記住的是嘮嘮叨叨的九斤老太、樸實木訥的七斤和說話尖刻陰損的七斤嫂。因爲小說不僅有心理刻畫，更有直白通俗的人物對話，個性特徵十足。比如「七斤和他的女人沒有讀過書，不很懂得這古典的奧妙，但覺得有學問的七爺這麼說，事情自然非常重大，無可挽回，便彷彿受了死刑宣告似的，耳朵裏嗡的一聲，再也說不出一句話」〔註13〕一段，突出地表現了封建思想對農民心靈的荼毒和農民生活的無知無覺，對農民生活狀態及深層心理把握非常到位、貼切和準確。

在《阿Q正傳》中，話語形式又被添入了新的質素和內涵。「序」中的四條說明理由上溯孔子、狄更斯，又找到了古代史家的立傳規則和《郡名百家姓》等作爲依據，合乎善於引經據典的「有『歷史癖』與『考據癖』的胡適之先生的門人們」〔註14〕之愛好，可順勢諷喻一把，毫無疑問，這樣的寫法還是有些「黏滯」，無法進退自如。在對阿Q的刻畫上，幾乎都是以事實來說明其性格的複雜性和特殊性，「序」之後的每一章，對應了人物性格中的一方面或幾方面，而且越來越收放自如，佳句妙語不斷出現。在詞語的組合上，大詞小用、「戲仿」、隱喻、反語、文白雜用等的出現，既豐富了小說的話語內涵，充實了文本，又使白話文的話語格局變得多樣化起來。試看下例：

> 不料這禿兒卻拿著一支黃漆的棍子──就是阿Q所謂的哭喪棒
> ──大踏步走了過來。阿Q在這剎那，便知道大約要打了，趕緊抽

〔註12〕 魯迅：《狂人日記》，《魯迅全集第一卷》，人民文學出版社，2005年版，第447頁。

〔註13〕 魯迅：《風波》，《魯迅全集第一卷》，人民文學出版社，2005年版，第495頁。

〔註14〕 魯迅：《阿Q正傳》，《魯迅全集第一卷》，人民文學出版社，2005年版，第515頁。

緊筋骨，聳了肩膀等候著，果然，拍的一聲，似乎確鑿打在自己頭上了。「我說他！」阿Q指著近旁的一個孩子，分辯說。拍！拍拍！在阿Q的記憶上，這大約要算是生平第二件的屈辱。幸而拍拍的響了之後，於是他倒似乎完結了一件事，反而覺得輕鬆些，而且「忘卻」了這一件祖傳的寶貝也發生了效力，他慢慢的走，將到酒店門口，早已有些高興了。〔註15〕

本段中「不料」、「大約」、「果然」、「幸而」、「似乎」、「反而」、「而且」、「早已」等副詞接連不斷的出現，激活了人物形象，突入到了人物內心。實際要表述的意思極其顯豁，即阿Q挨「假洋鬼子」打。但魯迅不惜筆墨，盡力渲染了阿Q挨打前後的一系列心理反應，借助的也正是這些虛詞的力量。實寫之同時，又進一步剖析了人物自身的缺陷。從話語形式來看，該中篇小說引入了不少的民間俗語、俗白。借助這些俗語、俗白使小說的鄉土氣、泥土味充沛起來，進而獲得了人物刻畫和思想傳達上的新意。文言語彙的借用和文言句式的簡練表達，切合了阿Q的生活場景和時代氛圍，使小說的話語在通達暢順中又添了幾分古雅。《阿Q正傳》選用了章回式的標目來結構全文，有張有弛，「優勝記略」、「續優勝記略」是專述其「精神勝利法」的，「戀愛的悲劇」、「生計問題」和「從中興到末路」是要把阿Q逼到無路可走的地步以使他「革命」，「不准革命」便徹底斷了他的退路，在「大團圓」中成了辛亥革命的冤死鬼。結合前述二小說來看，這裡的話語已然嫺熟，並不專一取法西洋文學，把西洋的心理描寫和傳統的故事展開方式有機結合起來，構成了「橫斷面＋縱剖面」的敘述方式，也對傳統的「大團圓」結局做了有效消解。更其重要的是魯迅雖然運用傳統結構卻又完成了超越，把文言與白話的各自優長充分發揮出來。

在《孤獨者》中，把魏連殳的故事與送殮聯繫起來，形成了一個圓形結構。其獨特處起碼有幾重：「送殮」作爲告別儀式，既是「我」與魏連殳相識的起點，也是終點，魏的故事在「我」這裡劃了一個圓圈；魏由激進的新黨不斷退化，最終回復到原點、甚至比封建遺老更保守、走得更遠；孤獨者之所以孤獨，在於其對舊世界、舊文化無論採取何種姿態——最激進的「新學」支持者和最保守的「新學」反對者，都是無人同情、無人喝彩、引不起共鳴

〔註15〕魯迅：《阿Q正傳》，《魯迅全集第一卷》，人民文學出版社，2005年版，第522頁。

的。「他在不妥帖的衣冠中，安靜地躺著，合了眼，閉著嘴，口角間彷彿含著冰冷的微笑，冷笑著這可笑的死屍。敲釘的聲音一響，哭聲也同時迸出來。這哭聲使我不能聽完，只好退到院子裏；順腳一走，不覺的出了大門了。潮濕的路極其分明，仰看太空，濃雲已經散去，掛著一輪圓月，散出冷靜的光輝。」〔註16〕「冷笑」，就是魏連殳精神氣質最好的寫照。

「中國舊戲上，沒有背景，新年賣給孩子看的花紙上，只有主要的幾個人（但現在的花紙卻多有背景了），我深信對於我的目的，這方法是適宜的，所以我不去描寫風月，對話也決不說到一大篇。我做完之後，總要看兩遍，自己覺得拗口的，就增刪幾個字，一定要它讀得順口；沒有相宜的白話，寧可引古語，希望總有人會懂，只有自己懂得或連自己也不懂的生造出來的字句，是不大用的。這一節，許多批評家之中，只有一個人看出來了，但他稱我為 Stylist。」〔註17〕或者說，魯迅在話語和話語形式上的創新性和準確性，使他的文學品格得到了充分的彰顯，話語使用的精益求精成全了魯迅作品的文學性，而借助白話思考的「言文一致」又使他獲得了傳達思想的最佳途徑。黎錦明把魯迅譽為文體家，其道理或許也就在於他對白話使用的態度和方式上吧。

如果說處於文學話語的「草創期」的魯迅創造出了極具含金量的話語形式並形成了具有獨特性和藝術高度的文學品格的話，那麼張愛玲創作旺盛期的四十年代，正是中國現代文學由學習西洋文學的「個性主義」話語表達轉入「中國化」的話語表達時期。在其名作《金鎖記》中，最為引入勝的莫過於環境描寫、對話描寫和心理描寫。在這些描寫中，話語形式得到了豐富，話語張力得到了更多的釋放，同時，作家也形成了自己獨特、有意味的表現手段。

　　三十年前的上海，一個有月亮的晚上……我們也許沒趕上看見三十年前的月亮。年輕的人想著三十年前的月亮該是銅錢大的一個紅黃的濕暈，像朵雲軒信箋上落了一滴淚珠，陳舊而迷糊。老年人回憶中的三十年前的月亮是歡愉的，比眼前的月亮大、圓、白；然而隔著三十年的辛苦路望回看，再好的月色也不免帶點淒

〔註16〕魯迅：《孤獨者》，《魯迅全集第二卷》，人民文學出版社，2005 年版，第 110 頁。

〔註17〕魯迅：《我怎麼做起小說來》，《魯迅全集第四卷》，人民文學出版社，2005 年版，第 526～527 頁。

涼。〔註18〕

　　天就快亮了。那扁扁的下弦月，低一點，低一點，大一點，像赤金的臉盆，沈了下去。天是森冷的蟹殼青，天底下黑漆漆的只有些矮樓房，因此一望望得很遠。地平線上的曉色，一層綠、一層黃、又一層紅，如同切開的西瓜——是太陽要上來了。〔註19〕

比喻使用流暢、自然，而且把色彩、畫面、心理和記憶回溯熔於一爐，力圖依據心理感受的不同去引出人物複雜的性格變化過程，還原一段民國前後人物的生活史。對「月亮」意象的運用也極具創造性，它不再是某種情感的寄託物和對應物，而成了一個時間的載體和一段悲歡離合的見證者。同是月亮，從不同角度去感知，寫出了不同的韻味。從古典文學中化用出來卻又不拘泥於傳統，月亮與淚珠、歡愉與淒涼、毫無疑問都成了小說中足以起到穿插勾連作用的物事。簡單的重複、表意的實在與從《金瓶梅》、《紅樓夢》中承繼的語言習慣一起，構成了小說話語上的多重豐富性。但更值得注意的是對話：

　　（七巧）笑道：「人都齊了。今兒想必我又晚了！怎怪我不遲到——摸著黑棗的頭！誰教我的窗戶衝著後院子呢？單單就派了那麼間房給我，橫豎我們那位眼看是活不長的，我們淨等著做孤兒寡婦了——不欺負我們，欺負誰？」〔註20〕

　　第二天她大著膽子告訴她母親：「娘，我不想念下去了。」七巧睜著眼道：「爲什麼？」長安道：「功課跟不上，吃的也太苦了，我過不慣。」七巧脫下一隻鞋來，順手將鞋底抽了她一下，恨道：「你爹不如人，你也不如人？養下你來又不是個十不全，就不肯替我爭口氣！」長安反剪著一雙手，垂著眼睛，只是不言語。旁邊老媽子們便勸道：「姐兒也大了，學堂裏人雜，的確有些不方便。其實不去也罷了。」七巧沉吟道：「學費總得想法子拿回來。白便宜了他們不成？」〔註21〕

〔註18〕 張愛玲：《金鎖記》，《傾城之戀》，北京十月文藝出版社，2006 年版，第 126 頁。

〔註19〕 張愛玲：《金鎖記》，《傾城之戀》，北京十月文藝出版社，2006 年版，第 129 頁。

〔註20〕 張愛玲：《金鎖記》，《傾城之戀》，北京十月文藝出版社，2006 年版，第 131 頁。

〔註21〕 張愛玲：《金鎖記》，《傾城之戀》，北京十月文藝出版社，2006 年版，第 156 頁。

以上對話中，曹七巧潑辣、尖刻、強勢的鮮明性格特徵正是借助極端個性化的話語而得以顯現。至少有兩點：前例中的人物話語顯得平民化、市民化，選用的詞語較少艱澀和難解的，具有鮮明的時代特徵和民族特徵；話語的容量決定了人物表現的力度和深刻度，爲了達到塑形繪神的目的，曹七巧話語的內涵是分層次的，即訴苦、抱怨、詛咒和破罐破摔。後例中的對話特點在於人物表現上的自在化、自然化，即曹七巧的目的是要讓長安自行退學，但又先行施加各種壓力於她，在她提出退學要求後卻用「鞋底」假意懲戒，老媽子一番勸說後又乘勢下臺，既達到目的又不失母儀，心計、手段可謂高明。這些對話最重要的還在於白話表述的嫻熟、生動、妥帖與形象。除「道」這一指稱人物話語表達的詞語外，它並未插入其他的文言詞語或外來詞語，而是直接使用樸實、地道的現代白話，卻塑造出了一個栩栩如生的文學典型。經典意象的推陳出新、對話描寫的機鋒微露、景物刻畫的眞切自然以及詞語使用的精雕細刻、句式的多樣性、簡單化和複雜化的統一，結構上的片段剪影與成長敘述相結合都足以證明話語形式到張愛玲這裡得到了新的發展，是對白話使用水準的提升，也是對民族語言現代化的新貢獻。這在其名作《傾城之戀》中也有表現，比如下段：

> 在劫後的香港住下去究竟不是長久之計。白天這麼忙忙碌碌也就混了過去。一到了晚上，在那死的城市裏，沒有燈，沒有人聲，只有那蔘蔘的寒風，三個不同的音階，「喔……呵……嗚……」無窮無盡地叫喚著，這個歇了，那個又漸漸響了，三條駢行的灰色的龍，一直線地往前飛，龍身無限制地延長下去，看不見尾。「喔……呵……嗚……」……叫喚到後來，索性連蒼龍也沒有了，只是三條虛無的氣，眞空的橋梁，通入黑暗，通入虛空的虛空。這裡是什麼都完了。剩下點斷堵頹垣，失去記憶力的文明人在黃昏中跌跌蹌蹌摸來摸去，像是找著點什麼，其實是什麼都完了。〔註22〕

話語形式上的有意重複、變化，其對「風——龍——氣」的描寫，以之來隱喻她對現代文明及其現代性的焦慮，是值得反覆回味的。

　　或許可以說，張愛玲對白話的自覺且極具表現力的使用成全了她作爲民族作家的文學品格，這種文學品格一方面如其所言，「我不喜歡壯烈。我是

〔註22〕張愛玲：《傾城之戀》，《傾城之戀》，北京十月文藝出版社，2006年版，第218～219頁。

喜歡悲壯，更喜歡蒼涼……蒼涼之所以有更深長的回味，就因為它像蔥綠配桃紅，是一種參差的對照。我喜歡參差的對照的寫法，因為它是較近事實的。」〔註 23〕絢麗而蒼涼無疑是其此階段小說的基本特徵。格言警語、佳詞麗句層出不窮，即為明證。一方面又源於其對小說題材的開拓和文化價值的提升。在上述二文中，對封建遺子尤其是被壓抑與被損害的女性人物心理狀態的深情刻畫和精心形構，對女性作為一個群體在男權社會中生存狀態與生活方式的悲憫式書寫，是與用來刻畫人物身份、地位的話語形式高度匹配的。

質而言之，呼籲並身體力行話語變革的胡適是在全力拓展白話的使用範圍，尋找新文學的生存空間，其《嘗試集》中的詩歌話語無疑具有步履蹣跚、舉步維艱的特點，也很難擺脫文言文的強大束縛，文言的強勢使得他這個呼籲者在 1920 年代無法自如地運用白話寫作。同時，他的理論家和先行者的身份，無法使他真正沉入到話語選擇和話語創造中去，他所面臨的創作話語困境其實是一代先驅們必然要付出的代價，從這個角度來看，他的話語形式與文學品格具有相當程度上的不對稱性，即話語形式的有限性與文學品格的突破性之間存在著不少的矛盾和阻隔，前者無法為後者提供有力的支撐和保證；魯迅則不然，他的話語形式和文學品格具有一種無可移易、難以拆分的對應性。也就是說，魯迅首先是尋找到了最適合他自己的、最能夠傳達他的文學思想的話語形式，從而在突破文言約束、借鑒歐化語言、創造白話語言和形式方面獲得了成功。其小說名作中時用文言詞語、多引用典故、多旁涉重大事件或對重大事件隱寫、暗寫，既是他傳達思想的需要，自身使命感、責任感使然，更是他突破文言話語限制的一種手段、一種策略，在擺脫傳統羈絆、開闢文學話語新紀元上取得了前所未有的進步。而且，他的文學品格的形成和確立又是與他的話語形式之創造性密不可分的，或者說，他在新文學「草創期」話語形式的創造性成為了他文學品格的特異性的一個重要特徵。張愛玲的文學話語形式最為獨到之處，在於她可以不受文言句法、詞法和形式拘束，自如地運用民間、底層白話來刻繪人物，傳情達意，表述觀感，獲得文學論述的深刻性。如果說魯迅在小說中還有一個棄舊圖新、不斷體認的話語認知過程的話，那麼張愛玲在進入小說創作後卻是可以揮灑

〔註23〕張愛玲：《自己的文章》，《流言》，北京十月文藝出版社，2006 年版，第 13 頁。

自如地運用白話來遊弋於創作之中，其所遇到的阻力比起前輩作家來說自然是要小得多的，因而她能夠在白話文學發展相對成熟的 1940 年代建構起自己的文學書寫版圖和文學書寫高地，其文學品格就在話語形式的成熟中得以彰顯。

　　顯然，新的話語形式的運用對文學產生了質的影響。現代白話文之所以不同於文言文就在於它經歷了一次次形式革命的深刻洗禮，在越來越多的作家通過創作豐富了話語形式、充實了話語內涵、確立起自己的文學品格後，話語形式變得愈發成熟、臻於完備；文學品格之確立是話語形式充分運用的必然結果，成熟、完備的話語形式又催生出了多樣化、特色化的文學品格。

貳、《三個叛逆的女性》與郭沫若的「女權」思想

倪海燕*

　　摘要：郭沫若在寫作了《三個叛逆的女性》之後，宣稱自己是贊成女權主義的。這究竟是一種真實的表達還是僅僅是詩人的浪漫？本書從《三個叛逆的女性》切入，分析了郭沫若這三個劇中對女性的書寫，以及他的「女權」體認，並由此生發開來，考察了民國時期一些男性作家對女性問題的關注以及對其創作產生的影響。

關鍵詞：三個叛逆的女性，女權主義，民國機制

---

* 倪海燕，女，文學博士，肇慶學院文學院副教授。

　　1926 年 4 月，上海光華書局出版了郭沫若的戲劇集《三個叛逆的女性》，即《卓文君》、《王昭君》、《聶嫈》三個劇本。關於寫作這三個劇本的動機，郭沫若在《寫在〈三個叛逆的女性〉後面》一文中進行了解釋，他說：「我自己對於勞動運動是贊成社會主義的人，而對於婦女運動是贊成女權主義的」。〔註1〕郭沫若作爲一個男性作家，是如何理解女權主義的，又是如何將其形象化爲藝術產品的，這是一個非常有意思的問題。而在民國的法律、經濟、思想、文化等影響下，許多現代男性作家對於女權主義也有自己的思考，它又是如何體現在他們的作品當中的呢？

一、《三個叛逆的女性》對女性的書寫

　　郭沫若的《三個叛逆的女性》分別以卓文君、王昭君和聶嫈爲寫作對象，來體現他對女權的一些思考。按照他最初的設想，是想寫卓文君、王昭君和蔡文姬三個女性的，他想讓她們分別代表女性叛逆者的「三不從」：不從父、不從夫與不從子。這也是郭沫若對女權思想最淺層的理解。

　　卓文君的故事與傳說中的相比似乎沒有多少新鮮之處。卓文君守寡在家，因受司馬相如琴聲的吸引而愛上他乃與之私奔。這在古代是被認爲很不道德的，「就在民國的現代，有許多舊式的道德家，尤其是所謂教育家，也依然還是這樣」。〔註2〕從這個意義上來說，郭沫若通過戲劇給卓文君平了反，認可了她行爲的合理性以及革命意義。在劇中，卓文君開始比較猶豫，後受婢女紅簫的啓發，在私奔被阻攔時，大膽地說出了自己的宣言：「我以前是以女兒和媳婦的資格對待你們，我現在是以人的資格對待你們了」。〔註3〕女兒、媳婦是女性的王昭君被社會和文化所界定的角色，也是對她造成壓抑的原因：因爲是女兒，她必須聽從父親的意見；因爲是媳婦，她就應該守寡，而沒有自我選擇的權利。所以，作爲叛逆的女性，首先應該叛逆的是她作爲女兒與媳婦的角色。然而，「以人的資格對待你們」而不是「以一個獨立的女人的資格對待你們」，更符合「五四」時代對「人」的解放的要求。卓文君接著說道：「我自認我的行爲是爲天下後世提倡風教的。你們男子們制下的舊禮

〔註1〕　郭沫若：《寫在〈三個叛逆的女性〉後面》〔M〕，《郭沫若全集·文學編》（第六卷），北京：人民文學出版社，1986 年，第 134～149 頁。
〔註2〕　同註1。
〔註3〕　郭沫若：《卓文君》〔M〕，《郭沫若全集·文學編》（第六卷），北京：人民文學出版社，1986 年，第 17～58 頁。

教，你們老人們維持著的舊禮教，是範圍我們覺悟了的青年不得，範圍我們覺悟了的女子不得！」〔註4〕這裡，又是一個青年與老年的對立，指出了舊道德的實質是爲了戕害年輕的生命。這樣的話語很容易讓人聯想起同時代的很多作品，比如巴金的《家》等。最後，當卓文君的父親氣得讓她死時，她說：「你要叫我死，但你也沒有這種權利！從前你生我的時候只是一塊肉，但這也不是你生的，只是造化的一次兒戲罷了！我如今是新生了，不怕你就咒我死，但我要朝生的路上走去！」〔註5〕於是，完成了對「君叫臣死，臣不得不死，父叫子亡，子不得不亡」的與舊禮教和父權制度的堅決割裂，態度決絕而勇敢。

王昭君應是「三個叛逆女性」中形象最爲豐富的一個。在郭沫若的這部歷史劇中，王昭君身世淒慘，被選入宮後，因被畫師毛延壽點破畫像而不得寵，後被嫁入番邦。這個故事對傳統關於王昭君的故事進行了改寫。在過去的故事中，有的講王昭君不得不接受了這樣的命運，有的講她是主動要求去和番的，原因是受漢元帝的冷落而產生了「悲怨」之情。在郭沫若這裡，王昭君不是不肯賄賂畫師，她可以用身體來交換；漢元帝已經見識了她的美貌，願意將她留在身邊，她也可以不去和番。但是，她仍然選擇了離開，是因爲她看透了漢元帝爲代表的男性世界的骯髒與荒淫無度。她控訴道：「你身居高拱的人，你爲滿足你的淫欲，可以強索天下的良家女子來恣你的姦淫！你爲保全你的宗室，你可以逼迫天下的良家子弟去塡豺狼的欲壑！……你的權力可以生人，可以殺人，你今天不喜歡我，你可以把我拿去投荒，你明天喜歡了我，你又可以把我來供你的淫樂，把不足供你淫樂的女子拿去投荒。投荒是苦事，你算知道了，但是你可知道，受你淫弄的女子又不自以爲苦嗎？你究竟何異於人，你獨能恣肆威虐於萬眾之上呢？你醜，你也應該知道你醜！豺狼沒有你醜，你居住的宮廷比豺狼的巢穴還要腥臭！」〔註6〕王昭君所面對的夫，不僅是一個男子，更是一個擁有無上權力的皇帝，因而，她的勇氣和她清醒的態度尤其值得敬佩。

相對而言，聶嫈的形象則稍微薄弱一些。在劇中，作者將她設置爲聶政的雙胞胎姐姐，爲了殉弟弟，殉道義而死。她選擇了不同於一般女性的路徑，

〔註4〕 同註3。
〔註5〕 同註3。
〔註6〕 郭沫若：《王昭君》〔M〕，《郭沫若全集·文學編》（第六卷），北京：人民文學出版社，1986年，第59～90頁。

因而也可算是一個叛逆者的形象。

在這些劇中，郭沫若的女性形象都是清潔美好的，而男性世界則是骯髒醜齷的。作者遵循傳統戲劇的寫法，為女主角都設置了一個配角，如卓文君的丫鬟紅簫，毛延壽的女兒毛淑姬，濮陽酒店的酒家女……她們都真心佩服和愛戴女主角，對女主角的形象構成襯托，對故事情節起著推動作用。而所有的男性幾乎都是一樣的：虛偽、荒淫、愚蠢。《卓文君》中，卓文君的父親愛財如命，是個典型的勢利小人；她的公公程鄭則覬覦她的美貌，虛偽無恥。即便是對紅簫有著愛情的僕人秦二，雖然人並不壞，卻是一個糊塗蛋。《王昭君》中，漢元帝是個昏聵荒淫的君主，畫師毛延壽貪財好色，毛的徒弟龔寬雖良心未泯，卻也並非一個清潔的人。污濁的男性世界對女性世界構成了強大的壓力，卻也為她們提供了反抗的對象，和形成戲劇衝突的動力。

對叛逆女性形象的塑造與男女兩性對立的世界的設置，是否恰是郭沫若女權思想的體現呢？

二、郭沫若的文學創作與「女權」體認

郭沫若的《三個叛逆的女性》塑造了三個特出的女性形象，她們敢於挑戰命運，敢於做出「不從」的選擇，具有一定的藝術光彩。在《寫在〈三個叛逆的女性〉後面》中，郭沫若對自己的「女權」思想進行了解釋。「『女權主義』（Feminism）一書的作者華爾士（Walsh）曾把女權主義的運動和社會主義兩相比較，他說：社會主義是喚醒階級意識而形成階級鬥爭，女權運動是喚醒性的意識而形成性的鬥爭。這個比較我覺得不僅在被壓迫者方面的志趣是完全相同，就是在壓迫者方面的態度也幾乎全然一致。」〔註7〕郭沫若將中國女性所受的束縛、歧視，歸結於以「三從四德」為中心的舊道德，因而女權主義所反對的最基本的就是「三從」。他將男女性別的壓迫等同於階級壓迫，認同的是男女兩性的對抗，因而也可以理解為何在他的《三個叛逆女性》中，形成了這樣一種男女兩性對立的世界。在這種兩極的對立中，只有一極戰勝一極，而無調和的可能。然而，階級鬥爭與女權主義之間又是怎樣的一種關係？同樣是在這篇文章當中，他寫道：「本來女權主義只可以作為社會主義的別動隊，女性的徹底解放須得在全人類的徹底解放之後才能辦到。女性是受著兩重的壓迫的，她們經過了性的鬥爭之後，還要來和無產階級的男

〔註 7〕同註1。

性們同上階級鬥爭的陣線。」在他看來，一方面，女性的徹底解放應該是在全人類的徹底解放後才能達到；另一方面，又認為女性經過了性的解放之後，任務尚未完成，還需與男性共同進行階級鬥爭才能完成。也就是說，「全人類的解放」或者說階級鬥爭應是更為高級的目標。至於實現了全人類的解放之後是否就一定能實現女性的解放，在郭沫若那裡是想當然的。這也代表了「五四」時代大多數男性知識分子在這個問題上的思考角度。

因此，當我們重新考察《三個叛逆的女性》時就會發現，在對於女權主義這一問題上，郭沫若的認識是比較淺層的。卓文君所唯一想要表現的就是「不從父」這樣一個觀念，作者通過她的慷慨陳詞實現了這一觀念的表達，是一個典型的出走的「娜拉」形象。至於「不從父」之後如何，「不從父」是否就是革命的完成，作者並沒有進一步追問下去。相對而言，王昭君在自我人生選擇上比卓文君要清醒得多，堅定得多。到了聶嫈這裡，作者的矛盾開始體現出來。本來劇是以女性聶嫈為中心的，主要故事當然也是以她為敘述中心，聶政只是一條隱性的線索。然而，整個故事當中，聶政卻一直是缺席的在場。他強大的精神力量是推動整個故事的動力。因而，這部戲劇雖然是在表現聶嫈的犧牲精神，其實是為了更好地襯托聶政的精神——一種反抗強權的鬥爭精神。郭沫若陳述寫作《聶嫈》的動機是因五卅慘案的發生。因而，在這部劇中，對民族危機的擔憂壓倒了女權主義的訴求。

如果說在《聶嫈》這裡表現得還不太明顯，那麼到了寫於1952年2月的《蔡文姬》，則更體現出作者描寫女性的重心並不在於體現所謂的女權思想。也許《蔡文姬》寫作於與《卓文君》、《王昭君》會是另外一個樣子，至少在彼時郭沫若的設想中是想表現蔡文姬曲折的命運和她橫溢的才華的，她的「不從子」的選擇。然而，在這部劇中，郭沫若的目的卻在於替曹操翻案。作者一反過去文學作品中將曹操作為奸臣的形象，而將他塑造成一個有勇有謀、心胸寬廣、愛才如命的人。「從蔡文姬的一生可以看出曹操的偉大。她是曹操把她拯救了的。事實上被曹操拯救的不止她一個人，而她可以作為一個典型。」〔註8〕一個被拯救的女性，離最初的叛逆女性已經很遠了。

那麼，郭沫若究竟是在何種意義上理解女權主義的呢？郭沫若的作品中一直保持著對女性命運的關切。在《女神》開篇，他便引用了歌德《浮士德》

〔註8〕 郭沫若：《談蔡文姬的〈胡笳十八拍〉》〔M〕，《郭沫若全集‧文學編》（第八卷），北京：人民文學出版社，1986年，第96～109頁。

中的詩句：「永恒的女性，領導我們走」。從早期美麗的喀爾美羅姑娘到眉宇間閃著神光的安娜，到王昭君、卓文君等，郭沫若塑造了富有個性的女性形象。除了以女性爲主角的作品之外，他以男性爲中心的作品中，女性配角也常常光彩照人，甚至壓倒了男性主角，如《屈原》、《虎符》、《孔雀膽》等。然而，對女性命運的關懷與其說是體現了郭沫若的「女權主義」，不如說是因爲他發現了女性與藝術審美之間的聯繫。〔註9〕郭沫若是慣於接受種種主義的，「泛神論」、「無政府主義」、「社會主義」、「女權主義」等新潮詞彙，然而這些詞彙的表達往往只是體現了作者詩人式的激情，與其原意之間存在著一定的距離。對於贊同女權主義的男性，女性的女性主義批評家一直是懷有警惕的。正如肖瓦爾特曾經提出的問題：「男性的女權主義是不是一種文學批評上的換裝癖？一種80年代的時髦風險——既緊跟潮流又顯示權力？」〔註10〕筆者認爲，顯示權力這一點對於郭沫若而言未必適用，但緊跟潮流是眞的。更重要的是，在對所謂「女權主義」的贊成中，他發現了女性在藝術形象上另一種美，亦即叛逆之美，因而塑造出了不同於過去女性的形象，實現了藝術的審美。因而，從本質上來說，郭沫若的「女權主義」應該是對一種新的審美時尚的追求。

三、民國機制與「女權」思想之於男性作家的意義

19世紀中葉西風東漸以來，女性解放問題便開始爲先進的男性知識分子所關注。梁啓超、譚嗣同等提出了戒纏足、興女學、禁早婚等觀點，並採取了一系列的實際行動加以支持。他們將女性教育與挽救民族危亡等重大命題結合起來，指出「婦學實天下存亡強弱之大原也」〔註11〕，這對於推動女性解放有著重大的意義，卻並未認識到女性解放自身的獨立意義和價值。而梁啓超關於提高女性素質的論述，最終指向的仍是更好地發揮女性作爲母親或者妻子的作用。他認爲女性應該鍛鍊身體，因爲她的身體健康與否直接關係

〔註9〕 拙文《文本裂隙與女性配角的藝術光彩——從一個角度談郭沫若抗戰時期的歷史劇》（中國現代文學研究叢刊》，2009年第4期）論述了郭沫若對作品中對女性抱以濃厚的興趣和同情的原因所在，認爲女性地位與氣質的「弱」恰恰導向了審美的「強」。

〔註10〕〔美〕瑪麗‧雅各布斯：《閱讀婦女》〔C〕，張京媛，《當代女性主義批評》，北京：北京大學出版社，1992年，第17～42頁。

〔註11〕梁啓超：《論女學》〔C〕，《中國婦女運動史資料》，北京：中國婦女出版社，1991年，頁75。

著下一代的素質。女性只有擁有健康的身體,「然後所生之子,膚革充盈,筋力強壯也」〔註12〕。

到了民國時期,在整個民國機制之下,女性問題呈現了更豐富複雜的一面,而先進的男性知識分子尤其是男性作家,在他們的作品中也體現了對這一問題的關注。所謂民國機制,「就是從清王朝覆滅開始,在新的社會體制下,逐步形成的,推動社會文化與文學發展的諸種社會力量的綜合,這裡有社會政治的結構性因素,有民國經濟方式的保證與限制,也有民國社會的文化環境的圍合,甚至還包括與民國社會所形成的獨特的精神導向,它們共同作用,彼此配合,決定了中國現代文學的特徵,包括優長,也牽連著它的局限和問題」。〔註13〕到郭沫若寫作《三個叛逆的女性》之時,相對於過去而言,中國的女性已經得到了極大的解放。這一方面得益於民國時期的一些法律規定,如女子教育、婚姻方面的法律條文的規定等。1922 年壬戌學制出臺,規定從小學到大學實行男女同校,由此取消了各級各類學校限制女子入學的規定,課程原則上也不再有男女校之別。〔註 14〕教育內容的擴大使得女性的智識有了更大限度的開發,教育走出家庭之後,也將開拓女性的視野和心胸,並給以了更多與社會接觸的機會。同時,1926 年國民黨第二次全國代表大會通過的《關於婦女運動決議案》中也明確規定了「於法律上、經濟上、教育上、社會上,確認男女平等之原則,助進女權的發展」,並規定了女性的財產繼承權、同工同酬等權利。儘管法律文本與現實往往存在一定的差距,卻為女性自身的發展提供了一定的保障。〔註 15〕民國經濟的發展,社會風氣的變化,使得女性有了在社會上就業的可能,當時出現的許多女性作家就是一個明證。

正如前文的論述,女權思想的進入和女性解放風潮的影響,拓展了男性作家的創作視野,使得郭沫若創造出了卓文君、王昭君等富有現代精神的美好女性形象,也為其他男性的創作提供了新的思路。魯迅前後創作了近三十

〔註12〕梁啓超:《倡設女學堂啓》〔C〕,舒新城,《中國近代教育史資料》(下冊),上海:上海教育出版社,2007 年,頁 78。

〔註13〕李怡:《民國機制:中國現代文學的一種闡釋框架》〔J〕,《廣東社會科學》,2010 年,第 132~135 頁。

〔註14〕楊菁:《民國浙江的女學教育》,《浙江萬里學院學報》〔J〕,2005 年第 2 期,第 43~47 頁。

〔註15〕譚志雲:《民國南京政府時期的女性財產繼承權問題》,《石家莊學院學報》〔J〕,2007 年第 2 期,第 79~83 頁。

篇關於婦女問題的作品，在體裁、內容上都是同時代作家不可比擬的。《女弔》、《離婚》、《傷逝》、《祝福》、《我之節烈觀》、《娜拉走後怎樣》等小說、雜文中，他不僅如郭沫若一樣思考了封建制度對女性的壓制，更進一步思考了女性解放將面臨的問題。比如對時人所倡導的女子節烈，他一針見血地指出：「女應守節男子卻可多妻的社會，造出如此畸形的道德，而且日漸精密苛酷的守節論：主張的是男子，上當的是女子。」〔註 16〕在小說祝福中，祥林嫂這一膾炙人口的形象，便是婦女所受封建制度戕害的一個明證。而《傷逝》可以說是魯迅小說中最感傷最詩意的一篇，也是他對「娜拉走後怎樣」的思考的另一種表達。魯迅認為，如果沒有相應的經濟支撐，社會沒有提供一個可以讓女性生存下來的環境，那麼，娜拉的出走之後的路只有兩條，要麼墮落，要麼回來。(《娜拉走後怎樣》)《傷逝》這一文本的多義性歷來受到研究者的關注，並進行了多種闡釋。在筆者看來，魯迅的深刻之處在於，他不僅看到了女性解放所將面對的社會現實，經濟獨立的艱難，社會舊習氣的壓力，更看到了女性自身可能存在的局限。叛逆的女性子君走出了父的藩籬，卻又在為人妻的角色裏陷落，生存環境和心靈日漸逼仄，最終死亡。在小說中子君之所以能勇敢地喊出「我是我自己的」是因為涓生的啟發，而她自己並不曾真正明白這一語詞的意義。也就是說，她的靈魂深處並未真正懂得女性解放的意義，所以很容易又陷入了千百年來女性命運的陷阱當中。這也是對現代女性解放由男性先決者提出、倡導將可能帶來的問題的一個深刻隱喻。如同沒有彼時整個女性解放的潮流，及其存在的種種問題，不可能產生如此震撼人心的作品。

　　民國時期對於女性問題進行了持續關注並寫作了大量文章的男性作家是周作人。從 1904 年開始他便在《女子世界》上發表了《說生死》，以女子的口吻寫道女性要有愛國心，不要消磨於柴米油鹽與春花秋月當中。這可說是文學上的一種換裝癖，這種以女性口吻的寫作更容易引起注意，亦提供了一定的女性視角。關於婦女問題，周作人前前後後寫作了《女媧傳》、《婦女選舉權問題》、《婦女商說》、《新中國的女子》、《先進國之婦女》、《婦女運動與常識》、《婦女問題與東方文明》、《歐洲古代文學上的婦女觀》等文章，並譯介了大量關於女性問題方面的文章。周作人的女性觀與魯迅有相似之處，如

〔註 16〕魯迅：《我之節烈觀》〔M〕，《魯迅全集·第一卷》，北京：人民文學出版社，1996 年，第 116～128 頁。

他們都一直同情和關注女性命運，都反對封建制度對女性的壓迫。周作人的不同之處在於，他認為女性的解放與「人」的解放並不等同。如在《人的文學》一文中，他指出「歐洲關於這『人』的真理的發現，第一次是在十五世紀，於是出了宗教改革與文藝復興兩個結果。……女人與小兒的發現，卻遲至 19 世紀，才有萌芽。」〔註17〕因而將女性解放獨立出來。其次是，相對於魯迅對於「經濟獨立」的強調，周作人更強調女性「性的解放」。另外，周作人更強調對女性的常識教育，他在《婦女運動與常識》一文中列出了一系列女性必須瞭解的常識，相對於那種對女性解放的浪漫幻想更具實際意義。總之，周作人對女性問題的關注及書寫，呈現了他作為現代知識分子的先進的一面，也為文學史提供了新鮮的文本和思維角度。

雖然文學不只是對生活的死板反映，從現實到作品之間還有著極其曲折的路徑，然而，民國時期政治、經濟、文化和社會風氣的變化，為女性提供了更多的生存空間，產生了許多現代意義上的女性知識分子，也為男性的創作提供了更多的題材。這一方面是社會時尚使然，另一方面也是現代知識男性對女性問題的另一種關注方式。曹禺筆下的周蘩漪、花金子，巴金筆下的琴、曾樹生等，都是嶄新的女性形象，她們所面臨的問題，她們的矛盾掙扎，是之前的文學作品中不曾有過的。同時，對比 1949 年以後的一些作品，特別是 1990 年代以來如《白鹿原》等充滿陳腐的性別觀念的作品，也許我們可以思考得更多一些。

對男性作家的女性觀念的考察，應是女性文學研究中非常重要的一個方面，卻往往被忽略。從郭沫若的《三個叛逆的女性》切入，可以看到他的女權主義與作品藝術性之間的關係，同時也可以生發開來，讓我們更多地去思考同時代男性作家的作品。無論怎樣，新的女性觀已經漸漸進入民國社會的各個層面，也為男性作家的創作帶來了許多新鮮的東西，為文學創作增添了活力。

〔註17〕周作人：《人的文學》〔C〕，《藝術與生》，北京：北京出版集團公司，北京十月文藝出版社，第 9～19 頁。

參、「紳」的嬗變——《動搖》的一種解讀

羅維斯[*]

　　茅盾的首部長篇小說《蝕》三部曲之一的《動搖》，是鮮有的及時反映國民革命風貌的文學創作。這部小說觸及了「他人所不敢關注的重大題材」[註1]，又恰恰發表於國民革命失敗這樣敏感的時間段。因此，作品問世以後，飽受左翼陣營內文藝人士的激烈批判。面對革命文學派的攻擊，茅盾的自我辯解，依然囿於階級觀念的定則，[註2] 這便進一步坐實了《動搖》反映階級矛盾與階級鬥爭的事實。

　　建國以後，大陸學界對《動搖》等作品的解讀，承繼了左翼文藝批評的基本觀念，並進一步強化了階級鬥爭與階級對立的色彩。小說中的方羅蘭等革命者往往被視為小資產階級的代表，甚至還對接上了國民黨左派這樣的黨派立場。他們在革命中的舉措失當也被視為了階級缺陷和黨派弱點的體現。[註3] 而小說中的反面人物代表劣紳胡國光則被視作「集中了定向滅亡路上的封建地主階級的種種不可告人的惡德」[註4]，是與革命力量相對立的封建

---

* 羅維斯，女，北京師範大學文學院博士生。

〔註1〕茅盾：《英文版〈茅盾選集〉序》，丁爾綱編：《茅盾序跋集》，生活‧讀書‧新知三聯書店，1994 年版，第 218 頁。

〔註2〕茅盾在回應文壇對《蝕》的攻擊時，承認自己所描寫的對象是小資產階級，但又指出面對大革命失敗的動搖幻滅情緒，並非小資產階級所獨有。此外，他還強調「中國革命的前途還不能全然拋開小資產階級」，並反駁了革命文學派對小資產階級文藝的否定態度，進而為文藝描寫小資產階級正名。參見茅盾：《從牯嶺到東京》，《小說月報》，1928 年第 19 卷第 10 號，茅盾：《讀〈讀倪煥之〉》，《文學周報》，1929 年第 8 卷。

〔註3〕參見莊鍾慶：《茅盾的創作歷程》，人民文學出版社，1982 年版，第 56～58 頁。

〔註4〕劉綬松：《論茅盾的〈蝕〉和〈虹〉》（原載《文學評論》，1963 年第二期），見

勢力。

新時期以後，學界對於曾經「唯此獨尊」的階級視角與分析方法進行了深入反思和全面否定。茅盾的小說創作一度被視爲生動展現社會各階級鬥爭風貌的力作。然而，隨著「階級論」在文學研究陣地中的失守，文學研究回歸審美成爲新的主潮，茅盾作品也逐漸遇冷，甚至曾被一些研究者剔除出現代文學經典之列。

近年來，隨著海外漢學對國內現代文學研究影響的增強，茅盾筆下旖旎豔麗的時代女性所體現出的「現代性」，取代了民國社會激烈變革、衝突中顯現的「階級性」，成爲國內茅盾研究的新特點。一些學者開始關注小說中「女性指符」與男性作家「革命想像」及「時代性」意蘊之間的關係。〔註5〕

誠然，對《動搖》充滿階級對立和黨派色彩的解讀是以政治屬性代替了小說人物形象的豐富性，陷入了政治窠臼而流於刻板；而對《動搖》中現代性的闡釋卻因對外來批評概念的放大化使用而往往流於片面，這都在不同程度上模糊了茅盾呈現社會歷史演變的執著努力。

這兩種對整個現代文學研究影響至深的解讀模式，都遮蔽了《動搖》呈現的「動亂中國的最複雜的人生的一幕」〔註6〕，脫離了現代文學發生發展的具體歷史情境。單一的「階級論」和概念式的「現代性」這樣的「舶來品」都不能準確解讀茅盾刻畫的民國時期人物形象。以美國漢學文論的新標籤取代蘇俄社會政治話語的舊標籤，並不能對茅盾研究有實質性的推進，而只是使我們的研究從政治高壓下的學術失語走到學術自身的失語。

一

正如有學者所指出的那樣：「幾乎全部的茅盾小說，都有這麼一個自覺意識到的政治革命或社會變動的背景」〔註7〕。《動搖》正是這一特徵的集中體現。因此，我們有必要回到《動搖》中茅盾所著力呈現的國民革命時期的社會風貌中去，重新認識和解讀小說中的人物形象，深化對這部小說及茅盾整

孫中田，查國華編：《茅盾研究資料》，知識產權出版社，2010 年版，第 547 頁。

〔註 5〕 參見陳建華：《革命與形式——茅盾早期小說的現代性展開 1927～1930》，復旦大學出版社，2007 年版。

〔註 6〕 茅盾：《從牯嶺到東京》，《小說月報》，1928 年第 19 卷第 10 號，第 1138 頁。

〔註 7〕 王富仁：《現代作家新論》，山西教育出版社，1998 年版，第 53 頁。

體創作的認識。

那麼，茅盾究竟是從什麼樣的角度來揭示這一社會變動的？如果不是簡單的階級論，又是什麼呢？

儘管，新時期以後，學界逐漸摒棄了秉持階級論的文學研究範式，但曾大行其道的小資產階級、封建地主階級這樣的概念卻沒有得到足夠的清理。至今還有不少研究受到這些概念的影響，甚至還在一定範圍內繼續使用這些概念。這些外來概念在描述《動搖》等現代文學作品時，卻往往無法與當時的社會歷史情境相契合。

小資產階級（petty bourgeoisie）這個在現代文學研究中佔有重要地位的概念，是一個經過日語、法語、俄語、英語等多種語言媒介傳入的外來詞彙，〔註8〕其內涵經歷了由模糊、多義到概念固化的過程。在革命文學興起之時，小資產階級這一概念更多地指向對經濟地位的描述，其所指也十分寬泛。不僅作為文藝工作者的茅盾稱「幾乎全國的十分之六是屬於小資產階級」〔註9〕，政治家毛澤東也認為：「如自耕農、手工業主，小知識階層——學生界、中小學教員、小員司、小事務員，小律師，小商人等」〔註10〕都屬於小資產階級。

建國後相關研究所使用的「小資產階級」這一概念，則更偏向於一種意識形態上的劃分。其含義與毛澤東同志四十年代發表的《在延安文藝座談會上的講話》中的觀念密切相連。即將小資產階級視為無產階級的對立面，並直接與知識分子身份相等同。可見，現有相關研究中使用的「小資產階級」這一概念和茅盾與革命文學派論爭時的「小資產階級」，在內涵和外延上都存在差異。這也就使得現有研究的許多結論變得十分可疑。因而將《動搖》中以方羅蘭為代表的革命者歸入小資產階級範疇加以討論，顯然並不可取。

至於所謂的封建地主階級，雖然我國早就存在地主這樣的稱謂和與之相關的經濟生產形式，但封建地主階級作為對經濟屬性和階級屬性的劃分，還是馬克思主義傳入中國以後才出現的。封建地主階級作為一個經濟學概念，指的是「佔有土地，自己不勞動或只有附帶勞動，而靠剝削農民為生的階級。」

〔註8〕 參見〔德〕李博著：趙倩等譯：《漢語中的馬克思主義術語的起源與作用》，中國社會將科學出版，2003年版，第3500～3590頁。

〔註9〕 茅盾：《從牯嶺到東京》，《小說月報》，1928年第19卷第10號，第1145頁。

〔註10〕毛澤東：《中國社會各階層的分析》，《毛澤東選集》（第1卷），人民出版社，1991年版，第5頁。

〔註11〕然而,《動搖》中反面人物胡國光的塑造大都是通過他的政治活動來完成的。關於他的敘述並沒有任何經營土地、剝削農民的表述。封建地主階級這樣概念顯然無法闡釋這個活躍於民國初年地方政界的人物。

事實上,我們對於封建地主階級的認知大多來自於建國後馬克思主義史學研究對中國社會歷史發展演變的闡釋和建構。而我國傳統社會長期以來早已形成了一套自身的社會政治結構描述體系。而身處民國社會的茅盾顯然對後者有更真切的體察和認識。《動搖》所表現的也正是民國初年和國民革命的特殊時期傳統社會政治結構的轉變。因此,我們有必要返回當時的具體歷史情境,以中國社會自身形成的社會階層概念重新描述小說中的人物形象。

在《動搖》中,茅盾對主要人物的身世背景做了明確的交代和細緻的暗示。而這些身世背景的敘述正揭示了作者對於人物身份屬性的認識。這些對不同人物的身份敘述共同指向了一個在中國傳統社會中延續千年,建國後逐漸消失的階層——「紳士」。

紳士是中國現代文學中一類常見的人物形象,鄉紳、士紳等稱謂也常被用來指稱這類人。而長期以來,學界一直缺乏對紳士階層人物形象譜系的認識,紳士總是被簡單地與地主階級畫上等號,而對「紳士」的內涵卻一直缺乏基本的瞭解。

在「紳」的身份認定上,史學界和社會學界存在不同的觀點,對這一階層也有紳士、士紳、鄉紳等不同稱謂。但中外學者基本上一致認為傳統的「紳」這一階層,是由退居鄉里的官員、擁有科舉功名者及其親眷構成。〔註12〕鑒於國內外學者的相關專著、國民革命時期的各類文獻以及茅盾自己的小說文本和回憶錄等都採用了「紳士」這一稱謂,下文將統一使用「紳士」來指稱這一階層。

在科舉制度廢除之前,下層的紳士是由以「正途」的科舉考試或者「異途」的捐納獲得較低等級功名者組成。上層的紳士階層則由在科舉正途中遞

〔註11〕金炳華主編:《馬克思主義哲學大辭典》,上海:上海辭書出版社,2003 年版,第 330 頁。

〔註12〕參見吳晗、費孝通:《皇權與紳權》,天津人民出版社,1988 年版,第 8、66、131 頁;張仲禮:《中國紳士——關於其在 19 世紀中國社會中作用的研究》,上海社會科學院出版社,1991:18;王先明:《近代紳士一個封建階層的歷史命運》,天津人民出版社,1997 年版,第 6~10 頁;謝俊貴:《中國紳士研究述評》,《史學月刊》,2002 年第 7 期。

陞至較高功名，或者是有仕宦生涯者充任。〔註13〕在傳統四民社會，紳士階層是中央政權與地方社會的中介。紳士階層一方面是國家官員的後備力量，以國家意志管理地方事務；一方面又代表地方和平民階層與國家官僚機構溝通。「紳」與「民」之間界限明確，是一個有著有獨特政治地位和社會地位的特權階層。〔註14〕

儘管紳士階層往往佔有相當數量的土地，但是「紳士之所以爲紳士，並不是由於其必然的佔有多少土地，而是由於其具有獨特的政治地位和社會地位」〔註15〕。單純依靠佔有土地剝削農民的封建地主階層，無法享有紳士階層的地位和特權，不能參與地方行政，在社會實際生活和戶籍制度中，不過與庶民同列。〔註16〕將紳士定性爲封建地主階級顯然與當時特定社會歷史背景不符。

在清季民初的現代化進程中，紳士階層在政治權利結構的轉型中發生了劇烈的演變分化。《動搖》中的人物形象所展現的正是國民革命背景下，傳統紳士階層的嬗變。

二

紳士作爲國家官員後備軍和平民意見領袖，是中國傳統社會所特有的政治精英階層。在中國的現代化進程中，紳士階層往往處於時代變革的風口浪尖。在清末的改良革新運動中，「興紳權」被視作「興民權」的重要內容和救亡圖存的中堅力量。〔註17〕辛亥革命爆發以後，紳士階層又成了各地光復的主要參與者。而在國民革命這場政治權利再分配的大規模政治軍事行動中，與政治權利密切相關的紳士階層又再次被推到了歷史前臺。國民革命初期，社會上就出現了關於紳士階層的廣泛討論。在國民革命的整個過程中，紳士階層更是成了革命政府所必須面對的既有政治勢力。「在是否需要征稅，是否

〔註13〕 參見張仲禮：《中國紳士──關於其在 19 世紀中國社會中作用的研究》，上海社會科學院出版社，1991 年版，第 6～21 頁。
〔註14〕 楊小輝：《傳統士紳與知識階層的近代轉型》，《學術界》，2007 年第 6 期。
〔註15〕 王先明：《近代紳士──一個封建階層的歷史命運》，天津人民出版社，1997 年版，第 18 頁。
〔註16〕 瞿同祖著；范忠信，晏鋒譯：《清代地方政府》，法律出版社，2003 年版，第 282～290 頁。
〔註17〕 王先明：《歷史記憶與社會重構──以清末民初「紳權」變異爲中心的考察》，《歷史研究》，2010 年第 3 期。

需要建立政權機關等問題上，這些紳士都是活躍分子。軍閥離了他們就辦不成事。應當指出，青年學生也都出身於這個階層。其實任何想上臺執政的人必然有求於這些紳士。紳士在國民黨裏當然也占很大比例。……甚至在勞工界也有一定的影響和勢力。……在出頭露面的地方，到處都有紳士在活動……」〔註18〕

　　茅盾作為深入參與國民革命工作的政治家，紳士階級顯然是他必然關注的革命對象。而對於小說家茅盾來說，要實現以《動搖》展現國民革命整體風貌的創作初衷，紳士階層則同樣是其中不可或缺的人物形象。小說中國民革命時期的社會亂象也正是在傳統紳士階層嬗變的底色上鋪展開來。

　　傳統紳士階層在民國時期的嬗變所體現的是傳統與現代兩種不同社會結構之間的衝突與對話。在茅盾筆下，這種嬗變表現為了三種不同的樣態：一部分傳統紳士在新興的國家政治體制下，雖謹守正派紳士的道德節操，卻喪失了參與現代政治的能力，失落了以往的特權和地位；一部分傳統紳士家庭子弟則通過接受符合時代需求的新式教育，完成了向現代知識分子的轉換，但這一新興的社會精英階層卻疏離了先輩曾牢牢把控的基層社會；一部分傳統紳士在辛亥革命和民國初年的政治變革中投機獲利，繼續充當地方政治的實際掌控者，並逐步劣質化。茅盾所親歷的社會風貌也正是在傳統紳士階層嬗變的三種的樣態中得到了生動的呈現。

　　在清季民初社會政治的劇烈震盪中，傳統紳士階層上層的一部分正派紳士疏遠地方政務，其身處的舊式望族也因之逐漸衰頹。《動搖》中對縣城陸氏一門的敘述正是對當時傳統正紳隱退，舊式貴族失落的真實反映。國民革命背景下的小縣城，除了革命者與劣紳的對陣之外，作者用了有別於整部小說的語言風格和敘事節奏來描述這支沒落的貴族。這些對陸氏一門精雕細琢的敘述，蘊含了許多值得玩味的細節。

　　陸家在小說中一出場就顯出高門大宅，名門望族的氣勢。陸府位於「縣城內唯一熱鬧的所在」〔註19〕，坐落在以陸家姓氏命名的陸巷。陸府門前掛著「翰林第」的匾額，府內則是個三進的大廈。陸氏先人在前清極為顯赫：「陸家可說是世代簪纓的舊族。陸慕遊的曾祖是翰林出身，做過藩臺，祖父也做

〔註18〕《華南時局》（張國燾的報告，一九二七年一月三十一日於漢口），轉引自〔蘇〕A．B．巴庫林著，鄭厚安，劉功勳，劉佐漢譯，《中國大革命武漢時期見聞錄》，中國社會科學出版社，1985年版，第314頁。

〔註19〕茅盾：《蝕》，開明書店，1941年5月普及本六版，第21頁。

過實缺府縣。」〔註20〕清代，在科舉殿試中獲得一甲的狀元、榜眼、探花可直接進入翰林院。「翰林作為科舉制度所產生的金字塔形人才排列的頂類層次，備受世人的青睞與推崇，對明清兩代尤其是清代的社會生活產生不可忽視的影響。」〔註21〕頂級科場功名和高層仕宦生涯使陸氏一門獲得了紳士階層上層的尊崇地位。

此外，有學者曾測算，19 世紀晚期，紳士加上直系親屬，約占當時全國總人口的 2%，但卻獲得了國民生產總值的 24%；紳士人均收入為普通百姓的 16 倍。〔註22〕陸氏一門這樣世代簪纓的紳士階層上層，不但擁有極高的政治地位和社會地位，而且持有大量的社會財富。陸家就在縣城最繁華地段有顯赫府邸。小說處處在細節上凸顯陸氏高門巨族的舊式繁華。我們大可想見這曾經是一個怎樣富貴雙全的望族。

《動搖》中的陸氏一門被塑造為了充滿舊式風雅氣息的貴族之家，是過去一個時代的縮影。茅盾以典麗古樸的語言風格和舒緩綿長的敘事節奏，塑造起一個正派傳統上層紳士溫文爾雅、正直豁達的形象，建立起高門巨族詩禮美德的傳統氛圍。

陸三爹之父在任時「著實做了些興學茂才的盛世」〔註23〕。秉持聖人之徒理念的陸三爹也一直恪守祖業，不慕榮利，怡情詩詞，有著曠達豪放的名士風流。他身為詞章學大家，多有門生是縣裏頗有勢力的正派人士。在面對諸如婚姻自由這樣的新派觀念時，他也體現出了傳統正派紳士階層的開明姿態。在對待窮苦民眾方面，陸家的大宅讓鄉下貧苦的本家住著，陸三爹也曾幫助過窮無所歸的鄉下女子。他的女兒陸慕雲孝養老父，操持家業，有著世家閨秀的溫婉與才情。面對革命亂象和自身危急處境時，這位出身於上層紳士家庭的閨秀，表現出了較之接受過新式教育的時代女性更理性沈穩的氣度和從容不迫的膽識。即便是陸家的不孝子陸慕遊與一臉奸狷的胡國光和滿身俗氣的王榮昌並站一處時，「到底是溫雅韶秀得多」〔註24〕小說中還多次借他人之口，說陸慕遊的胡作非為只是受人愚弄，而他的本性還是到底不壞。足

〔註20〕茅盾：《蝕》，開明書店，1941 年 5 月普及本六版，第 22 頁。
〔註21〕邱永君：《清代翰林院制度》，社會科學文獻出版社，2007 年版，第 6 頁。
〔註22〕張仲禮著；費成康，王寅通譯：《中國紳士的收入——中國紳士續篇》，上海社會科學出版社，2001 年版，第 324～326 頁。
〔註23〕茅盾：《蝕》，開明書店，1941 年 5 月普及本六版，第 24 頁。
〔註24〕茅盾：《蝕》，開明書店，1941 年 5 月普及本六版，第 25 頁。

見作者對這個名門子弟的偏袒。

　　然而，小說在彰顯陸府簪纓之家的貴族氣質時，又不斷暗示紳士階層上層現下的落寞。小說中，陸府的一草一木、一人一事，都蘊含著值得玩味的喻指。陸府的古色古香是充滿「傷感」的。「折桂」有科舉高中之喻。而陸府「正廳前大院子裏的兩株桂樹，只剩的老榦」〔註25〕，無花堪折。陸府中的臘梅「開著寂寞的黃花，在殘冬的夕陽光下，迎風打戰」〔註26〕，顯出明日黃花一般時過境遷的悵惋。因東漢大儒鄭玄而揚名的書帶草，本爲後學儒生仰慕先賢的信物。但陸府的階前書帶草「雖有活意，卻毫無姿態了。」〔註27〕陸府的景象正暗示出陸三爹這樣出身上層紳士家庭的讀書人只能苟活亂世，而無力作爲。陸府的人丁單薄更顯出傳統紳士階層上層的衰退凋零。

　　晚清的變革與中華民國的建立，使如陸三爹一般身處時代驟變的傳統正派紳士由於種種主、客觀原因失去了掌控地方的地位和能力。「辛亥革命後，傳統紳士藉以安身立命的功名、學歷和身份等級失去了制度支持和『合法性』。」〔註28〕「民國建立，倡民權平等，紳士曾經擁有的傳統特權和利益不復存在。」〔註29〕出身翰林之家的陸慕遊，雖然幼承庭訓，卻連一篇就職講話稿也要假手於人。陸三爹本人也早已沉溺舊學，不問世事。出身於傳統紳士階層而缺乏現代教育背景的世家子弟，在民國的政治體制下，已不具備基本的政治技能。傳統紳士階層政治地位的喪失，使陸家這樣的簪纓望族也不得面臨著家計逐漸拮据的窘況。曾處於紳士階層上層的陸氏一門在新的國家政治體制下可謂富貴皆失。

　　在國民革命中經歷了種種反紳浪潮和政治運動的茅盾，在《動搖》中，以明顯帶有偏袒與溢美的筆調塑造了與「劣紳」相對的「正紳」形象。從中我們可一窺出身於中下層紳士家庭的茅盾，對簪纓世家的正派紳士揮之不去的尊崇與敬畏。

　　在傳統社會中，「正紳是社會秩序的維護者」，「又是百姓的楷模」，對傳

〔註25〕茅盾：《蝕》，開明書店，1941 年 5 月普及本六版，第 23 頁。

〔註26〕茅盾：《蝕》，開明書店，1941 年 5 月普及本六版，第 23 頁。

〔註27〕茅盾：《蝕》，開明書店，1941 年 5 月普及本六版，第 23 頁。

〔註28〕王先明：《歷史記憶與社會重構——以清末民初「紳權」變異爲中心的考察》，《歷史研究》，2010 年第 3 期。

〔註29〕蕭宗志：《清末民初的紳士「劣質化」》，《貴州師範大學學報》（社會科學版），2004 年第 6 期。

統基層社會發揮著領導、教化的作用。〔註30〕伴隨著清季民初的社會變革，陸三爹這樣的傳統正派紳士雖恪守道義品格，卻在客觀上失去了參與地方政治的條件，且在主觀上也完全隱退於故家舊宅，無心世事。這也正是當時的湖北省「士紳階級乃退於無能。公正人士，高蹈邱園」〔註31〕歷史局面的縮影。當正紳退出了基層管理以後，一些品行低劣者開始填補這些空缺。於是，有了胡國光這樣假公濟私，鑽營奔走，危害地方的劣紳充斥於基層社會。

《動搖》中刻畫的曾煊赫一時的陸家，在新時代中雖失落蕭條，卻仍充滿舊式貴族的才情道德。但陸三爹所代表的傳統正派紳士已失落了過往的濟世精神與能力。小說對傳統紳士階層上層的細膩刻畫，隱隱透露出親歷國民革命動盪局勢的茅盾對正紳隱退的歡惋以及對正紳主事的懷想。同時，這部分敘述也避免了作為革命者的現代知識分子和作為反革命者的劣紳之間簡單的二元對立局面。陸府這一門隱退的正紳，失落的貴族，構成了《動搖》所展現的國民革命時期基層社會亂象中一道深邃幽隱的背景，賦予了整部小說歷史的縱深感。

當傳統正派紳士在新興的國家政體下逐漸隱退時，新興政治力量也在其中暗暗生長。其實，《動搖》中作為革命「新貴」的現代知識分子，就正是從傳統紳士階層中蛻變而生的現代政治精英。然而，小說中這種民國時期特有的新舊社會精英階層衍生關係，卻長期被階級立場和黨派對立所遮蔽。

《動搖》發表之初，就被左翼文藝陣營批為盡是落後小資產階級的種種階級局限。茅盾當時的自我辯護及建國後對《動搖》的陳述，似乎確證了其中人物小資產階級的身份屬性。建國以後的很長一段時期，將《動搖》對革命者的敘述解讀為小資產階級由於自身弱點而面對封建勢力反撲時的動搖、懦弱幾乎成為了一種常識。小說中的主要人物方羅蘭更是歷來被指為帶有先天階級缺陷的小資產階級革命者之典型。這位就職於縣黨部的革命者還被指為國民黨左派，他在革命工作中的失誤也被歸於國民黨左派的右傾動搖。而眾所周知，國民革命時期，在國共合作的背景下，許多共產黨員也在以國民黨黨員的身份參與政治工作。民國時期，也幾乎僅有《動搖》俄文版譯者在

〔註30〕蕭宗志：《清末民初的紳士「劣質化」》，《貴州師範大學學報》（社會科學版），2004年第6期。

〔註31〕湖北省民政廳編：《湖北縣政概況》，第1039頁。轉引自──王先明：《歷史記憶與社會重構──以清末民初「紳權」變異為中心的考察》，《歷史研究》，2010年第3期。

序言中將主人公方羅蘭視作國民黨左派。〔註32〕建國以後，將方羅蘭這樣在國民革命中懦弱、動搖的青年革命者歸入國民黨左派，不免有規避政治風險之嫌。黨派或階級的身份定性，在很大程度上掩蓋了方羅蘭這一國民革命時期青年革命者典型形象豐富的層次性，也干擾了我們對這一小說主要人物的全面解讀。

《動搖》中對方羅蘭的家世背景有明確交代。時任縣黨部商民部部長的方羅蘭是縣城本地人，出身世家。世家即「舊時泛指門第高，世代做官的人家」〔註33〕。他的家族與縣城內簪纓望族陸家是世交，他的妻子是和他門當戶對的貴族小姐。由此可知，這位青年革命者其實也出身於傳統紳士階層。

然而，小說中一方面暗示出方羅蘭的家庭背景與屬傳統紳士階層上層的陸府相當，一方面又在書寫他與陸氏這樣沒落貴族的區別。方羅蘭出場之前，小說就借劣紳胡國光之口描述了他家的府邸。同樣是世家，他的住宅已經沒有了古色古香，家居擺設一應是新派氣象。他的妻子是新式女性，他的家庭是新式家庭，他的職位是在新式政權。在個人生活和革命工作兩條平行的敘事線索中，我們所看到的已然是一個現代知識分子。若不是作者刻意點明他的傳統紳士階層出身，我們已經很難把他與純然舊學背景的紳士聯繫在一起。這位出身於傳統紳士家庭的革命者，已然完成了由傳統向現代的轉換。而實現這一轉換的最重要環節就是方羅蘭所接受現代新式教育。

在清季民初的千年未有之大變局中，接受符合時代需求的新式教育，是傳統紳士階層向現代知識分子轉變最重要和最根本途徑。清季種種變革催生了「社會結構變動中新知識青年群體取代士紳主導話語的歷史進程」。〔註34〕「至民國時代廢除科舉制度後，那些具有科舉功名的士大夫則很快被排擠出政府，並被新式學校出身的官吏所替代。在正式的行政權力體制中，新學人士是主體構成」。〔註35〕對於方羅蘭這樣出身於傳統紳士階層的青年知識分子

〔註32〕〔前蘇聯〕鮑里斯，王希禮，戈寶權譯《俄文本〈動搖〉序》，（俄譯本《動搖》辛君譯，蘇聯國家文學出版社。1935年序文作者王希禮俄文原名爲瓦西里耶夫），見李岫編：《茅盾研究在國外》，湖南人民出版社，1984年版，第228頁。
〔註33〕夏征農等編：《辭海》，上海辭書出版社，2009年版，第2070頁。
〔註34〕王先明：《歷史記憶與社會重構——以清末民初「紳權」變異爲中心的考察》，《歷史研究》，2010年第3期。
〔註35〕王先明：《鄉紳權勢消退的歷史軌迹——世紀前期的制度變遷、革命話語與鄉

而言，接受新式教育爲他們提供了參與現代國家政治的基本資格。在國民革命時期，接受了新式教育的現代知識分子更是以社會精英階層的身份成爲了革命政府的中堅力量。

從小說中，我們不難發現，現代教育賦予了方羅蘭進步的政治觀念和現代政治技能。與傳統紳士階層分化出的劣紳，將政治變革視爲投機營私的契機不同，方羅蘭這樣傳統紳士階層中接受了新式教育的知識分子，對於革命和現代政治理念有著較爲深刻的理解與認同。方羅蘭對於自己的革命工作，眞心地信仰並願意爲之奮鬥。他雖然困擾於個人情感糾紛，但卻誠懇地爲自己沉溺戀愛、拋荒黨國大事感到羞愧。小說雖然表現過他在革命工作中的種種失誤，但卻從沒有敘述過他在主觀上對革命事業的背棄。與純粹舊學背景的傳統紳士階層缺乏應對新興政治體制能力的情況不同，方羅蘭已經能夠在新政體下熟練地完成集會、演講等一系列現代政治的日常工作，成爲縣城裏有政治實力的正派人士。

在政治活動之外，小說對人物情感生活細膩、生動的表現也歷來受到較多關注。方羅蘭的婚外情也常被視作除革命工作外，小資產階級革命者空虛、動搖的又一力證。〔註36〕但拋開單一的階級觀念來看，這一情節本身其實體現了青年革命者方羅蘭在思想觀念上的進步意義。

在傳統社會中，若丈夫對妻子之外的女子動情，則並不須要產生方羅蘭那樣的糾結。即便是民國初年，法律也並沒有禁止納妾。然而，小說中方羅蘭卻無法坦然地直面自己對妻子之外的女人萌生愛意。相比之下，劣紳胡國光卻能自然地遊走於妻妾之間，左右逢源。這並不是一個反面人物卑劣之處的體現，而是舊有生活模式使然。方羅蘭雖出身傳統紳士家庭，卻已沒有一夫一妻多妾的意識和習慣。現代新式教育和現代社會思潮使世家出身的他，擺脫傳統舊習，接受了進步的現代婚戀觀念。

無論是從職業技能，還是思想觀念來看，方羅蘭這樣出身於傳統紳士家庭，並接受了高等教育和進步思潮洗禮的現代知識分子，都堪稱現代意義上的社會精英階層。若是拋開民國初年和國民革命時期的混亂無序局面，方羅蘭這樣的現代知識分子是能夠成爲常態社會中合格的地方管理者。階級或黨

紳權力》，《南開學報（哲學社會科學版）》，2009 年第 1 期。

〔註36〕 參見樊駿等著：《茅盾的〈蝕〉》（節選自 1955 年《文學研究集刊》，第四輯《茅盾的〈蝕〉和〈虹〉》），見孫中田，查國華編：《茅盾研究資料》，知識產權出版社，2010 年版，第 529 頁。

派的弱點和缺陷，顯然無法解釋這類人物在國民革命中的失敗。

誠然，現代新式教育賦予了這些革命青年參與政治的「合法」身份。國民革命的深入和發展，更讓他們獲得了取代傳統紳士階層，管理地方事務的機會。但是，當革命深入至基層社會時，小說中又透露出這些革命青年所依傍的現代教育背景構成了他們在處理地方事務時的嚴重局限。

在傳統四民社會中，「即使最低微的生員，也會在社會生活中擁有普通人沒有的威懾力。士紳與平民不斷在日常生活的各種細節中區分彼此，從而共同維護各自在權力關係中的身份」〔註37〕。可是，民國初年，接受了新式教育的現代知識分子，卻失去了通過自身擁有的知識文化資本在基層社會中獲得政治資本的條件。「鄉間子弟得一秀才，初次到家，不特一家人歡忻異常，即一村和鄰村人皆歡迎數里外。從此每一事項，惟先生之命是從。……即先生有不法事項，亦無敢與抗者。……至一般新界人，其自命亦頗與舊功名人相抗，然其敬心終不若。蓋一般鄉民皆不知其讀書與否，故其心常不信服也。」〔註38〕相對於傳統的科舉功名而言，新式現代教育在普通民眾中極為缺乏認可和敬畏。

《動搖》中即便是目不識丁的錢寡婦都對前朝簪纓之家的陸氏一門報有溢於言表的豔羨之情。但方羅蘭這樣的現代知識分子，在民眾中卻得不到基本的尊重和認同。他雖出身世家，但是住處已經沒有了傳統紳士家庭高門大戶的氣勢。從小說對他日常生活的敘述中，我們看不到他與平民階層的區別。在政治工作中，他也只能依靠激進的革命言論來獲得狂熱民眾的歡呼，且時時有被民眾摒棄唾罵的危機。完成了傳統紳士階層向現代知識分子轉換的方羅蘭，儘管具備參與現代政治的能力，卻已經喪失了傳統紳士階層在民眾中的特殊地位與崇高威信。

另一方面，與傳統的經學教育不同。這類現代學科教育旨在賦予新一代知識分子適應現代化工業社會的職業技能，使他們能夠成長為新的社會體制和經濟形態下的精英階層。但這種新的教育背景卻使他們疏遠了蘊含在傳統經學教育中的世情人倫。此外，與分散於鄉鎮的傳統教育不同，新式學校大多集中於城市，特別是大都市。「集中於大城市的高等學校吸引著走向分化的

〔註37〕李濤：《士紳階層衰落化過程中的鄉村政治——以 20 世紀二三十年代的浙江省為例》，《南京師大學報》（社會科學版），2010 年 1 月第 1 期。

〔註38〕《霸縣新志·禮俗志》，轉引自魏光奇：《官治與自治——20 世紀上半期的中國縣制》，商務印書館，2004 年版，第 36 頁。

一批批紳士世家的子弟，因爲近代社會變遷之後，通都大邑較多地接受了西洋文化，造成了城鄉社會生活的極大差異。」〔註39〕出身世家的方羅蘭，其生活方式和觀念已經在接受城市現代教育的過程中發生了極大的轉變。

以耕讀爲標榜的傳統知識分子基本上遵循著在鄉間讀書，到城市爲官，退任後還鄉這樣的人生軌迹。〔註40〕有著這種人生軌迹的傳統紳士階層，與基層社會和普通民眾是有著緊密聯繫與接觸的，所以在管理地方事務時具有很大的天然優勢。但是新式教育下的知識分子畢業後就在城市居住工作，而大多不再回到地處基層社會的家鄉。他們在城市中大可憑藉自身的教育背景成爲工業、學術、政治等領域的精英階層，但卻難以如傳統紳士階層一樣自如地管理基層社會。〔註41〕即便是從原先基層社會的實際控制者──傳統紳士階層中分化出來的現代知識分子方羅蘭，也表現出了因長期的城市教育而脫離基層社會生活實際的特徵。在清季民初的一系列社會變動中，這些接受了新式教育的現代知識分子已經不再具有與基層社會的「血脈關係」，「失卻了傳統士紳和百姓之間不可分割的聯繫。」〔註42〕

知識背景和生活軌迹的巨大差異，使方羅蘭這樣出身於本縣紳士家庭的革命者在基層社會中極度缺乏群眾基礎。連在地方政界經營多年的紳士胡國光也一直與他沒有交往。在縣城社會發生劇烈變動時，他仍一無所知地走在縣城街道上，可見其在縣城人脈關係的缺失。方羅蘭在縣城中的革命工作幾乎都是通過集會演講、開會討論、投票表決、發電請示上級這幾項程序完成。而這些程序實質上也只在革命者內部發生作用。從小說對方羅蘭在縣城革命工作的敘述中，我們幾乎看不到民眾的身影，民眾僅僅是各種革命風潮下的抽象背景。

可以說，新式現代教育與傳統社會頑固觀念之間的矛盾，是傳統紳士階層分化出的現代知識分子在基層社會開展革命工作時手足無措的重要原因。小說中流露出了對國民革命中這些現代知識分子現實困境的眞誠同情與深切

〔註39〕王先民：《近代士紳階層的分化與基層政權的蛻化》，《浙江社會科學》，1998年第4期。

〔註40〕羅志田：《清季科舉制改革的社會影響》，《中國社會科學》，1998年第4期。

〔註41〕〔美〕孔飛力（Kuhn, P. A.）著；謝亮生等譯：《中華帝國晚期的叛亂及其敵人：1796～1864年的軍事化與社會結構》，中國社會科學出版社，1990年，第237～238頁。

〔註42〕王先民：《近代士紳階層的分化與基層政權的蛻化》，《浙江社會科學》，1998年第4期。

理解。這種情感也使《動搖》在發表之初飽受左翼陣營的攻擊。但是，正因茅盾沒有以刻板的階級立場來規約自己的文學創作，才使得這部意在客觀呈現社會歷史的小說，展現出了社會歷史本源的真實性與複雜性。

過去秉持階級立場和黨派觀念對方羅蘭這個人物的解讀，漠視了清季民初社會驟變的特殊局面，也忽略了國民革命期間的具體社會形勢。因而不免對《動搖》中塑造的方羅蘭這一革命者形象造成誤解。事實上，《動搖》中方羅蘭這樣的青年革命者，在國民革命中的所犯的錯誤並不是小資產階級這樣的階級屬性和國民黨左派這樣的政治派別所造成的。國民革命失敗後陷入悲觀、失望情緒的茅盾沒有落入之後革命現實主義的窠臼將革命者神化，而是真實描繪了他們在陌生鄙陋的基層社會展開革命工作時的無措與迷茫。同樣出身於紳士階層又接受了新式現代教育，並在國民革命中有深入實踐的茅盾，以自己切實的生命體驗與生動筆觸，塑造了方羅蘭這樣一個出身傳統紳士階層，又通過新式現代教育完成身份轉型的典型新興精英階層的形象，細緻、真切地呈現出了這一類革命者在取代傳統紳士階層治理基層社會時的困局。

在中國由傳統社會向現代社會的轉換中，缺乏現代政治技能的正派紳士在國家體制激變的湍流中退居自守；接受了新式教育的紳士家庭子弟又在業已陌生的基層社會中水土不服。然而，在這新舊交替之間，一些半新半舊的人物卻在政治權利再分配的亂局中通過投機鑽營，填補了基層社會的政權真空。《動搖》中劣紳胡國光就是這一類人物的典型代表。

儘管茅盾自己否認胡國光是《動搖》的主人公，並聲稱「這篇小說裏沒有主人公」〔註43〕。但胡國光卻被評論者認作小說中「作者最著力的人物」〔註44〕，他的活動也佔據了大量篇幅。即便是嚴厲的批評者也承認，胡國光這一人物形象是國民革命中的典型。

小說在胡國光一出場就點明了他是本縣的一個紳士。民國時期《動搖》的相關評論中，也都未將胡國光歸入封建地主階級。即便左翼批評家也只是將胡國光定性為「豪紳階級的投機分子」〔註45〕。

事實上，小說對胡國光的身份屬性有著明確的交待，並一直對其「家世

〔註43〕 茅盾：《從牯嶺到東京》，《小說月報》，1928 年第 19 卷第 10 號，第 1142 頁。
〔註44〕 錢杏邨：《〈動搖〉書評》，《太陽月刊》，1928 年，停刊號。
〔註45〕 錢杏邨：《〈動搖〉書評》，《太陽月刊》，1928 年，停刊號。

背景」做了種種細緻微妙的暗示與描述。但可惜的是，小說對此人身份的敘述一直未能引起研究者的足夠重視。在人物出場不久，作者就談到：「這胡國光原是本縣的一個紳士。……辛亥那年……他就是本縣內首先剪去辮子的一個。那時，他只得三十四歲，正做著縣裏育嬰堂董事的父親還沒死……他仗著一塊鍍銀的什麼黨的襟章，居然在縣裏開始充當紳士。」〔註 46〕這寥寥幾筆的交待，提示了一些十分重要信息。

小說介紹胡國光身世時，其實暗示了他與傳統紳士階層的密切關聯——當他借辛亥革命之機發迹時，他的父親正做著縣裏育嬰堂的董事。育嬰堂在我們看來是個陌生的名詞，但在清代卻是地方常設的慈善機構，其主要功能是收養棄嬰。〔註 47〕清嘉道以降，中央政府財政見絀，地方紳士力量興起，育嬰堂的建設管理逐漸由地方紳士掌握。〔註 48〕育嬰堂的董事是「『孝廉方正』、『老成有德』的一人或數人……由正派士紳接辦。」董事作為育嬰堂的管理者，都是「品行端方，老成好善，家道殷實之士」，且「只盡義務，不拿薪俸」。〔註 49〕由胡國光的父親出任育嬰堂董事這一細節，我們可想見，胡國光大抵出自一方樂善好施的正派紳士之家，而非一般的地主。

在傳統社會中，無論是客觀實際還是法律規定，紳士的聲望與特權都是能與家人分享的。〔註 50〕但胡國光卻並非依靠父輩的傳統紳士地位，參與基層社會政治事務。而是通過在辛亥革命中的投機行為獲得在地方充當紳士的資格。

在辛亥革命的風暴中，大多數以諮議局為中心的各省紳士，加入革命行動。「在各州縣的獨立活動中，地方士紳們的作用更為明顯」。「在新組成的地方政府中，士紳們也佔有一定地位。因而，地方士紳階層不僅僅是革命光復的主角，也是各地光復的最大獲益者。」〔註 51〕胡國光在小縣城的發迹經歷，正是地方紳士借辛亥光復之機牟利的真實寫照。

〔註 46〕茅盾：《蝕》，開明書店，1941 年 5 月普及本六版版，第 4 頁。

〔註 47〕萬朝林：《清代育嬰堂的經營實態探析》，《社會科學研究》，2003 年第 3 期。

〔註 48〕參見常建華著：《清代的國家與社會研究》，人民出版社，2006 年版，第 316～324 頁。

〔註 49〕萬朝林：《清代育嬰堂的經營實態探析》，《社會科學研究》，2003 年第 3 期。

〔註 50〕瞿同祖著；范忠信，晏鋒譯：《清代地方政府》，法律出版社，2003 年版，第 301 頁。

〔註 51〕王先民：《近代士紳階層的分化與基層政權的蛻化》，《浙江社會科學》，1998 年第 4 期。

與傳統紳士階層憑藉聲望影響地方社會的情況不同，清末新政及民國以後的紳士階層主要依靠合法設立的自治組織機構獲取權力。〔註 52〕舊制向新制的轉變使原本只在站在幕後的紳士階層在地方獲得了更為廣闊的權利空間，公開且合法地走上了政治舞臺。中華民國的建立，更是為胡國光這樣的地方紳士參與基層政治提供了法律和政治體制上的保障與便利。

出身於傳統紳士家庭，發迹於辛亥革命的胡國光，在民國初年的地方自治中確立了自身地位，完成了從舊式紳士階層到掌控地方局面的新式紳士的演變。動盪時局下，胡國光這類地方紳士擁有比政府官員更強的穩固性：「省當局是平均兩年一換，縣當局是平均半年一換，但他這紳士的地位，居然始終沒有動搖過。他是看準了的，既然還要縣官，一定還是少不來他們這夥紳士；沒有紳就不成其為官。」〔註 53〕

而《動搖》中全然沒有胡國光從事土地生產經營或與農民接觸的敘述。反倒是用了相當的篇幅敘述這只「積年老狐狸」在國民革命動亂局勢下的政治活動。可見封建地主階級對於胡國光這類人物是極不適用的。胡國光這一人物所要展現的，是民國初年及國民革命時期，紳士階層操控地方這一突出的社會特徵。

當國民革命的風潮席卷縣城，「新縣官竟不睬他，而多年的老紳士反偷偷地跑走了幾個」〔註 54〕。他仍因張鐵嘴算卦稱他要大發，有委員之分而沾沾自喜，故不懼打倒土豪劣紳的風潮，留在本地，繼續自己的「事業」。在國民革命中，他政治活動起點是參選商民協會委員。面對縣黨部要商人參加商民協會的通知，胡國光的姨表弟、王泰記京貨店店東——王榮昌因只會做生意，最怕進會走官場而一籌莫展。可胡國光卻僅從他的三言兩語中看到機遇，而代替他以店東身份參會。待到當晚，胡國光「已經做了商民協會的會員，有選舉權和被選舉權。只要稍微運動一下，委員是拿得穩的。」〔註 55〕之後，他迅速拉攏望族子弟陸慕遊，以結交本縣有勢力的正派人士，刺探消息。僅僅經過幾天的奔走，他依靠情面和許以金錢，與自己的「擡轎人」約定好選票投向，拉到了大量選票。

〔註 52〕魏光奇：《清末民初地方自治下的「紳權」膨脹》，《河北學刊》，2005 年 11 月第 25 卷第 6 期。

〔註 53〕茅盾：《蝕》，開明書店，1941 年 5 月普及本六版，第 4 頁。

〔註 54〕茅盾：《蝕》，開明書店，1941 年 5 月普及本六版，第 5 頁。

〔註 55〕茅盾：《蝕》，開明書店，1941 年 5 月普及本六版，第 12 頁。

雖然，胡國光終因縣黨部商民部的調查而被取消資格。但他在此過程中對政治規則的充分瞭解、嫻熟運用，已使我們真切感受到當時地方紳士操控選舉的成熟現代政治技能。以土地經營和剝削農民為生的封建地主階級與操控政治的紳士相比，顯然不可同日而語。胡國光參與政治活動的基礎——選舉權、被選舉權及民主選舉制度也從來就不是封建社會的特徵，而為現代民主社會所特有。

胡國光這位飽經民國初年動蕩政局鍛鍊的地方紳士，其高超的從政「綜合素質」還遠不止操縱民主選舉這樣的常規技藝。在革命者們為店員工會與店東的衝突左右為難，局勢劍拔弩張的緊要關頭，胡國光借著一番迎合過激群眾運動的革命言論迅速「躥紅」。他這段自稱為了革命利益願意犧牲一切的豪言壯語，不僅贏得青年革命者的交口稱讚，也讓他在圍觀群眾的熱烈掌聲與歡呼中成了眾人擁戴的革命家。

憑藉著一次次緊跟革命風向的政治演說，胡國光成了革命新貴。靠著這樣的名聲和口才，胡國光在縣黨部改選中被選為執行委員兼常務。他通過民主選舉這樣合乎現代政治體制的方式，進入了縣一級國民革命政府的核心組織。靠著純熟老練的政治手腕，胡國光不但擺脫了「劣紳」的罪名，還成了「激烈派要人，全縣的要人」〔註56〕。

《動搖》生動呈現了地方紳士的政治運作能力、公眾演說技巧，及其對地方民眾心理和革命運動走勢的準確把握。小說中胡國光的政治活動，正是民國初年，地方紳士對新興國家和現代政治體制具有極強適應性和控制力的生動體現。

然而，胡國光這樣出身於傳統紳士階層，並在辛亥革命中完成身份轉化的民國紳士，實際上，並非一個「新式」的人物。在個人生活上，他依舊畜養妾室，不懂得與新式女性打交道。在政治觀念上，他也並不認同民國建立後民主與憲政的意義。新的政體不過是新的鑽營遊戲規則而已：「從前興的是大人老爺，現在興委員了！」〔註57〕他的一切政治運作都旨在為自己牟利。《動搖》中塑造的這個半新半舊的地方社會實際掌控者，並不是單純的封建地主，而是民國初年典型的地方紳士。

胡國光這一紳士形象的典型意義不僅體現在他的政治能力，還在於他展

〔註56〕茅盾：《蝕》，開明書店，1941 年 5 月普及本六版，第 113 頁。
〔註57〕茅盾：《蝕》，開明書店，1941 年 5 月普及本六版，第 7 頁。

示了民國初年地方紳士的突出特徵——「劣質化」。「作爲社會惡勢力，土豪劣紳歷代皆有，但成爲一個龐大社會群體，卻是民國時期特定歷史環境下的畸形產物。」〔註 58〕民國初年，地方劣紳假公濟私、作惡多端成爲了一種普遍現象。各地廣泛存在的劣紳是國民革命的主要對象。旨在表現國民革命現實的小說《動搖》全篇都貫穿著劣紳胡國光在革命中的投機與破壞。

傳統社會對於紳士階層的言行品德有嚴格規範。紳士階層受到自身群體思想文化取向的影響，在品行方面需要爲平民階層做出正面的示範。除了道德上的約束外，紳士階層還會受到制度上的管控。「地方官員對有功名身份的在籍紳士，負有督查之責。通過約束機制，考查、監督各級地方紳士，以保證紳士的正統性和純潔性。紳士如果違反法律或品德低下，將被褫奪斥革，受到嚴厲制裁。」〔註 59〕即便胡國光本人心術不正，但在傳統紳士家庭氛圍和傳統社會地方規約之下，他也很難以大奸大惡的劣紳身份長期在地方生存發展。

然而，「民國時期，紳民之間的界限不復存在，法律和制度也不再對紳士階層的行爲作特別的約束。」〔註 60〕在小說中，紳士胡國光在國民革命之前就有種種劣迹。國民革命期間，進入縣黨部的胡國光更是從南鄉共妻運動中得到啓發，策劃將城裏的多餘女子沒收充公以便自己擇肥而噬。在他的運作下，名爲革命的解放婦女保管所很快在縣育嬰堂舊址成立，成了供他穢亂的淫婦保管所。他公然地在育嬰堂這個父輩傳統正派紳士從事慈善事業的地方幹起了罪惡勾當。而這一假公濟私的惡行卻是通過縣黨部召開委員會議、提出議案、投票表決這樣的現代民主政治模式來實現的。之後，他煽動民眾情緒，「想趁機會鼓起暴動，趕走了縣長，就自己做民選縣長」〔註 61〕。「民選」二字更是刺眼而諷刺。民國劣紳作惡多端所依仗的卻是民主選舉這樣的現代政治制度。小說結尾部分，他投靠反動軍閥，攻打縣城機關的血腥暴行，又是民國初年常見的亂象——軍紳勾結。

〔註 58〕李濤：《士紳階層衰落化過程中的鄉村政治——以 20 世紀二三十年代的浙江省爲例》，《南京師大學報》（社會科學版），2010 年 1 月第 1 期。

〔註 59〕蕭宗志：《清末民初的紳士「劣質化」》，《貴州師範大學學報（社會科學版）》，2004 年第 6 期。

〔註 60〕蕭宗志：《清末民初的紳士「劣質化」》，《貴州師範大學學報（社會科學版）》，2004 年第 6 期。

〔註 61〕茅盾：《蝕》，開明書店，1941 年 5 月普及本六版，第 129 頁。

從小說中關於胡國光的敘述來看，我們顯然無法用「地主」指稱他的身份。胡國光劣紳形象的塑造完全是通過他的政治活動來完成，其中並沒有經營土地、剝削農民的任何表述。國民革命時期的文件和其他公開出版物，也將土豪劣紳和不法地主作為兩個概念在使用。所以，我們不能將劣質化的民國紳士階層與封建地主階級進行簡單的身份對接。《動搖》中，胡國光賴以生存的現代民主自治體制和現代政治技能都不屬於封建社會的範疇。實質上，他是民國特殊社會運行機制中，由傳統地方紳士階層演變分化出來的劣紳典型。

三

通過回歸民國社會的具體歷史情境，我們不難發現無論是秉持階級論和黨派立場對《動搖》中人物形象的解讀，還是以「現代性」對「時代女性」形象與「革命」歷史語境之間關係的闡釋，都極大地曲解或簡化了小說所極力呈現的社會歷史圖景。實際上，茅盾在《動搖》中以小縣城為時代縮影，生動而深刻地展現了民國初年，激烈分化演變後的傳統紳士階層，在國民革命洪流中不同的人生樣態，勾勒出了「紳」的嬗變——這一民國初年典型的社會風貌。傳統紳士階層中一部分像陸三爹一般的正派傳統紳士因無法適應新的社會體制，而沉溺舊學、不問世事。而一部分如方羅蘭這樣的傳統紳士階層子弟，通過接受新式教育完成了向現代知識分子的轉換。但卻由於社會激變，舊轍已壞，新軌未立，無法如先輩那樣成為基層社會的有力控制者。同時，還有一部分似胡國光者，通過各種投機行為，搖身變為繼續控制地方的民國紳士，並逐步劣質化。

上世紀八十年代以後，國內社會科學研究界承繼五十年代曇花一現的「紳士」研究並借鑒國外相關理論成果，開始以中國社會固有的「紳士」這一概念取代「封建地主階級」來考察清季民初的中國社會。一些歷史學家與社會學家理性地洞察到清季民初，傳統紳士階層的演變分化及其深刻的社會影響。而出身紳縉之家的茅盾，則在上世紀二十年代末通過自己真切的人生體驗，對紳士階層的驟變有了豐富而敏銳的體察。可以說，茅盾以文學家的感性認知，呈現了史學家理性分析所闡釋的民國初年尤其是國民革命這樣特定歷史階段，傳統紳士階層嬗變的社會圖景。

而茅盾對紳士階層的興趣和關注也並沒有止步於《動搖》這部早期創作。

之後的《子夜》、《霜葉紅似二月花》等小說創作也不同程度地展現著傳統紳士階層在民國社會中的演化、轉型與堅守。

《子夜》中吳蓀甫的舅父曾滄海就是當地「土皇帝」一般的老鄉紳。公債市場投機者馮雲卿也是「前清時代半個舉人」〔註62〕，屬於有正途科舉功名在身的紳士〔註63〕。瓦解工潮的精幹工廠管理人員屠維岳，其父是吳家祖輩老侍郎的門生〔註64〕，故他也屬於傳統紳士階層子弟。而因著吳老太爺的「祖若父兩代侍郎，皇家的恩澤不可謂不厚」〔註65〕。就連吳蓀甫這位「二十世紀機械工業時代的英雄騎士和『王子』」也有著傳統紳士階層上層的身世背景。在《霜葉紅似二月花》中，茅盾雖已不在人物出場時介紹他的身世背景。但結合文本細節及其所反映的歷史時期來看，卻更是地方紳縉階層的故事了。

茅盾小說中有不少這樣具有傳統紳士身份的人物，即便是接受了新學教育的現代知識分子或是民族企業家也免不了要加上一個傳統紳士階層的出身。其實，不僅是茅盾，許多現代作家也都在自己的文學創作中，展示了民國社會中紳士階層有別於以往時代的生活面貌和心理樣態。

魯迅的小說中就常常直接以秀才、舉人、紳士來指稱其中的人物。這些小說以平淡的日常細節勾勒出了「紳」「民」格局之下的風土人情。生長於前清高門巨族的張愛玲更是毫不避諱地揭著簪纓舊族華服之下的瘡疤，展現出傳統紳士階層在皇權傾覆後的家族生活的種種畸形。此外，京派作家中的沈從文、師陀，左翼作家中的艾蕪、沙汀等人也都在自己的創作中對紳士階層有細緻、獨特的表現。

可以說，現代文學作品中的許多人物形象也都可以借助紳士這一概念加

〔註62〕 茅盾：《子夜》，上海開明書店，1933年版，第209頁。

〔註63〕 鄉試中副榜者，俗稱爲半個舉人。清代在鄉試除正榜外，另取一定名額的「副榜」，又稱副貢。雖然，中副榜者一般不能如正榜者一般直接參加會試，但也算獲得了正途的科舉出身。參見劉成禺著，蔣弘點校：《世載堂雜憶》，太原市：山西古籍出版社，1995年版，第9頁；李樹：《中國科舉史話》，濟南市：齊魯書社，2004年版，第284頁；徐一士著，徐禾選編：《亦佳廬小品》，北京出版社，1998年版，第341頁。

〔註64〕 科舉時代考試中式者對主考官自稱門生，主考官則爲座主。參見顏品忠等主編：《中華文化制度辭典‧文化制度》，中國國際廣播出版社，1998年，第530～531頁；李樹著：《中國科舉史話》，齊魯書社，2004年版，第23頁。

〔註65〕 茅盾：《子夜》，上海開明書店，1933年版，第7頁。

以重新解讀。如果我們對傳統社會紳士階層的行為模式、心理樣態和社會地位有一定的認識，那麼我們就不能簡單地用頑固、迂腐來描述那些現代文學中被歸類為封建地主階級的人物。如果我們能對民國時期，傳統紳士階層的衰敗有更深入的體認，那麼我們也就能更細緻地感受到現代文學中那些高門望族逐漸走向破落的蒼涼。如果我們能對民國時期傳統紳士階層向現代知識分子的轉向有更充分的洞察，那麼我們將更能領悟那些出身於舊家故宅的所謂小資產階級知識分子對新舊社會交織的種種或迷茫或曖昧的感受。

對現代文學作品中紳士形象譜系的發掘與闡釋，能讓我們重新描繪的現代文學的人物形象譜系。只有放棄過去以階級為中心的人物形象界定，尋找民國時期自身的社會分層來觀察現代文學，我們才能克服固有政治觀念和西方文藝理論對中國現代文學研究的誤導，從而切實地感受現代文學作品所展現的豐富而複雜的歷史風貌。也只有進入民國時期的具體社會圖景，眾多現代作家不為人知的精神世界才有機會得以展現。

雖然，茅盾在文論中慣於使用小資產階級、無產階級這樣的概念。但他的小說創作卻常常精細刻畫他在理論上不曾涉及的紳士階層。即便是寫到工商業者等「現代」人物時，他也總慣於加之以傳統紳士家庭的出身。從茅盾小說中對劣紳這樣負面形象的精細刻畫，對傳統正派紳士執事的美化與懷想以及對現代知識分子傳統紳士階層背景的刻意暗示中，我們會發現茅盾對紳士階層有著滿懷興趣的把握和難以自拔的偏好。

無論是從家族淵源還是個人發展經歷上看，茅盾都與紳士階層密不可分。在他的回憶錄中對家世敘述部分與紳士有關的情節比比皆是。茅盾的外祖父為當地名醫，但「要求正途出身的願望依舊強烈。五十歲以前，每逢鄉試，必然去考」，收門生也要求必須是秀才。〔註66〕茅盾的曾祖父經商之餘也抽空讀書，還曾靠著捐納的異途謀得官職。他的祖父雖鄉試屢考不中，但也有秀才的功名。茅盾的父親十六歲時也考中了秀才。回憶錄中，茅盾多次提及自己的曾祖父希望兒孫輩能夠從科場發跡，改換門庭。其中，茅盾還不時透露出對祖輩父輩極富才學，卻不肯用心備考而未能高中的惋惜。

從茅盾自己的敘述來看，雖祖輩父輩致力科考而終未中式，但他和他的家人卻也未曾從中遭遇身心戕害。他既無中道之家破落後對舊有傳統制度的切膚之痛，也無高門巨族在大廈傾覆後的遺老遺少氣味。相反，茅盾的家庭

〔註66〕茅盾，韋韜著：《茅盾回憶錄》（上），北京華文出版社，2013年版，第5頁。

和他個人不僅都在情感上如當時的大多數民眾一樣對紳士充滿敬意，還在實際生活中承受傳統紳士的恩惠。

茅盾父母的媒人是鎮上的名望極高的紳縉盧小菊。茅盾幼年就讀的烏鎮第一所初級小學也爲盧小菊創辦。〔註67〕茅盾的姑母嫁與盧小菊的兒子秀才盧蓉裳續弦後，盧小菊的孫子盧鑒泉也就成了茅盾的表叔。盧鑒泉與茅盾的父親同年應考，有著前清舉人的科舉功名。在茅盾從幼年到青少年的求學經歷中，盧鑒泉給予了各種方式的支持和幫助。茅盾進入商務印書館編譯所也得益於盧鑒泉的舉薦。〔註68〕此後，盧鑒泉在民國初年的商界、政界取得的地位和成就，也在無形中爲茅盾樹立了傳統正紳在現代社會成功轉型的範例。茅盾在回憶錄中多次談到盧家的紳士們時，總是充滿感激和敬重。這種對傳統正派紳士的好感和尊崇不僅常常在茅盾的文學創作中有所體現，更在一定程度上發展爲了茅盾對傳統紳士行爲模式和心理觀念的一種近乎無意識的認同和效法。

而傳統社會向現代社會轉型過程中的獨特氛圍又進一步強化了茅盾對傳統紳士階層的情結。儘管民國以後，逐步形成的現代政治制度，已經阻斷了學而優則仕的進階道路。但是，傳統紳士階層參與政治權利的強烈濟世精神和致力於將知識資本轉換爲政治資本的熱情卻依舊在現代知識分子群體中餘溫不減。茅盾在回憶錄中就談到：「前清末年廢科舉辦學校時，普遍流傳，中學畢業算是秀才，高等學校畢業算是舉人，京師大學堂畢業算是進士，還賜翰林。」〔註69〕這種借助科舉功名來理解現代新式教育的背後，無疑蘊含著對文官考試制度的懷戀。而民國建立以後，新學人士逐漸成爲政權主體的趨勢，似乎又爲接受了新式現代教育者展開了「學而優則仕」的前景。

「科舉制廢除本使道治二統分離，學術獨立的觀念從清季起便頗有士人鼓吹，到民國更成爲主流；但民國教育反而呈現出比以前更政治化的傾向：知識界議政不斷，也不乏直接參政者。」〔註70〕而茅盾不但長期以文議政，

〔註67〕 參見茅盾，韋韜著：《茅盾回憶錄》（上），北京華文出版社，2013 年版，第55～56頁。

〔註68〕 參見茅盾，韋韜著：《茅盾回憶錄》（上），北京華文出版社，2013 年，第 10～15頁。

〔註69〕 參見茅盾，韋韜著：《茅盾回憶錄》（上），北京華文出版社，2013 年版，第60頁。

〔註70〕 羅志田：《清季科舉制改革的社會影響》，《中國社會科學》，1998 年第 4 期。

而且在具體政治活動方面也有深入的實踐。

茅盾自 1920 年十月間加入上海共產主義小組以後，就長期從事黨的工作。〔註71〕在國民革命中他擔任過國民黨中央宣傳部秘書，〔註72〕國民黨湖北省黨部機關報《漢口民國日報》主筆〔註73〕。有學者從臺灣地區搜集的「國民黨特種檔案」也顯示，茅盾對國共兩黨黨務的參與情況，遠比學界目前掌握的更多。〔註74〕可以說作為中國共產黨的最早一批黨員，茅盾參與政治活動的深度和廣度是大多數現代作家難以企及的。而從建國後茅盾所擔任的政治職務上看，似乎可以說，他以科舉仕途之外的道路實現了祖輩幾代人改換門庭的願望。

然而，茅盾終究是傳統紳士階層中接受了新式教育的現代知識分子，而無法如傳統紳士階層一般圓融知識與政治於一身。茅盾的長篇小說處女作《蝕》一經發表，就被中共視為「退黨宣言」〔註75〕。此後，茅盾積極主動地將政治意識滲透於文學創作的努力幾乎從未停步。他的文學作品中滿溢而出的政治思考總是與抑制不住的感性認識相互撕扯。傳統紳士階層參政濟世的願望使他自覺致力於政治思想的表達。現代知識分子獨立思考的特性又讓他不自覺地偏離政治意識形態預設的軌道。這種政治家與文學家的雙重身份使茅盾的文學創作便呈現出了政治理念與感性認識的此起彼伏、錯綜紛擾，也導致了茅盾糾纏一生的矛盾。

當然，茅盾身上體現出的政治與文藝的交錯糾葛在現代作家中並非其所獨有。一些新文化運動的提倡者本身就有科考功名在身，接受新學教育的知識分子也大多來源於傳統紳士家庭，現代作家中出身傳統紳士階層的亦不在少數。國民革命爆發以後，大批新學知識分子投奔革命政府、參與政治軍事行動，其中就有包括茅盾在內的大批現代作家。二十年代末的革命文學運動

〔註71〕茅盾，韋韜著：《茅盾回憶錄》（上），北京華文出版社，2013 年版，第 156 頁。

〔註72〕茅盾，韋韜著：《茅盾回憶錄》（上），北京華文出版社，2013 年版，第 261 頁。

〔註73〕茅盾，韋韜著：《茅盾回憶錄》（上），北京華文出版社，2013 年版，第 280 頁。

〔註74〕楊揚：《臺灣所見「國民黨特種檔案」中有關茅盾的材料》，《新文學史料》，2012 年第 3 期。

〔註75〕陸定一：《大文學家茅盾》，見《陸定一文集》，人民文學出版社，1992 年版，第 867 頁。

的發生也正肇始於北伐。二十世紀三十年代，文學群體的「亞政治文化」形態、政治文化與作家的文學選擇等文藝與政治糾纏﹝註76﹞，也與民國時期紳士嬗變的實體過程和精神形態有關。

　　只有返回到民國時期中國社會獨特的現代化進程中，我們才能相對貼近茅盾等現代作家的精神世界，發現之前研究所沒有關注的信息。也只有盡可能地返回現代作家對自身所處時代的原初感受，我們才能從現代作家微妙心理的蛛絲馬迹中探尋其文學創作對人生和世界的觀察與解讀。因此，我們有必要跳出既有社會政治理論的藩籬，回歸民國的具體歷史事實和社會運行機制﹝註77﹞，體認現代作家紛繁交錯的內心世界，切實推進我們對茅盾這樣的現代作家更深層次的研究。

﹝註76﹞ 參見朱曉進：《政治文化與中國二十世紀三十年代文學》，北京市：人民出版社，2006年。

﹝註77﹞ 關於中國現代文學研究注意返回民國歷史情境，發掘其中的「機制」，參見李怡：《中國現代文學史研究的敘述範式》，《中國社會科學》，2012年第1期，李怡：《民國機制：中國現代文學的一種闡釋框架》《廣東社會科學》，2010年第6期等文。

肆、論卞之琳 1930～1934 年間的創作心態及其詩歌

高博涵[*]

摘要：卞之琳 1930～1934 年間詩歌「情景寫實」的特徵，較鮮明地體現出社會情態影響以及詩人的主觀創作心態。社會情態影響方面，詩人的創作主題與情感呈現複雜，從「邊城」的危機與荒涼到人類困境的暗示，從市井人的投契與膈膜到更高層次的理性批判，具有「現實／象徵」層次的多重散射與雜糅。主觀創作心態方面，受生活背景、家庭環境、個人經歷等多重因素影響，詩人形成了較為平和、沉靜、處世不驚的性格狀態，這使得他的詩歌悉知並觸碰到多種維度的主題，呈現出現實世界多元的色調，展現著難以釐定的諸多可能性，並隱約透露出日後的發展方向。

關鍵詞：卞之琳，1930 年代，創作心態，前期詩歌

* 高博涵，女，四川大學文學與新聞學院博士生。

關於卞之琳的詩歌創作，學界已有相當充分的研究，並且這一研究主要集中在對其 30 年代的作品的討論。〔註1〕從分期上看，如果按江弱水的分法，將 1935 年作爲卞之琳 30 年代作品前後期的分界，則論者多關注於 1935～1937 年間詩人的作品〔註2〕，從論述內容上看，卞詩與古今中外詩藝關係的辨析，以及在此框架下涉及的智性特徵、詩體建設、意象等藝術論最受青睞。〔註3〕究其原因，無外乎卞詩的藝術價值最值矚目，而尤以 1935～1937 年間的創作爲突出。不止一位論者注意到「1935 年」這個卞詩創作的分界點，藍棣之認爲：「好像是忽然之間，從 1935 年開始，卞之琳的聲音有了很大的變化。」〔註4〕江弱水認爲自 1935 年起「卞詩從情景的寫實一下子轉入觀念的象徵。」〔註5〕誠然，「觀念的象徵」自比「情景的寫實」更能凸顯詩歌的藝術高度，但從另一個角度看，「情景的寫實」卻更能還原詩人原初的創作心態、創作背景，而這些本是詩歌研究乃至文學研究的基礎，只有充分瞭解這部分內容，更高層級上的研究才有再發現的可能。在這個層面上，本書認爲應掉轉方向重新關注卞之琳 1930 年代前期（1930～1934）的詩歌創作，並將之還原進當時的社會情態及詩人的性格和主觀創作心態中，眞實地呈現出詩人是在怎樣的環境中、怎樣的心態下開始其詩歌創作的。

一

1930 年代是怎樣的時代？1931 年「九一八」事變後，日本侵佔了東北地

〔註1〕 關於卞之琳詩歌的研究，成果頗多，有袁可嘉、張曼儀、江弱水、藍棣之、李怡、羅振亞、張潔宇等等諸家的專著或專文。

〔註2〕 這一時間點的劃分參考了江弱水《卞之琳詩藝研究》（安徽教育出版社，2000 年版）中的劃分方式，該文認爲：「1935 年在卞之琳詩創作中具有特殊的意義。從 1 月的《距離的組織》開始，就像是一道分水嶺，將卞氏的戰前詩劃爲前後大異其趣的兩個部分。」並將卞之琳 30 年代的詩歌創作分爲前期（1930～1934）、中期（1935～1937）、後期（1938～1939）（詳見該書第 14～15 頁）。另，從該書附錄二《卞之琳賞析文章輯目》中可見，最受論者青睞的卞詩爲《尺八》與《斷章》，而這兩首都是 1935 年後的作品。

〔註3〕 如李怡：《卞之琳與後期象徵主義》（《四川外語學院學報》，1994 年第 2 期）、羅振亞：《「反傳統」的歌唱——卞之琳詩歌的藝術新質》（《文學評論》，2000 年第 2 期）、陳本益《卞之琳的「頓法」論》（《西南師範大學學報》哲社版，1996 年第 4 期）、王飛《卞之琳早期詩歌意象初探》（《鎮江師專學報》社科版，1998 年第 2 期）。

〔註4〕 藍棣之：《論卞之琳詩的脈絡與潛在趨向》，《文學評論》，1990 年第 01 期。

〔註5〕 江弱水：《卞之琳詩藝研究》，安徽教育出版社，2000 年版，第 15 頁。

區，1932 年「一二八」事變，日本在上海開闢了第二戰線，南京政府爲此撤都洛陽。在這樣重大的歷史事件面前，正常的社會秩序受到很大影響，兩次事件對卞之琳的直接影響便是詩集出版的擱淺。1931 年，受到徐志摩和沈從文的幫助，卞之琳有望出版第一本詩集《群鴉集》，但卻意外擱淺，其原因除了徐志摩的偶逝，亦與「九一八」事變有關，「由此而來的危機在中國的經濟文化生活中引發了廣泛的震蕩，卞之琳的小書也成了其中一個鮮爲人知的犧牲品。」〔註6〕1932 年，卞之琳再次有望出版《群鴉集》，卻又因「一二八」事變而擱淺，「在這種情況下，出版計劃自然只能擱置，後來局勢雖有所好轉，《群鴉集》終究只停留在出版商的新書預告中。」〔註7〕這說明，處於這一時代背景下，詩人藝術之旅的跋涉很難不受到消極影響。當我們縮小關注的半徑，將目光集中在卞之琳 1930～1934 年間生活的北平，同樣會發現時代對這座古城的侵蝕。1927 年，國民黨政府遷都南京，結束了北京自明永樂年間五百多年的國都身份，「北京」也被更名爲「北平」，從此成爲喪失政治經濟中心的「邊城」，這之後不幾年，很快又發生了「九一八」事變，「災官滿城、惶惶不可終日的狀態剛剛安定下來的北平，又騷動沸騰起來。」〔註8〕1933年，「塘沽協定」簽訂之時，「繼東北淪陷之後，一九三三年二月日本侵略軍進攻熱河，熱河很快淪陷。日本侵略軍東北方面早到山海關，現正北方面又到了喜峰口，文化古城的形勢更是危在旦夕了。」〔註9〕這些史實無不提醒我們，北平城實際上已陷入軍事無屏障的危險境地，求學於此的詩人卞之琳，又怎能不受影響？

江弱水在討論卞之琳 1930～1934 年間詩歌的意象時指出：「無論是秋日斜陽下的睡夢眾生，還是迷途倦旅中的困乏個人，在詩人的靜觀與默想中都有著一層宿命的灰色。呼吸著北中國的荒涼空氣，久而久之，差不多戕喪了卞詩的生趣。」〔註10〕這種「戕喪」可體現於詩句中的無所歸依之感，在這種「危在旦夕」的大背景下，卞之琳的詩歌常常會出現疑惑於人世去向的句

〔註6〕 〔美〕漢樂逸：《發現卞之琳——一位西方學者的探索之旅》，李永毅譯，外語教學與研究出版社，2010 年版，第 11 頁。

〔註7〕 〔美〕漢樂逸：《發現卞之琳——一位西方學者的探索之旅》，李永毅譯，外語教學與研究出版社，2010 年版，第 11 頁。

〔註8〕 鄧雲鄉：《文化古城舊事》，河北教育出版社，2004 年版，第 3 頁。

〔註9〕 鄧雲鄉：《文化古城舊事》，河北教育出版社，2004 年版，第 4 頁。

〔註10〕 江弱水：《卞之琳詩藝研究》，安徽教育出版社，2000 年版，第 28 頁。

子：「『也好久了，現在你要幹什麼呢？』／『眞的，我要幹什麼呢？』」「『你替我想想看，我哪兒去好呢？』／『眞的，你哪去好呢？』」（《奈何》）「『我眞想到外邊去呢！』／雖然我自己也全然不知道／上哪去好，如果朋友／問我說，『你要上哪去呢？』」（《登城》）古城的危機與荒涼，使詩人產生了強烈的失重感，彷彿找不到人生的方向，失去了人活於世的根據：「我不學沉入回想的癡兒女／坐在長椅上／惋惜身旁空了的位置。／／可是總覺得丟了什麼了——到底丟了什麼呢，／丟了什麼呢？」（《中南海》）詩人並未在危機的空氣中抓住人類本能的愛情去攀附，沒有將生活的失重朝向世俗的層面去彌補，這個時候疾呼「丟了什麼」，則顯得意味深長。實際上，失重之感雖經由古城的感受生發而出，卻並未僅僅停留在城與人的感性關係上，而是悄然被詩人置換或上昇爲人類困境的高度，在這一時期，這「高度」掩飾於現實層面的描寫中，幾乎不被察覺。請看《遠行》一詩：「不用管能不能夢見綠洲，／反正是我們已爛醉；／一陣颶風抱沙石來偷偷／把我們埋了也乾脆。」詩的題目爲《遠行》，「遠行」即可離開古城，如果詩人願意，自可去尋找一個嚮往的世界，然而詩句中並未有任何期待與欣喜之感，反倒仍舊是如古城中的沉重甚至絕望，認爲夢不夢見綠洲並不重要，而若有沙石埋了自己，反倒是一件很乾脆的事情。這說明詩人已不再天眞地期待一個帶來新鮮空氣的新天地，而認爲古城帶給人的危機氛圍，既是現實，也是屬於人類的難以逃離的困境。《蘆葉船》中：「遐思可以收了，／這時候只合看黃葉／在水上漂，／不再想童年的蘆葉船／漂去了哪兒。」這樣的詩句也同樣說明詩人已拒絕天眞的「遐思」，開始沉思於人類共生的命運了。而循著如此的思路去看《還鄉》一詩，天眞的孩童視角就與老練的歲月眼光糾結一處了，表面上，《還鄉》一詩是以孩童的視角描寫旅途中的見聞與風景，但在「大狗叫，小狗跳」的輕鬆描寫中，反覆間雜著一句「眼底下綠帶子不斷的抽過去，／電杆木量日子一段段溜過去。」這顯然不是孩童的視角，而是詩人插入其中的人生感歎，這樣兩種不同的視角彼此構成了反諷——孩子是期待的，而詩人是滄桑的，此時再看詢問站點的詩句，則於天眞背後透出了人生倦於行旅、無望於行旅的哀傷，「還有多少站？」這一句不僅出於孩童之口，也出於詩人之口了。僅就古城帶給詩人的危機與荒涼這個層面來說，詩人的詩歌已經出現了兩重向度的分野，而後一重向度顯然在詩人後期的詩歌中有了更鮮明的體現。

　　除去危機與荒涼，卞之琳此一時期的詩歌也間雜著留連古城世相的安然與隱於其中的寂寞。1930～1934 年間的北平，城市中有著怎樣的生活氛圍呢？鄧雲鄉在談到「九一八」事變後的古城情狀時說：「一是文教界、學生中抗日運動的高漲，到南京請願，要求出兵收復失地，抵制日貨等等。二是東北愛國人士大量入關，青年學生亦大批流亡到文化古城就讀，連東北大學也內遷到北平。北平人口逐年增加。」〔註 11〕在談到「塘沽協定」後的古城情狀時又說：「一方面東北的流亡學生、各界人士仍因交通便利及生活水平較低，不斷來到古城定居、上學；另一方面也有不少條件更好的人看到古城日漸危險，紛紛南遷，住到上海租界中去，託庇於英美勢力，以求安全。」〔註 12〕可以看出，這是一個人口流動非常大的城市，大量的外鄉人流入又流出，不可能不給長期停留於此的人以影響。另一方面，生長於此地的土著居民卻有著另外一副不驚不慌的安於現狀的穩定姿態。1930 年代的北平雖已成「邊城」，但情況卻尚未達至火燒眉毛的境地，鄧雲鄉說：「從戰爭的節奏來講，中間還有間歇的時間，還未危急到文化古城，戰火還未燃燒到北京。」〔註 13〕譚其驤說：「凡我國人，心境當然都是沉重而憤慨的，談不上輕鬆愉悅。但這是大局，與北平這個城市無關。論在這個城市裏的日常生活，卻相當舒服；這是當時的北平之值得眷戀之處。」〔註 14〕味橄也認為：「我所感到的北平是沉靜的，消極的，樂天的，保守的，悠久的，清閒的，封建的。」〔註 15〕這樣風流雲散的北平與這樣安於現狀的北平，又帶給了卞之琳怎樣的感受呢？在卞之琳的詩歌中，我們看到很多市井人物的描寫，這也被認作是卞之琳這一時期作品的重要特徵，「若用日常瑣小的事件為題材而描寫，也是能得到很豐富的藝術的收穫的。」〔註 16〕「運用平常的文字，寫出平常人的情感，因為手段的高，寫出難言的美。」〔註 17〕殷乃、沈從文的評價，可謂精準地概括出了這一時期卞詩的價值所在。很多論者都將這一特點以及這一

〔註 11〕鄧雲鄉：《文化古城舊事》，河北教育出版社，2004 年版，第 3 頁。
〔註 12〕鄧雲鄉：《文化古城舊事》，河北教育出版社，2004 年版，第 5 頁。
〔註 13〕鄧雲鄉：《文化古城舊事》，河北教育出版社，2004 年版，第 3 頁。
〔註 14〕譚其驤：《文化古城舊事·序》，河北教育出版社，2004 年版，序言第 2 頁。
〔註 15〕味橄：《北平夜話》，河北教育出版社，1994 年版，第 2 頁。
〔註 16〕殷乃：《介紹與批評卞之琳「三秋草」》，《清華周刊》，1933 年第 39 卷，第 11 / 12 期。
〔註 17〕沈從文：《〈群鴉集〉附記》，引自《沈從文文集》（第十一卷），花城出版社，1984 年版，第 18 頁。

特點在 1935 年後的發展歸爲卞之琳「戲劇化」、「智性化」、「非個人化」的嘗試，是其不願披露自己情感狀態的體現。〔註 18〕但作爲抒情主人公的詩人，其潛在的冷眼旁觀以及與市井人物之間的關係，似乎尙有進一步討論的空間。有一點值得提起注意，即卞之琳是一位從外鄉到北平求學的大學生，這一信息至少提供了三點有效信息：一、卞之琳是外來人口。二、卞之琳雖是外來人口，卻擬定長期住在北平（念大學，其在北平的時間最短也要四年），比起逃亡而來的人，穩定性和身份感要強烈很多。三、卞之琳是大學生，是屬於知識分子層面上的人，不是市井之人（例如來經商的小販、來從業的夥計之流）。此時有一個問題浮出水面：雖然我們早已確認卞之琳此一時期的詩作傾向於「情景的寫實」，但「寫實」本身可以包涵非常多的對象，卞之琳不是跑堂的夥計、經商的小販，若說「寫實」，他最直接接觸到的應該是校園生活，但在 1930～1934 年相對寫實的詩歌中，並沒有看到明顯的描寫校園生活的詩句，如寫同學師生間的情誼、校園中的氛圍，雖然可以說「他著手處理的，是眾生與個人命運這一主題」〔註 19〕，但近乎完全地青睞於市井人物的描寫，又何嘗是「眾生」呢？至少，更高層次人物的描寫顯然是空缺的。這不得不使我們疑惑到，這一問題是否與卞之琳外來者的身份和他以外來者身份長期居住北平有關？

其實，卞之琳之所以青睞於市井人物，是這些市井人物恰好對焦了卞之琳個人的心境感受，這感受即是他對北平這座古城的感受——既有同呼吸共命運的相依感，又有無法與之眞正溝通的寂寞。請看叫賣一詩：

> 可憐門裏那小孩，
> 媽媽不准他出來。
> 讓我來再喊兩聲：
> 小玩意兒，
> 好玩意兒！……
> 唉！又叫人哭一陣。

這是北平市井間一段很普通的生活場景描寫，單看詩本身，時政背景、詩人

〔註 18〕 如羅振亞：《「反傳統」的歌唱——卞之琳詩歌的藝術新質》，《文學評論》，2000 年第 2 期。如張潔宇：《智慧之美——卞之琳詩歌的智性化特徵》，收入張潔宇《荒原上的丁香——20 世紀 30 年代北平「前線詩人」詩歌研究》一書，中國人民大學出版社，2003 年版。

〔註 19〕 江弱水：《卞之琳詩藝研究》，安徽教育出版社，2000 年版，第 28 頁。

的聲音全部缺省，這裡的「我」是一個小販，整個場景是小販的吆喝與孩童的啼哭。但詩歌的關注視角卻是詩人給的：市井、小販、孩童、媽媽——這樣深入的生活細節，流亡到此的人無力體會，短暫一遊的人無暇體會，唯有長期生長於此的市井間人才能感受，而當詩人借著市井人的眼光觸及到這一場景時，詩人便形成了與市井人心態的揉溶，這是一種怎樣的心態呢？在「危急」而「荒涼」的空當，尚有苟活的間隙，而人們穩穩地抓住這間隙、從容於這間隙，以生活的常態面對一切，既不慌張、也不消極，小販繼續在兜售、孩子繼續在啼哭，目睹這一切，詩人的心中又怎可能不產生一種相依之感呢？食色，性也，在緊張的大背景之下，尚有這樣的常態存在，這自然比追索形而上的學問，或是關注更高層級的人物更給詩人安定感，使得一個長期駐足的外鄉人能安於此，並從容於當下的生活。「我當年暑假畢業，原早就不務正業，不想出洋留學，想留在北平，以譯書為生，搞我的文學創作。」〔註 20〕這段卞之琳的自述也可看出北平給予詩人的一種安定感。類似於《叫賣》這樣的詩還有很多，比如《寒夜》，比如《苦雨》，皆是這一類型，如我們循著剛才的思路去解讀它們，則發現：卞之琳對於市井人物的留戀，絕非僅僅是迷戀於古城市井文化、市井心態那麼簡單，這背後掩藏著強烈的時代感受與心靈感受。朱自清說卞之琳此一時期的詩歌可以「見出平淡的生活裏蘊藏著的悲喜劇。」〔註 21〕李健吾也說此一時期詩歌「那樣淺，那樣淡，卻那樣厚，那樣淳。」〔註 22〕若從這一角度看過去，這其中的「悲喜劇」、「淺」「淡」「厚」「淳」的關係，也就別有一番深意在了。

但同時，在另一個角度上，詩人卻並不能完全與市井人投契與融合。在戲劇化手法的運用中，卞之琳時常在詩句中加入很多對話性質的詩句，請看《傍晚》一詩：「倚著西山的夕陽 / 站著要倒的廟牆 / 對望著：想要說什麼呢？ / 怎又不說呢？」無論人或物，每欲「說什麼」，最終仍是「不說」，這比原本的沉寂更加寂寞。若說《傍晚》帶有很多的灰色感受，另一些涉及到「說話」的詩句則更為「玩笑出心酸」。《西長安街》很明顯是抒情主人公同老人的對話，他有著強烈的溝通欲望：「啊！老人，這道兒你一定 / 覺得是長的，

〔註 20〕卞之琳：《星水微茫憶〈水星〉》，《卞之琳文集》（中卷），安徽教育出版社，2002 年版，第 72 頁。
〔註 21〕朱自清：《詩與感覺》，引自《新詩雜話》，三聯書店，1984 年版，第 22 頁。
〔註 22〕李健吾：《〈魚目集〉》，引自《李健吾文學評論選》，寧夏人民出版社，1983 年版，第 88 頁。

這多天的日子／也覺得長吧？是的，我相信。／看，我也走近來了，真不妨／一路談談話兒，談談話兒呢。」照理說，這孤寂、漫長的傍晚和路程，若有人陪伴，則要溫暖很多，若有人互相鼓勵，更則不難過。但抒情主人公同老人的狀態卻是膈膜的，「可是我們卻一聲不響，／只是跟著各人的影子／走著，走著……」這寂寞的行程使抒情主人公不得不幻化出若干場景（如馬號，一大隊騎兵），但顯然這幻境只屬於抒情主人公，老人並不曾和他一起幻想。這種膈膜與寂寞使詩人雖看似在對話，實際上只是自言自語，在這個層面上看，他訴說得愈精彩，其情狀則愈尷尬，「什麼？槍聲！打哪來的？／土槍聲！自家的！不怕！不怕！……」詩句中的對話色彩越強烈，疑問句越多，造成的反諷程度越高，抒情主人公則愈是寂寞的。在詩歌結尾，抒情主人公仍然不肯放棄：「朋友，我們不要學老人，談談話兒吧。……」這說明缺乏交流的感受一直延宕到詩句末尾，未能解除。艾略特認為詩人存在三種聲音，第一種為獨語，第二種為對話，第三種則是詩劇語言，〔註 23〕在卞之琳的詩歌中，我們可以認為他在營造一種類似詩劇的戲劇化效果，出現了「我」的詩歌，可以認為是對話，但無論哪種類型，實際上均很少達到有效的人物溝通，純粹是獨語的狀態。這就在詩歌形式與實際效果間形成了強大的反諷，類似的詩歌尚有《春城》、《酸梅湯》等，循此回味，則頗能感受到「玩笑出心酸」的意義。

這實際上傳遞出了詩人無法同市井人溝通的「寂寞」。這種「寂寞」來自於外鄉人的身份，卞之琳雖長期居住於北平，但他仍不能算是土生土長的北平人，他的視角同生長於北平的林庚等詩人自然不會完全重合，〔註 24〕1930～1934 年，卞之琳到北平不過四五年時間，若說他與北平土著民有著隔閡，也應是很自然的事。但更重要的，這「寂寞」還是來自於詩人的身份，或知識分子的身份，這一身份因素，使詩人的視角無法與市井人的視角完全對焦，存在一定的理性思考與人生命運的感歎，他的眼光終究高於市井人，而並非與他們打成一片：

> 五點鐘貼一角夕陽，
> 六點鐘掛半輪燈火，

〔註 23〕詳見〔英〕艾略特：《詩的三種聲音》，見《艾略特詩學文集》，王恩衷編譯，國際文化出版公司，1989 年版。

〔註 24〕在林庚這一時期的詩集中，我們就找不到在現實層面無法溝通的感受，而更多是一種對 30 年代北平的批判色彩以及對原始情境的嚮往。

> 想有人把所有的日子
>
> 就過在做做夢，看看牆，
>
> 牆頭草長了又黃了。(《牆頭草》)

當卞之琳寫《牆頭草》的時候，他就由北平「邊城人」的心態轉爲批判者的心態了，這個時候，「夕陽」與「燈火」就不再那麼讓人相依，「做做夢」、「看看牆」也就不再那麼其樂融融了，詩人看著「牆頭草長了又黃了」，心中生出的恐怕是忍看歲月流逝的焦灼感吧，類似的詩歌尙有《一個閒人》、《一個和尙》等。這種帶有批判色彩的情感指向是詩人作爲「詩人」最本質性的東西，但在這類詩歌的文本對照中會發現，這一本質性的批判是與詩人難以融入市井人的「寂寞」雜糅在一處的，這樣的詩歌既是詩人冷眼的旁觀，也是不入的寂寞，情感向度呈現出多層次的糾結，絕非一維：詩人想要溝通，卻又無奈說不出話，詩人想要批判，卻與市井人的情感有共通之處。「每一個住過北方，經歷過故都公寓生活的年輕人，一定都能理解得到，會覺得所表現的境界技術超拔的。」〔註25〕這體驗，似乎也只有眞正經歷過 30 年代北平生活的讀書人才能眞正體味吧！

再對照先前的論述我們會發現，卞之琳 1930～1934 年間總體的創作主題與情感指向是相當複雜的。這其中既有詩人對「邊城」的危機與荒涼之感，又有詩人與市井人的投契與膈膜，這「邊城」的危機並不僅是現實層面的危機，更有人類困境的暗示，這與市井人的投契與膈膜，又絕非一般意義上的留連古城風物或是疏離於底層人物，而更多暗含了人生的相依之感與更高層次的理性批判。更需注意的是，以上所有這些維度，又並非各自獨立投射而去，而是彼此之間糾結一處，正是現實層面的危機與膈膜，才釀生了更高層面的人性思考，但更高層面的思考也並沒有絕塵而去，而是繼續與現實層面的主題融混一處。這使得卞之琳此一時期的詩歌具有「現實／象徵」層次的多重散射與雜糅，向度非常多元，絕非單純的「情景的寫實」，更不是高度提純的「觀念的象徵」。這一多元駁雜的主題特徵本身就具有很高的研究價值，同時，它也爲卞之琳後期的詩歌做好了準備，很顯然，在 1935 年後的詩作中，「觀念的象徵」開始佔據更重要的地位，但它們絕非一蹴而就，乃是從 1930～1934 年間即埋下了伏筆。

〔註25〕沈從文：《〈群鴉集〉附記》，引自《沈從文文集》(第十一卷)，花城出版社，1984 年版，第 21 頁。

二

　　在討論過社會情態與詩人創作的關係之後，我們的關注點將進一步落在詩人的主體創作心態上。別爾嘉耶夫在《論人的奴役與自由》一書中說：「在社會裏是現實的東西決定於，個性不但與個性有關係，而且還與個性在社會中的結合有關。」〔註26〕一個「不但」與「而且」，精確地表明了個性與社會互相交織的關係。個性的養成除了先天的遺傳因素之外，後天的生活背景、家庭環境、個人經歷，無不對其產生規約作用，共同影響著一個人的心智與性情。對於卞之琳來講，他的故鄉環境、家庭背景，他來到北平後的個體生存方式、社會物質精神條件，均在一定程度上影響著詩人當時的心境與性情，這些外在因素綜合於詩人本身的先天性格，共同促生並影響著詩人的創作心態，影響著詩人的詩歌。

　　卞之琳 1910 年出生於江蘇省海門湯家鎮，在地理位置上，海門可謂扼守之地：「海門市位於江蘇省東南部，東瀕黃海，南倚長江，因扼『江海之門戶』而得名。」〔註27〕在自然環境上，海門算得上是富庶的魚米之鄉：「海門屬亞熱帶季風氣候區，四季分明。境內雨水充沛，光照較足，土壤肥沃，水、氣、肥協調，有利於多種植物生長，可謂『種瓜得瓜，種豆得豆』。長江、黃海及內地的水產資源豐富。」〔註28〕可以說，這個區域絕非閉塞、落後之地，生活在這裡的人們，物質條件應至少不艱苦。在教育上，海門亦是格外重視，清末民初有張謇等人於此地興辦教學，「清末民初，隨著時代的逐漸進步，學校也不斷發展增多。至此，學校體系初步完整。廳內縣內有小學、中學、女子學校、師範學校，還有其他學校。學校的學制課程也隨著時代的進步而不斷改良，如清末稱學堂，民國稱學校。」〔註29〕卞之琳成長於這樣的教育環境之下，其認知與思想應很早便得到了有效的開蒙與提升，在《滄桑瑣話》〔註30〕一文中，卞之琳回憶了他於海門讀初中的情景，「五卅」

〔註26〕〔俄〕別爾嘉耶夫：《論人的奴役與自由》，張百春譯，中國城市出版社，2001年版，第 122 頁。

〔註27〕海門市政協、上海證大投資集團、海門市教育局編：《江風海韻：海門市文史資料第二十一輯》，遠方出版社，2005 年版，第 1 頁。

〔註28〕海門市政協、上海證大投資集團、海門市教育局編：《江風海韻：海門市文史資料第二十一輯》，遠方出版社，2005 年版，第 1 頁。

〔註29〕江蘇省政協文史資料委員會、海門市政協文史資料委員會編：《故土方圓》，江蘇文史資料編輯部出版發行，1998 年版，第 28 頁。

〔註30〕詳見《卞之琳文集》（中卷），安徽教育出版社，2000 年版，第 104 頁。

慘案、「四一二」慘案以及魯迅小說集《吶喊》等，均直接對他的學習生活產生了影響，可見此地的思想步伐是緊跟時代的風雲變幻的。這一切均可證明，卞之琳的家鄉環境足以帶給詩人較好的物質、精神背景，使其可在充足的資源中汲取成長的養料，這不僅帶給詩人良好的學養素質，同時亦能培養詩人較爲富足的心態。〔註31〕卞之琳的家族在當地又是怎樣的情況呢？祖父卞天且於太平天國後期遷居海門，他勤奮勞作，「開設染坊，還捐了監生。」「獨子嘉祐，即卞之琳父親，科舉不第，教過蒙學，接管家業後，因不善經營而破產。卞嘉祐原配妻子早故，生有二子一女。卞之琳爲繼室薛萬芝所生。薛氏生有二女二子。卞之琳有一弟，但很早夭亡，他就成了幼子。」〔註32〕卞之琳祖上還算得上富足，只到了他父親這一代才破產，卞之琳爲繼室所生，又是弟弟早夭之後家中實際上的幼子，「詩人在好幾首詩少作中爲我們描繪過『一縷故鄉的炊煙』(《朋友和煙捲》)，遠道歸家過節時門外的『爆竹聲』，家鄉的『煙景』，『晴空』以及祖父、父親、母親、姐姐親切的面影《還鄉》、《朋友和傘》)……。他有一個溫馨的家。」〔註33〕幼子一般都最受寵愛，即便家道中落，直接承擔這一重任的也很少是幼子，卞之琳並無因家境而倍感世態的創傷性記憶，與魯迅的少年時代自有很大的不同。以上這些至少提供給我們一點信息：雖亦處於時代風雲下，家道也幾近中落，卞之琳的成長環境還是相對平和、順利的，無論是家庭還是故鄉的大背景，均給詩人提供了相對餘裕的條件和心態，使他的性格中並無因創傷而造就的稜角。

這樣相對美好的童年感受，也侵潤於北上北平後的詩歌中，在卞之琳此一時期的詩歌中，出現了一些與大海有關的詩作，而這些詩作，帶有一定的懷戀故土之感：「記得我告別大海，／她把我搖搖：／『去吧，一睡就遠了，／遊大陸也好。』／／『不見我也不用怕，／如果你生病，／朋友也不在身邊，／告我，託白雲。』」(《海愁》)，這首詩中的大海，明顯是原鄉的象徵，

〔註31〕 對比同時代詩人何其芳，我們就會發覺這之間的差異。何其芳生長於物質、思想環境均相對閉塞的四川萬縣，其接觸新文化的年齡要遠遠晚於卞之琳。且何其芳一直處於封閉私塾、苦於求學無門的境遇，即便他衝破了家庭的牢籠來到萬縣城讀書，亦受人連累而被除名，遠去上海求學遭到父親反對，不給其生活費，北上清華讀書不過一年又慘遭除名，這些經歷可以算得上是某種「精神創傷」，而本書所謂的卞之琳的富足心態，乃是指他的經歷相對平穩，並無此等精神創傷。

〔註32〕 陳丙瑩：《卞之琳評傳》，重慶出版社，1998 年版，第 3 頁。

〔註33〕 陳丙瑩：《卞之琳評傳》，重慶出版社，1998 年版，第 3 頁。

而詩句中的「她」，又很顯然具有溫暖的母性心懷，讓詩人遙想著也會覺得親切、踏實。「潮來了，浪花捧給她／一塊破船片。／不說話，／她又在崖石上坐定，／讓夕陽把她的髮影／描上破船片。」（《破船片》）大海推送給「她」一塊破船片，這破船片可是從遙遠的故鄉漂來？然而就算「她」的髮影可以描上破船片，她也仍然抓不住「白帆」，也只能再把破船片還給大海，讓大海漂去。童年與故鄉已離詩人遠去，但對故鄉古老的記憶與眷戀，卻一直縈繞在詩人心中。在《蘆葉船》一詩中，遠離故鄉的憂傷被傳遞得更為鮮明：

> 古國的涼風
> 吹落了人手裏的蒲扇，
> 浸在海裏的人
> 也該上陸了，
> 換下了游泳衣。
> ……
>
> 遐思可以收了，
> 這時候只合看黃葉
> 在水上漂，
> 不再想童年的蘆葉船
> 漂去了哪兒。

「該上陸了」與「合看黃葉」的情景打破了「蘆葉船」的相對美好，這種遠離或許不僅是空間上的遠離，而更多是一種心境上的遠離，詩人不僅要告別熟悉的鄉土，同時也要告別相對安逸的少年時代，去獨自面對北上的風雨。「1929 年夏他考入北京大學英文系。因為家境已衰落，母親變賣了自己的首飾、細軟，並借了債，才籌足了去北平的費用。從此他千里迢迢遠離故鄉了。」〔註34〕

北平求學時期的卞之琳，其物質生活的處境是怎樣的呢？譚其驤在《文化古城・序》中說：「全市成為一個徹底的買方市場，不論是衣、食、住、行，吃喝玩樂，都供過於求，商店店員服務性行業從業人員態度之好，無以復加。作為一個中等偏高收入的市民生活在這個社會裏，確實令人處處滿意。」〔註35〕陳明遠在《文化人與錢》一書中說：「30 年代北平一戶普通人家

〔註34〕陳丙瑩：《卞之琳評傳》，重慶出版社，1998 年版，第 3 頁。
〔註35〕譚其驤：《文化古城舊事・序》，河北教育出版社，2004 年版，序言第 3 頁。

每月生活費平均約國幣 30 元（今人民幣 1000 元左右）就夠用了。」「標準家庭（平均 5 口人）的貧困線定為每月 10 元以下。中等人家，每月日常生活費 80 元（合今人民幣 2400 元）顯得很寬裕。」〔註36〕那麼，像卞之琳這樣的大學生，每月的挑費又是多少呢？根據陳明遠《文化人與錢》一書統計，30 年代（1934 年前後）國立北京大學「學費每學期十元（有資料說 20 元，為一學年數）」，又援引了一個在北平工學院念書學生的伙食費情況：「學生食堂伙食費每月 6 元，合每天兩毛錢；如果不喜歡食堂，那麼個人在飯店包伙每月 10 來元，四菜一湯。」〔註37〕可見，卞之琳若想在北平讀書，並無需投入巨大花銷，即便家道中落，也不至於使他困窘難當。且 1933 年畢業後，卞之琳完全可以靠譯書為生，這也給卞之琳畢業後願意留在北平提供了物質保證。〔註38〕在這樣的情況下，卞之琳才可能有餘裕的條件與心情去創作詩歌，無論這詩歌表達的是藝術美感還是心境的苦悶。馬克思曾說：「如果我沒有供旅行用的貨幣，那麼我也就沒有旅行的需要，也就是說，沒有現實的和可以實現的旅行的需要。」〔註39〕可見，現實層面的物質等條件，足以對卞之琳的詩歌產生影響。這種影響不僅表現於卞之琳能否有餘裕創作，同時也造就了詩人看待世界的眼光，當詩人以契合的姿態面對市井人的時候，卻幾乎未見這一階層貧苦狀態的描摹，詩人僅是把市井人心態中契合自己的那部分展露出來，而另外一些真實則盡數抹去。在某種程度上，卞之琳筆下的市井人僅是詩人情感相依的象徵與想像，當他在《叫賣》中描摹小販的苦中作樂時，「樂」被擺放在重要的地位，而「苦」則被無形中抽離。這一抽離之後，市井人的姿態恰好與前文論述的臨危「從容」的態度暗合一處，這本是兩層向度的事情，卻隱而未現。實際上，詩歌想要傳達的當然是「從容」的精神，

〔註36〕陳明遠：《文化人與錢》，百花文藝出版社，2000 年版，第 91～92 頁。

〔註37〕陳明遠：《文化人與錢》，百花文藝出版社，2000 年版，第 92 頁。

〔註38〕根據陳丙瑩《卞之琳評傳》（重慶出版社，1998 年版）所述，1934 年，卞之琳開始為中華文化基金會譯稿，稿酬每千字五元，足以維持其生活。又據卞之琳《何其芳與〈工作〉》（引自《卞之琳文集》中卷，安徽教育出版社，2002 年版，第 288 頁。）一文自述：「以兩個月功夫，一鼓作氣，特約（實為自選）為中華文化基金會編譯委員會，到年底譯出紀德長篇小說《贗幣製造者》（翌年初整理一下到北平交稿，結算稿費，還多出一筆足夠我還優游大半年的生活所需）……」可見譯書足以給卞之琳提供生活上的保障。

〔註39〕馬克思：《一八八四年經濟哲學手稿》，《馬克思恩格斯全集》第 42 卷，中共中央馬克思恩格斯列寧斯大林著作編譯局編譯，人民出版社，1995 年版，第 154 頁。

絕不會是抽離了窮苦的高姿態，〔註 40〕但兩者間終於形成了某種混淆，不易辨析。

以上對卞之琳故鄉、家庭環境及北平的物質條件進行了簡要的說明，但論述這些的最終目的，還是為了引出卞之琳主觀創作心態的論述，所有的客觀因素成為影響詩人性情的外部因子，它們與內部因子兩相結合，共同形成了詩人的整體性格與精神狀態。那麼，在綜合了諸多背景影響之後，卞之琳究竟形成了怎樣的一種性格呢？這一性格又怎樣地轉化為他的主觀創作心態？我們先來看一看卞之琳的夫子自道：

> 回顧過去，我在精神生活上，也可以自命曾經滄海，飽經風霜，卻總是微不足道。人非木石，寫詩的更不妨說是「感情動物」。我寫詩，而且一直是寫的抒情詩，也總在不能自己的時候，卻總傾向於克制，彷彿故意要做「冷血動物」。
>
> ……
>
> 只是我一向怕寫自己的私生活；而正如我面對重大的歷史事件不會用語言表達自己的激情，我在私生活中越是觸及內心的痛癢處，越是不想寫詩來抒發。（《〈雕蟲紀曆〉自序》）〔註41〕

這樣的敘述很能給我們這樣的感覺：卞之琳是一個性格內向的不善於表達自己情感的人，但是，如此的理解多少對卞之琳真實的性格有所遮蔽。「克制」、「冷血動物」、「不會用語言表達自己的激情」，其實均已是上升到寫作手法層面的描述，它自然可以來自於詩人的性格，但同時也可以來自詩人的學養，如詩人受艾略特、瓦雷里等西方詩人詩學觀念的影響，並不能以此證明詩人全部的性格。如憑藉這句話就對詩人的性格做了總結，我們很可能僅看到了詩人性格中的一面，同時喪失了更多的觸探性格與文本彼此關係的可能

〔註40〕 這樣的討論並不涉及批判性問題，而是藉以詩人的實際生活進一步挖掘其詩歌產生的情感根源，實際上兩者之間密切相關。同為 1910 年出生、求學經歷相似且家境也相對較好的林庚，卻創作出了《井畔》、《柿子》這樣的詩，這是為什麼？我認為，這可能與林庚南下欲圖以寫詩為生的經歷有關：林庚最終並未能以寫詩維持自己的生計，終返北平繼續靠教書為生，在此中，他可能體驗到了生活層面的艱辛，而《井畔》、《柿子》這樣的關心底層疾苦的作品，恰恰是詩人北上之後創作的作品。由此看來，物質層面對詩人創作的影響是很大的。

〔註41〕 卞之琳：《〈雕蟲紀曆〉自序》，引自《卞之琳文集》（中卷），安徽教育出版社，2002 年版，第 444、449 頁。

性。卞之琳到底有著怎樣的性格？請再看兩段卞之琳的夫子自道：

> 我向來不善交際、在青年男女往來中更是矜持，但是我在同學中一旦喜歡了哪一位的作品，卻是有點闖勁，不怕冒失。是我首先到廣田的住房去登門造訪的，也是我首先把其芳從他在銀閘大豐公寓北院（當時到最後一院羅大岡同志那裡去所必經的甬道拐角處）一間平房裏拉出來介紹給廣田的。（《〈李廣田散文選〉序》）〔註42〕

> 我雖然也不好活動，不善活動，但在 1934 年和 1935 年間，在鄭振鐸、巴金掛帥下，因爲協助靳以單槍匹馬編《文學季刊》（全國最早的大型文學刊物）及其附屬創作月刊，已在北平與上海之間，保守學者與進步作家之間，開始交往自如，因爲我常拉廣田和其芳協助我幫靳以看詩文稿，其芳也才稍稍活躍。（《何其芳與〈工作〉》）〔註43〕

雖然卞之琳或許眞的不善交際、在男女往來中也的確矜持，但這卻並非自閉，並非病態性地拒絕交流，而僅僅是性格沉默、喜靜，最多是羞澀，這種性格狀態與戴望舒、何其芳因某種心理癥結引發的情感低迷，致使文字介於說與不說之間、刻意營造超離現實情境的狀態，還是有著本質性的不同的。性格與癥結的不同，在於性格是一種處事方式，而癥結乃是一種病態。可以看到，當需要交流的時候，「不善交際」、「矜持」的性格並不會成爲卞之琳交往的障礙，他仍可以把握主動，結識需要結識的朋友、并「交往自如」，甚至幫助別人「稍稍活躍」。就連《漢園集》這樣三個詩人結成的集子，也是卞之琳最先起意，由個人詩集改成多人合集，並主動聯繫了李廣田、何其芳二人，這才形成了「漢園三詩人」的佳話。般乃在評價《三秋草》時就曾說：「作者的處事態度，從這全集裏面表現出來的，顯然是一個很爽脫的樂天安命的青年，儘管環境本身有許多不愜人意的地方。」〔註44〕這「安命」大抵指的身處古城「不愜人意」氛圍下的人生態度，而「爽脫」即是詩人的一種性格特徵了，

〔註42〕卞之琳：《〈李廣田散文選〉序》，引自《卞之琳文集》（中卷），安徽教育出版社，2002 年版，第 365 頁。

〔註43〕卞之琳：《何其芳與〈工作〉》，引自《卞之琳文集》（中卷），安徽教育出版社，2002 年版，第 287～288 頁。

〔註44〕般乃：《介紹與批評卞之琳「三秋草」》，《清華周刊》，1933 年第 39 卷，第 11／12 期。

這種評價與感受顯然與「不善交際」、「矜持」並無大關聯。1933 年卞之琳畢業後，他有了更多的自由，從此雖仍以北平爲據點，但已是天南海北地跑起來，保定、日本、青島、江南……在 1937 年前往大後方之前，他的行蹤飄忽不定，在去往武漢、成都之後，他也仍以體驗生活的心態奔赴延安，並寫出《慰勞信集》等作品，這正說明了他心內藏著一個廣大的世界，也絕不是「不善交際」、「矜持」可以概括的，「那種生來就有候鳥自性的人，關在四壁中永遠也不會快樂。」〔註 45〕從以上所有有關卞之琳性格的論述中可以得出這樣的結論：童年成長中相對安適、進步的條件，以外在影響的形式培養了詩人相對富足的心態，個人經歷的相對順暢，又使詩人並無嚴重的心理創傷，結合詩人個人的氣質，最終形成了較爲平和、沉靜、處世不驚的性格，這樣的性格在面對世界的時候，自然擁有更客觀、直面的姿態，也更能呈現出現實世界的複雜色調，當這些姿態與體驗融入詩人的創作中時，作品就很能帶有相對沈穩、眞實並多元的詩歌主題與基調。「寫詩對於他是一種生命體驗，一種沉思與獨白，他並不要蘇息與逃避，而是要直面生存的痛苦，從而結晶與昇華。」〔註 46〕從這個層面來看藍棣之的這句評價，便會發現：只有卞之琳這樣性格與經歷的人才能做到「沉思與獨白」，才能避免類似戴望舒、何其芳那樣的「蘇息與逃避」，才有可能既有「直面生存的痛苦」的一面，又能於此進一步昇華。

通觀卞之琳 1930～1934 年間的詩歌創作，我們會發現，他的主題與詩歌向度是非常多元的，絕非僅是「情景的寫實」可以全部概括。江弱水曾說：「1930 至 1934 年間，也就是卞之琳 20 歲至 24 歲的年齡階段，青春與愛情，歡樂也好，哀愁也好，都不曾成爲他詩中的主題。」〔註 47〕的確，我們更容易看到他對北平市井間人的描寫，但實際上，除此之外，他亦有其他詩作的呈現，如前文論述中所說有關大海的描寫，便是詩人懷戀故鄉的徵指，而「愛情」這一主題雖幾乎不見，「青春」的憂思卻能夠在一些作品中覓得蹤影，如《小別》描寫的是詩人的好友離開時詩人內心的憂傷，《九月底孩子》描寫的是「倦飛小鳥」般的疲倦與無依，均帶有很明顯的青春期的傷感。《入夢》一詩，更是將這樣的傷感滿布全篇：

〔註45〕陳丙瑩：《卞之琳評傳》，重慶出版社，1998 年版，第 13 頁。

〔註46〕藍棣之：《論卞之琳詩的脈絡與潛在趨向》，《文學評論》，1990 年第 01 期。

〔註47〕江弱水：《卞之琳詩藝研究》，安徽教育出版社，2000 年版，第 28 頁。

設想你自己在小病中

（在秋天的下午）

望著玻璃窗片上

灰灰的天與疏疏的樹影，

枕著一個遠去了的人

留下來的舊枕，

想著枕上依稀認得清的

淡淡的湖山

彷彿舊主的舊夢的遺痕，

彷彿風流雲散的

舊友的渺茫的行蹤，

彷彿往事在褪色的素箋上

正如歷史的陳迹在燈下

老人面前昏黃的古書中……

你不會迷失嗎

在夢中的煙水？

一個人在病中，又是秋天的下午，氣氛本身就是憂鬱的、遲暮的，望著被玻璃窗片框住的天和書影，本身就有困厄之感，此時卻枕著遠去了的人留下來的舊枕，又於枕上的湖山想到往事、歷史的陳迹與古書，在相對的比擬中有不知身在何處的迷茫感——「你不會迷失嗎／在夢中的煙水？」整首詩讀罷，頗有一種孱弱的淒慘的自憐自惜之感，這種傷感的狀態，恐怕唯有處於青春期的詩人才能寫出，透過這首詩的「設想」，詩人青春歲月留下的傷感與遺憾也隱約地透露而出。這種青春式的傷感本是很普遍的，在詩歌色彩更為「獨語」、更為感傷的何其芳那裡，則很容易找到類似的呼應，如《扇》：「設若少女妝臺間沒有鏡子，／成天凝望著懸在壁上的宮扇，／扇上的樓閣如水中倒影，／染著剩粉殘淚如煙雲……」無論起首句式還是行文中的色彩，兩首詩都頗有相似之處，但是，何其芳整首《扇》都沉浸在孤獨、憂鬱的氛圍之中，卞之琳卻從孤獨、憂鬱中漸漸生出體現相對色彩的文字，「往事在褪色的素箋上」，雖遠卻有著具象的呈現，「歷史的陳迹」更遙遠，卻也能在「老人面前昏黃的古書中」展現，這一近一遠、來來回回，使得本來就處於病中的詩人頗有恍惚之感，故而「你不會迷失嗎／在夢中的煙水？」一句，不僅有一種

傷感的歎息，更多出一份相對與絕對之間的迷亂，而這一「相對」之觀，不正是卞之琳日後詩歌特色的初步體現麼？類似《寄流水》這樣的詩，也同樣在帶有青春色彩的描摹中暗暗透露出一定的相對主題，此時它們尚混同於傷感層面的表述，而日後則成爲卞之琳詩歌的主要特徵了。實際上，這種「相對」主題的擡頭不僅僅出現在帶有青春色彩的詩句中，在《投》、《秋窗》、《對照》、《望》等多種主題色彩的詩歌中均有體現。

從以上的論述中我們可以得知，卞之琳 1930～1934 年間的詩歌創作不僅有對北平市井間人的描寫，更有帶著懷戀色彩的寫海之作、帶著傷感氣氛的青春描摹，可以說，詩人是在一種較爲平和、沉靜、處世不驚的性格狀態下，得以悉知並觸碰到多種維度的主題，並呈現出現實世界多元的色調，這種「多元」似乎只有卞之琳這樣平和持重的詩人才能做到，因他絕不會因某種現實的遭遇或心靈的打擊使得情緒走入某一狹窄的極端，而喪失多重性的可能。此一時刻，多種主題和色調尚處於一種混沌的狀態，情感與思辨尚交融一處，寫實與觀念也並無明顯的區分。它們像一根根觸角，在初嘗詩歌寫作的詩人面前雜亂浮動、生動莫名，詩人唯有在屢屢的抓取中才能悟得最適合自己的表達內容與抒情方式，從而確定下自己眞正的詩歌特徵。此一時，詩人尚站在藝術廣場的中間地帶，何去何從，正展現著難以釐定的諸多可能性，也隱約透露出較爲明晰的具體方向。

伍、影子經典——白薇創作略談

錢曉宇[*]

　　摘要：在現代文學的陽光經典陣營中，當那些當之無愧的民國經典作家一字排開，佔據了文壇乃至當世文學評論大部分陣地之際，補插入那些同樣優秀，卻被忽視的影子經典，既是可能的也是應該的。影子經典的隊伍其實是驚人的，有時候一不小心就能碰上。有些影子經典作家們的生活體驗與其作品精彩度不見得比任何一位已獲得足夠闡釋和曝光的民國經典作家遜色。民國時期的一位女性劇作家白薇正是這樣一位影子般的經典作家。細讀其文本，不但能借助其文學創作一窺民國生活風貌，還能更加深刻地認識作家極具悲情的創作特色，從而實現對文學經典概念的再認識。

關鍵詞：影子經典，民國生態，悲情

---

[*] 錢曉宇，（1975～），女，華北科技學院人文社科學院副教授，研究方向：中國現當代文學。

　　經典是什麼？在後現代語境下，經典被視爲進行時，而非完成時。在這樣的思維背景下，經典處於建構狀態。它們不斷地被發掘、被填補，甚至被顛覆重組。與此同時，經典還是分等級的。有的經典在陽光下被不斷曝光，是聚光燈下的寵兒，而有的無論在同時代還是後世，瞭解它們的人都從內心接受並高度評價過它們，其文學上或文學史上的經典性是毋庸置疑的，卻因爲各種機緣巧合，說不清道不明地爲人們忽略。至少兩者相較，其曝光率略低，類似存在於陰影之中，可以稱爲影子經典——有存在事實，但卻因光線被遮擋而邊緣化。當然，陰影之後必有光。如果能把這些影子一個個挖掘出來，進行細讀評介，堅持下去將會形成與傳統經典系列平行甚至互相印證、補差的「影子經典系列」，最終匯入對文學經典再認定的研究框架。

　　民國時期的一位女性劇作家白薇正是這樣一位影子般的經典作家。不少人對於白薇，往往津津樂道於她和楊騷的情感糾葛，喜歡稱她爲中國版娜拉，但眞正靜下心來品讀她的劇本、詩文的卻寥寥可數。

　　對於筆者而言，將白薇視爲影子經典也是偶然成型的。最近在查閱民國史料時，翻到一本《民國才女書影知見錄》。此書介紹了上百位民國才女，她們中既有現代文壇大名鼎鼎的蘇雪林、廬隱、淩叔華、冰心、林徽因、丁玲、蕭紅、楊絳……還有聞名政壇的才女黃惠蘭，英年早逝的才女宋若瑜，「東吳系女作家」俞昭明、程育眞等，而被陳西瀅稱爲「新文壇的一顆明星」的白薇也位列其中。

　　原名黃彰，小名碧珠，別名黃素如的白薇是湖南資興人，生於中日甲午戰爭那一年，經歷民國時期，創作生涯長達六十餘年，創作出來的代表作包括劇本《琳麗》、《打出幽靈塔》，長篇小說《炸彈與征鳥》，長篇自傳體小說《悲劇生涯》等。有評論者甚至評價她「是中國現代女劇作家中成就和影響最大的一位，她在話劇史上的地位可與小說創作上的丁玲相比。」

　　其成名作《打出幽靈塔》〔註1〕還連續刊於 1928 年魯迅主編的《奔流》創刊號及第 2 期、第 4 期上。要知道魯迅選稿向來很挑剔，他所選的稿子都很有分量，白薇的名字被放在林語堂、郁達夫、柔石、馮雪峰之後，因此也成就白薇「仙女一般的作家」、「文壇上第一流人物」之名。面對這位「首先

〔註 1〕白薇：《打出幽靈塔》，上海春光書店，1931 年。（除了《打出幽靈塔》，該書還收錄了另外三部一幕劇《姨娘》、《假洋人》、《樂土》）

接觸了易卜生的作品，大受鼓舞而走上文學之路」〔註2〕的女作家，北京大學王瑤教授就曾表示《打出幽靈塔》「像易卜生的《娜拉》一樣，正是一種叫醒那些沉睡在家庭中作傀儡的不幸婦女們的聲音。」〔註3〕

魯迅主編的另一份雜誌《語絲》，還刊登了白薇的獨幕劇《革命神受難》。由於這個劇本書辭犀利，思想激烈，國民黨政府因此對這個劇本給予過警告。她的第一部長篇小說《炸彈與征鳥》，長詩《春筍之歌》相繼在魯迅主編的刊物上發表。在創造社和魯迅的影響下，白薇成為「左聯」和「左翼劇聯」的早期成員。白薇還是《北斗》雜誌（丁玲主編，「左聯」機關刊物）的熱心撰稿人，也曾是田漢、夏衍主編的《舞臺與銀幕》特約撰稿人。

當年陳西瀅曾介紹過兩位女作家，一位是當時「幾乎誰都知道的冰心女士」，另一位是當時「幾乎誰都不知道的白薇女作家」。陳在1926年4月《現代評論》上撰文《閒語·新文學運動以來的十部著作》，鄭重向「國際聯盟推薦可以列於世界之林的十部文學傑作」，〔註4〕嚴格地說是十一部，它們包括《胡適文存》、《古史辯》、《沉淪》、《吶喊》……，白薇的《琳麗》就位列第十一。林語堂先生也曾向她約稿，希望她能「寫點『結婚生活』給《人世間》」，而這恰恰是她創作長篇小說《悲劇生涯》的「動機的開始」〔註5〕。毛澤東曾與其握手，並坦言記得她，還知道她與丁玲都是湖南女作家。

從文壇大師魯迅，持不同政見的民國文人陳西瀅，貫通中西的幽默大師林語堂，再到若干年後的政治領袖毛澤東，都對這位劇作家青睞有加。不過，想細讀一番白薇的出發點並非源自女權主義理念，也沒想過用以區別男性文學經典，藉此為民國才女們伸張一番。白薇的價值不在於她的性別，無關乎她在文壇中的資歷，僅就創作事實而論，足以令人在她面前駐足停留。

重讀白薇作品正符合經典閱讀過程的客觀規律。一般而言，接近經典、確認其經典性的有效途徑就是通過閱讀，而閱讀本身既有認知功能又是一個審美過程。白薇作為民國時期的一位重要作家，對她作品的再認識也正可以從認知和審美兩個維度展開。就認知功能來說，當下與民國在時空上的距離

〔註2〕 黎躍進等：《湖南20世紀文學對外國文學的接受與超越》，湖南文藝出版社，2006年，第259～230頁。

〔註3〕 朱文潔：《民國才女書影知見錄》），上海遠東出版社，2010年版，第4頁。

〔註4〕 曾慶瑞編著：《曾慶瑞趙遐秋文集·中國現代話劇文學50家札記》（第八卷），中國傳媒大學出版社，2007年版，第190頁。

〔註5〕 曾果偉編：《白薇作品選》，湖南人民出版社，1985年，第17頁。

注定了對經典的閱讀過程是一個積累並獲得特定語境下知識細節的過程。白薇作品展示了活生生的民國生態就屬於閱讀認知範疇，不過，其作品中隨處可見的悲情元素和藝術構思特點又可充分體現其審美性。兩相結合必將取得雙重收穫。整理和挖掘經典、重塑新世紀經典是對每一位文學研究者的基本要求，這不僅僅是一個閱讀計劃，更是一個工作規劃，就讓這樣一個細緻的工作在偶發與隨意間，多一些主動性和系統性。

一、民國生態的展露

雖說文學不是歷史；戲劇基於其本體特性，更不能作爲現實生活的模本，但是，白薇創作所涉民國機構、各行業人士非常豐富，以至於從他們的日常活動與言論能非常立體地展現民國生活的各層面風貌。

以白薇成名作《打出幽靈塔》爲切入口，試著探問其究竟有何特別之處？究竟是什麼讓這個集子吸引了文壇大家的注意呢？要知道，在那個時代的背景下，一個地主老財就應該是指使家奴毆打農民代表、剋扣農民工錢、囤積居奇、阻礙子女自由戀愛的負面形象。在地主形象描述上，並沒有比同時代劇作家高明到哪去。劇本裏講述的也是一個關於反抗的故事。就像地主榮生對兒子吼道：「你是準備父子革命嗎？」兒子巧鳴扔出一句：「兒子不是生成來革父親的命嗎？」這類以下犯上的對白，在當時的文學作品中也並不少見。

那麼不粉飾，不誇張，不盲目樂觀是白薇創作的基本原則。她通過自己的劇本創作給讀者展現了風雲歲月的真實狀態。農民協會、婦女聯合會、養女月林，七姨太，地主父子等等，這些人物關係和社會機構層層相疊，矛盾衝突接二連三，無時不牽動著讀者的心。

首先，以民國時期的一些社會機構爲例，普通大眾聯合會的加入使得人物的言行更加符合邏輯。比如姨太太要與老爺離婚，就是向婦女聯合會提出申請。其中的一個細節更能讓人們體驗到當年解除婚姻關係的實際操作體系。姨太太向婦聯會遞交離婚申請時，還擬寫了一份「訴訟狀」，婦聯會辦事人員上門把這份「訴訟狀」還回來，並交代只要申請人自己去一趟婦聯會，「現在由女聯合會可以解決，不必再經法院的手續，……」至於七姨太提出離婚的理由也很令人震驚。她對婦聯會委員敘述離婚原因時，承認自己並非不得老爺寵愛才有離意，而是過去沒有申訴的機構得以求助，老爺人雖老，

但一貫貪財好色，對養女月林也覬覦多日，這種行徑太過無恥，因此堅決提出離婚。

農民們上門跟老爺論理，則以農民協會為依託，選出代表作為發言人，向老爺提出抗議。農協會內部還會定期商議如何懲治惡霸，如何在饑荒水患之年，向富裕戶征討救濟糧食。儘管劇中老爺一直為自己開脫，也不服農民代表們對他的指控，對他們的要求也百般抵賴，但是一種圍攻的架勢已經在文中生動體現出來了，替代了一貫以來的簇擁形式。

從劇情出發，還能一窺女聯委員和農協委員的工作模式。比如說女聯委員蕭森就是通過跟月林的閨蜜般閒聊，在情感上獲得共鳴，在彼此吐露心聲之後，拉近心理距離，讓月林從之前寄人籬下，自憐自艾的被動狀態下擺脫出來。而女主人公月林從簡單的聊天訴苦尋求安慰，上昇到從女聯委員那獲得的革命新知：「要一邊把自己的環境改造了，一邊再向改造的路走，才有安慰可說。」（見《打出幽靈塔》，收錄於曾果偉編，《白薇作品選》，湖南人民出版社，1985 年。）

但是，白薇並沒有陷入一般的歌功頌德，也沒順勢將這些為弱勢群體、無產階級服務的機構擡到至高無上的地位。相反，《打出幽靈塔》第二幕描述了榮生為搶奪月林，不惜親手殺死兒子巧鳴，嫁禍到趕來現場的農協會代表淩俠這樣血淋淋的一幕。無辜的淩俠被警方和農協會逮捕後，在洗刷冤情過程中，對農協會乃至革命陣營的指控，看出了白薇的深刻與尖銳。淩俠：「以前，我看不得社會的黑暗，壓迫，我反抗，我逃我跳，逃到叛逆之群，逃到革命的裏面了。現在我又看不得革命裏面的黑暗，壓迫，骯髒，我反抗，我又要逃又要跳了。但是人類的世界，全是黑暗全是骯髒的我還逃到哪裏去呢？（激忿的悲笑）哈哈哈！去死？對了，去死！……」這是來自內部的，對革命團體的尖銳批判。

就算同是農民出身的下層奴僕之間，對農協會的理解也不一致。男僕丙在談到老爺殺死少爺時憤然表示：「少爺是為我們農民死了，他是我們農民的急先鋒，是他父親的勁敵。我們不能因為我們的先鋒死難了，我們就向敵人投降。我們現在要把最痛快的手段，來除掉我們的敵人。」這時男僕甲則說：「你的話儼然是個暴徒的口氣！你們進了農會的人，怎麼是這樣凶。」這是來自外部對革命團體，以及農協成員行事作風的批評。

類似批判革命的言論在其它作品中也有體現。當 Saline 鼓勵姨娘走出家

庭枷鎖時，Saline 的母親即姨娘的親姐姐勸阻說：「儂曉不曉得過激黨殺人放火的事？那是世界上最無人道最可怕的事。儂也要跟 Saline 去殺人放火嗎？」〔註6〕劇本真實而不隱晦地展示了民間相當一部分人對革命，對革命團體，乃至革命黨人的感受，視它們為過激、恐怖的洪水野獸。

再如《炸彈與征鳥》，它是白薇在 1930 年發表的第一部長篇小說。故事以南粵革命為背景，伴隨著余玥、余彬兩姐妹的不同生活軌迹，漢口的「婦女協會交際部」、「中央黨部」等機構也浮出水面，它們淪為「一些黨國要人，太太小姐們」「拿薪水出風頭」的自留地，這些「新官僚、新軍閥、新腐化分子」人前革命，人後「算著金錢、軍隊、暴力、地盤」〔註7〕。

其次，社會眾生相也是白薇劇作致力於表現的重要內容。

在獨幕劇《假洋人》中，紳士家奶媽與巡警聊天，紳士打發來收賬的冰工（送冰塊的工人）和來收酒錢（即一季度的巡捕捐）的長衫客之間的對話，紳士的太太為了不到 4 角錢車費與車夫所起的爭執等等場景為讀者展現了民國時期，國人在上海租界的生活狀況，並對投機分子進行了辛辣諷刺。

下列幾組對話直白而精彩，寥寥幾句紳士夫婦的嘴臉活靈活現頓時現形。

當冰工上門收賬時，紳士對一個月 3 元 6 角的冰塊費不滿，他們之間為了所謂的 6 角錢只差，為紳士的出場做出了鋪墊。

　　紳士：「沒有這樣貴的，別人家的冰廠是三塊錢一個月。」

　　冰工：「先生，別人的冰沒有我們的好，我們是淨水機器冰。」

　　紳士：「你不要說，我的朋友統統是外國人，他們定的冰統統是三塊錢一個月，而且有幾家是你送的。」

　　冰工爭辯說：「先生，這樣……我要貼本哩。」

　　紳士：「我管你什麼貼本賺錢呀。你送不送隨便你。不過你們做生意的太不老實了，一樣的東西要賣幾樣的價錢，你以為我也是中國人隨便你好欺負。」

　　冰工：「（驚一驚，留心看他，平和的）那末，請算賬吧。」

〔註6〕見《姨娘》，收錄於曾果偉編：《白薇作品選》，湖南人民出版社，1985 年版，第 417 頁。

〔註7〕郭啟宗編：《中國小說提要現代部分（下冊）》，江西人民出版社，1985 年版，第 744 頁。

……

  紳士:「下個月三塊錢送不送?……你莫以為我是中國人,我們是東洋人。」

  冰工:「(被克服的氣氛,低聲) 送。」(曾果偉編,《白薇作品選》,湖南人民出版社,1985 年,第 382～383 頁。)

至於長衫客與紳士的對話,則更加強了讀者對紳士的印象。

  長衫:「三個月的巡捕捐。(驕傲地)」

  紳士:「一共多少?」

  長衫:「十八兩」

……

  紳士:「東洋人沒有少一點嗎?」

  長衫:「此地是公共租界,巡捕是保護大家的利益的,沒有彼此分,自然巡捕捐也大家是一樣出的。」

  紳士:「譬如我們東洋人是用不著中國巡捕的,我們東洋人的巡捕捐也應該少收一點吧。」

  長衫:(被他聲聲「我們東洋人」這句話激得變為小心了)是,先生。這我可不知道要怎麼辦好,我不過是巡捕房派來收捐的,我只能夠照例收錢。」……(曾果偉編,《白薇作品選》,湖南人民出版社,1985 年,第 385 頁。)

在口中掛著「我們東洋人」趾高氣昂的紳士面前,長衫客從一開始的驕傲到賠小心,讓人忍俊不禁的同時,也不禁感歎民國時局的微妙,普通老百姓對入侵者怕恨交加而又無可奈何的複雜情感,投機者為貪圖便宜,狐假虎威的可恥。

  當保姆夏媽向其報告一位上門拜訪的女士被她拒絕之後,紳士冒充假洋人那屢試不爽的醜陋嘴臉就完全展露出來了。

  紳士粗暴地罵道:「呀……夏媽!你整天只曉得在外面玩,把家裏的客都趕跑了!」……

  夏媽:「我只曉得你是東洋人,那個女客是找福建人姓沈的。所以我回脫他了。」

紳士：「（氣得忘我的）難道你不曉得我是福建人，姓孫嗎！你故意把我的女客趕走了！」

夏媽：「眞冤枉死了！我那曉得你是東洋人又是福建人姓孫又姓森，森樣！（森君）」……（同上，頁386）

不過，當眞正的東洋人，日本密探以涉嫌窩藏反日革命黨爲名，將紳士帶走的那一瞬間，人們對假洋人紳士就再也不僅僅是恥笑這麼簡單的感情了。

日本暗探斥責道：「你們……你們臺灣人，計劃危害大日本政治的和平……」

紳士：「那我不曉得，我什麼時候都愛戴日本的政治，擁護日本的政權。」

日本暗探：「唔，或許是這樣也不知道。但你在那邊雖然擁護了，……」

紳士：「我什麼時候都忠於日本，放我，放我呀！」（同上，頁396）

如果說各類機構的運作，上海租界地的生活狀態，逃荒逃難的流民是民國時期獨特的社會風景，那麼跨越時空的婚戀觀在這個特定歷史時期又有怎樣的延續或異動呢？白薇作品中對愛情婚姻的表現就極富那個時代的氣息，比較眞實地展現了民國時期戀愛婚姻的實況。

以《打出幽靈塔》爲例，多角戀雖然並不是白薇獨創。不過，在三個年輕人與地主之間複雜的感情糾葛中透露出了不少在那個特定時代才會有的信息。

養女月林與少爺反抗權威與門第之見，眞心相愛，面對色迷心竅的老爺毫不妥協。不過，劇本沒有在父子倆同爭一女的不倫戀情節中停步。推進一步那就是，在這本來就很出格的情感故事裏，還糾結著月林和初戀淩俠，他們三個年輕人的三角戀情。重要的是，三位男女完全不避諱他們之間相互愛戀的複雜關係。身爲情敵的巧鳴和淩俠之間竟然還存在著兄弟情義。

當農協會帶走老爺調查，查出他囤集居奇、私賣煙土後，身爲農協會代表的淩俠竟然來建議少爺與月林離開此地，避避風頭，免得平白受到連累。顯然，如果從階級對立觀出發，淩俠此舉的立場絕對有問題。設想在階級鬥爭主題愈發突出的文壇，這是一個沒有被今後主流話語淹沒的一種情節設

置。作者的出發點恰恰不是階級對立，而是客觀地表達出地主的兒子不代表落後，情敵不代表你死我活，農民代表不見得一定與富二代對立的思路。其出發點就是兩個字——情理。

當然，關心並深愛月林的淩俠瞭解巧鳴是有反抗精神的，也知道這位少爺對農民富有同情心。作為積極力量，他一貫主張家中開倉賑災，主動降低糧價。那麼，幫助他不被連坐是客觀而公正的。顯然淩俠明白，月林和巧鳴彼此相愛，他們倆若能逃離「幽靈塔」般的家族，將是他們獲得幸福的第一步。

至於月林本人，她對兩人的感情是非常糾結的。她的感情表白更能突出白薇在劇本情感戲創作中那獨特新奇的角度。一方面，月林和少爺兩情相悅，彼此深愛，但月林卻沒有像一般女性那樣，希望天天相伴，她反而主動提出要少爺去德國留學，在音樂上有所提升，鼓勵其不要限於卿卿我我的小情小愛。

另一方面，她在被淩俠母親賣為地主家養女之前，一直跟淩俠母子生活在一起，與淩俠青梅竹馬。以致於月林並不答應少爺的求婚，但卻對淩俠說：「你是頭一次打碎了我的心的人；不過我和鳴哥，格外的陶醉，格外的調和。我一生愛著你們兩個。」可見，中國女性一直被要求從一而終、專一忠貞，月林明確表白兩個都愛，這是怎樣的大膽和超脫。

這樣兩個都愛的女性，在兩位男性那裡又獲得最大程度的包容，巧鳴對著淩俠說：「我們三個人這齣戲，我看悲劇主人公總是歸我演的，喜劇一定是你們的了。不過我還活著一天，我不能輕輕地把它放過去。」淩俠反而對答：「說什麼感傷話哩！不要總是這副詩人型的苦悶！我們都鼓起勇氣把它演下去吧，老弟！（抱著他的肩）我們互相不防害，我們互相愛。只是我因為工作太忙了，不能時常來一塊兒玩，這是我難過的呀。（反身握月林）」這邊聲稱兩個都愛，那邊宣告我們互相愛吧！這是怎樣開載布公，毫不忌諱的三角戀。

儘管當年進步青年的愛情故事並非都陷入「革命＋戀愛」框架，但必須承認白薇筆下的三角戀為我們上了一堂生動的課。女性意識覺醒，女性地位提高，大膽出格的婚戀觀念放到 21 世紀的今天，也沒有老古董的感覺，甚至不乏新銳、前衛氣息。在白薇其它作品中還曾出現過，男性為了安慰另一位失戀男性，竟在大庭廣眾之下將對方擁入懷中，熱情接吻。此舉立刻獲

得旁觀女性友人的熱情支持，高聲讚美：「同性愛」，並將之歸於「友愛的光榮」〔註8〕。

更重要的是，文中奇特的戀愛觀也並非突發奇想。作為左翼劇作家之一的白薇，之所以能在《打出幽靈塔》中如此大膽地表露女主人公兩個都愛，男主人公願意互相愛，還離不開民國時代背景作為支撐──中國本土女權意識的高漲，以及從蘇維埃傳入中國的婚姻家庭理念。那其中包括民國激進青年毀家廢婚運動，國共兩黨分別在所轄區域倡導的結婚離婚自由理念，甚至包括被扭曲的所謂「共產共妻」觀念。（雖然，後來的事實證明，在前蘇聯革命中取得勝利的共產國際被冠以「共產共妻」是敵對勢力有意識抹黑，但至少某些理念傳入民國時期的中國，被簡單甚至變形接受了，這裡不乏操作上真有其事，也不排除誤讀誤傳的可能。）不難理解，如果以當年提倡的「自由」的名義有意無意誤讀、誇大某些理念，無論是激進青年還是底層人士都可能做出就算在當下看來也很出格的行為。

顯然，白薇編織的大戲中三教九流，各類機構，各種觀念交匯其間，折射出民國生態的大量細節。而白薇的創作也能透露出民國生態對其思維方式、創作實踐的反作用力。所有這些使得觀者於新世紀再次捧讀之際，必然生發出另一番閱讀新體驗。

二、戲裏戲外──同樣的悲情

白薇的作品有明顯的個人標記。非常顯著的要數濃重的悲情元素和糾結的虐心之戀。她對每處悲情場景的設置都不是強說悲苦的表現，而是從骨子裏透出的「悲」。要深刻理解作家從骨子裏透出的「悲」和「虐」，必須結合白薇個人經歷和創作實踐來談。它們貫穿於白薇的日常生活和文藝創作。

有材料記載她的筆名「白薇」中的「白」字在她那裡並不是白色的純情顏色，而是「白＝『枉然』＝『空』，……有時候把它當作白解，……隨時隨地隨人去解它，我是深深悲哀的命名。……」，至於「薇」字，作者也曾表示，「原來叫『白微』，朋友們認為太淒苦了，不好聽，於是改為『白薇』」。儘管如此，「薇」仍然「不是薔薇的『薇』，而是山窩裏或樹蔭深處的一種蕨芽，極不為人重視的小草。『白薇』，即空寂又奇窮的薇草」。〔註9〕

〔註8〕 白薇著，《悲劇人生》（上），文學出版社，1936年，第20頁。
〔註9〕 白舒榮：《白薇評傳》，湖南人民出版社，1983年版，第42～43頁。

　　悲情元素在白薇劇作中必不可少，病患，家暴，貧窮，人心隔閡等等都有較密集的表現。《夜深曲》〔註10〕是反映抗戰時期難民生活的劇作。一家老少爲逃避戰亂，流離失所。媽媽因家庭變故，與丈夫分離，已經神志不清了，只能靠爺爺和女兒照顧。當露宿街頭的母親神志不清地說：「孩子，你覺得冷嗎？是從哪裏吹來的風？小英，你把那條厚棉被替我蓋上吧！你自己也加一點衣服。」孩子找不著真的棉被，只得把包袱蓋在她的媽媽身上，那一句「媽，您冷嗎？」令人唏噓不已！劇中爺爺用半床草席卷著病死的孫子，偷偷將其棄屍路邊的一幕也是悲催至極。拋屍回來，失魂落魄的爺爺傷心地念著：「……我已經把他殺了。像殺小雞一樣的殺了……」原來，這位爺爺不忍併入膏肓的孫子再受痛苦，親手掐死了奄奄一息的孩子。

　　除了描摹社會底層人士的悲催生活境遇之外，跟「人遭遇創傷體驗的第一個本能反應，大概都是療傷」〔註11〕略有不同，在文學創作時，白薇從不刻意淡化自己的童年陰影，也不會掩飾不幸婚姻與情感糾葛，更不會避談艱難留學路。默默躲在角落黯然舔舐傷口不屬於白薇，她把這些經歷直接並多次展示出來，毫不吝惜地一次次揭開傷口。這不是要膚淺地表揚白薇的勇敢，而是從中可以體會到她非凡的創作韌性和心理耐受力。

　　像《姨娘》中的姨娘，八歲就當了童養媳，經常被婆婆打罵，長大後，連丈夫也跟著虐待她。好不容易生到第三個孩子時，婆婆去世了，原本以爲日子會好過一些，沒想到，丈夫染上抽鴉片，酗酒的惡習。她一人艱難支撐，帶大孩子。爲了生活，也爲了親情，她來到姐姐姐夫家幫傭。姐姐不念姐妹之情，只付微薄的工資，還以一個不近人情的條件脅迫姨娘留在家中幫傭，即只有她在這裡幹下去，姐姐才同意將她們九十歲的老父接過來一起住。親情的缺失、婚內虐待，這麼淒慘的情節，不要以爲只會在戲劇中才會上演。

　　在現實生活中，白薇遭遇過不幸的婚姻。爲了維持家族尊嚴，家長明知不可爲，還是逼著白薇嫁了過去。被百般虐待的白薇最後只能選擇逃跑。其長篇《炸彈與飛鳥》中，余玥被父親強行逼嫁，遭遇丈夫和婆婆的虐待，最後不惜以死抗爭。這些細節跟白薇不幸的婚姻遭遇驚人相似。從這個角度上說，白薇創作中的悲情意識帶有鮮明的個人體驗色彩，是自我體驗的流露，

〔註10〕收錄於拓荒主編：《街燈下》，新地書店，1940年，第1～18頁。
〔註11〕賈振勇：《創傷體驗與茅盾早期小說》，《文學評論》，2012年第2期。

並非刻意突出其戲劇性而進行的有意識編織。

而白薇曲折的愛情故事正是她文學創作「悲情」元素的重要來源。她與楊騷陷入熱戀後不久，楊騷突然消失。剛剛沉浸在愛情甜蜜中的白薇一下從天堂墜入地獄。這一變故催生了《琳麗》的問世。在《琳麗》裏愛情至上的主人公琳麗深深愛上音樂家琴瀾。可是琴瀾見異思遷，轉而愛上琳麗的妹妹。儘管琴瀾後來又想與琳麗重歸於好，但面對已經懷孕的妹妹，琳麗選擇了投水自盡，琴瀾最後也被三隻猩猩撕碎。《琳麗》表達了白薇「戀愛與人生的見解和感受」〔註12〕，極具作者特有的悲情氣質。

白薇與楊騷合作出版過一本書信集《昨夜》〔註13〕，分為「白薇部」和「楊騷部」，分別收錄了他們之間的大量書信，嚴格地說這是一部情書集。此部具有紀念意義的情書集出版了，卻從序言開始就讓人感受不到愛情的甜蜜與溫暖。白薇和楊騷分別做了序。尤其是白薇的序，簡直帶著血淚。1933年，白薇以詩的形式做了一個長詩序，開篇就說：

> 辛克萊在他《屠場》裏借馬利亞底口說：
> 「人到窮苦無法時，什麼東西都會賣。」
> 這話說明了我們底書信《昨夜》出賣的由來。
> 一些過去的思想過去的生活和悲淚
> 一些靈愛的高峰畸形的熱戀的苦痛
> 又一些慘變的玩弄人生在刀尖上斷腸的事實……
>
> 這些，都用叛逆的覺悟的利刀割死了
> 這些，都用柔的情冷的歡誠的淚埋葬了
> 這些，都隨著大病的病死的心緒被忘記了！
> ……
>
> 出賣情書，極端無聊心酸，
> 和《屠場》裏的強健勇敢奮鬥的馬利亞
> 為著窮困極點去賣春一樣的無聊心酸！

「賣」自己的情書，「賣」自己過往的點滴，這是怎樣的悲哀。賣方要受著怎樣的壓抑和逼迫才會走出這一步。無怪乎，詩序中白薇自稱「為什麼還不死

〔註12〕盛英主編，《二十世紀中國女性文學史》，天津人民出版社，1995年版，第148頁。

〔註13〕白薇，楊騷著：《昨夜》，河北教育出版社，1994年版。

的廢人」，哀歎著自己「空寂的胸中，葬著一顆長恨的心」。楊騷的序中甚至直言，他們倆人的戀愛是失敗了，並說明沒有收錄晚近的書信原因在於其中充斥著爭吵和謾罵，而書信集命名爲《昨夜》，除了朋友的建議之外，亦可理解成告別「昨夜的惡夢」。白薇這次分分合合的苦戀、虐戀，外加貧窮與病患的折磨，對其創作情緒和藝術構思的影響是顯而易見的。

　　《悲劇生涯》〔註 14〕就是白薇的一部自傳體小說。書中處處都能看見白薇與楊騷這對奇侶虐戀的影子。《悲劇生涯》中「愛的光芒」部分，被拋棄的展面對心愛之人紅與他人陷入熱戀，痛苦萬分，甚至叫囂要殺死紅。友人勸慰開導他時，他依然無法平靜，還說：「殺死她就是了，我不覺得我是犯罪」。友人反問：「但是法律要定你的罪，你何苦要這樣蠢想呢！？」展暴嘯：「哼，法律！你也來相信法律！……」內容上，作者加入了許多虐戀元素，同時還不忘爆出對現存制度的絕望怒吼。

　　隨著故事情節的發展，展又跟葦開始了新一輪虐戀，展對紅一直無法釋懷，甚至請現任女友葦好好照顧紅，希望她當紅的保護者。要知道，葦當時已經無法抗拒地深愛上展，就算他念念不忘紅，就算他流連花叢日漸墮落，就算他時不時冷酷毒舌，她都義無返顧地默默等待著展。葦對愛情的守候終於換來了展的短暫回歸。在「重逢」部分，哪怕經歷了過去多次分分合合，葦還是聽到了展的真情表白：「爲著我的戀愛不專，我那瘋子一樣的行爲，使你的眼淚流幹了。現在我又弄到穢惡一身，我知道我是怎樣地使你傷心。我還有什麼話對你說呢！……啊，我只有一句：從此我愛你到死！」但不要忘了，這番話是在展閱人無數，身染性病之際才對葦做出的懺悔式承諾。真不知道是葦之幸，抑或不幸。

　　其次，在表現悲情的時候，白薇還擅長運用修辭手法，尤其善於利用多重隱喻的功能，解讀隱喻的過程與苦難歷程的揭示獲得了同步。隱喻、象徵的運用在矛盾集中的戲劇作品中原本不是什麼特別手段。縱觀白薇的劇作，善用隱喻、象徵之所以成爲她標誌性創作特徵，離不開其對隱喻本身或者象徵的多重展示。隨著劇情層層展開，隱喻和象徵以各種方式被揭示，多層意義交織在一起，不但強化了主題，還能給讀者緊實的質感。隱喻或明或暗地在作品中被揭示，或被解讀出來之際，也是其悲情意識滲透於字裏行間的重要創作手段。

〔註14〕 白薇：《悲劇人生》，文學出版社，1936 年版。

以《打出幽靈塔》爲例，「幽靈塔」這個符號就多次出現，而且所指各有區別。「幽靈塔」雖然在劇本中最早出自養女月林之口，但實際上，兒子對父親的反叛、農戶對地主的抵抗、姨太太通過婦聯會跟地主鬧離婚都是在試圖闖出「幽靈塔」。

姨太太和月林這兩位特殊社會地位的女性，雖然其典型性並不大，不像一般意義上的太太小姐、大家閨秀，也不像完全沒有任何地位的女僕、老媽子。她們介於之間，帶有一定的特殊性。月林，作爲一個孤女，被老爺家收養，在外人眼裏，能進入大戶人家當養女「簡直是一位大家閨秀，這還不幸福？」，就鄭重地反駁：「什麼大家庭！這是幽靈塔啦！」隨著劇情發展，讀者瞭解到養女的逃離訴求正是要擺脫養父的騷擾與控制，從而走上與養父親生兒子自由戀愛之路。

之後，伴隨著「幽靈塔」在劇本裏的實體意義。人們又間接瞭解到地主榮生沾滿鮮血的發家史。劇中通過傭人之口，道出「幽靈塔」的另一來歷：榮生發家前，從一個寡婦手中騙得一塊地盤，然後害死了這位寡婦，讓鬧鬼的傳言不絕於耳。與此同時，宅子原址本來是一個古塔，在建房子時還挖出過白骨。

「鬼魂」、「白骨」之說引申出「幽靈塔」的另一解：它不是豪宅也不是鬧鬼的古塔，而是老爺榮生本人。傭人丁說：「老爺本身雖然不像個幽靈，但他壓迫家裏的青年，不和雷峰塔鎮壓白蛇精是一樣嗎？」這樣一來，代表著極度壓抑、陰暗的「幽靈塔」意象就完全展示了它的多重隱喻功能。

在這樣一個陰鬱森然的整體隱喻覆蓋下，戲劇衝突得以集中化，多重關係得以充分展示。劇情一波三折：從最初的夫妻關係、父子關係、養父女關係，身世之謎，到雇主與雇農之間的階級關係，紛紛在離婚、革命、叛逆、戀愛，兇殺、陰謀中層層剝離。

至於革命先進代表淩俠控訴革命、女主人月林假裝精神失常等一系列令人意想不到的舉動，營造出了強大的張力。少爺在打出幽靈塔的過程中，不幸死在自己親生父親刀下，更是令人錯愕。月林在打出幽靈塔過程中，痛失愛人，曾一度任由老爺控制，假意神經錯亂，尋找復仇機會。連傭人們都忍不住對這一對人鬼殊途的苦命鴛鴦報以同情。只有姨太太算是唯一成功打出幽靈塔的人士。這爲悲劇結尾增添了些許希望。終場處理上，白薇採用的是比較徹底的悲劇結尾：男女主人公以死抵抗，隨著年輕生命的逝去，對立勢

力旋即走向崩毀。

《樂土》中的「樂土」也具有多重象徵、隱喻功能。一方面它專指和平時期的民間樂土。在那裡有山有水，有幸福的家人，有無憂無慮，天眞無邪的孩子們，還有暮鼓晨鐘、與世無爭的山間小寺廟。一方面它還是戰時軍閥眼中私藏財寶，金屋藏嬌的別院「樂土」。當污濁勢力侵入這一方樂土時，樂土又會瞬間翻轉爲人間「地獄」。至少在《樂土》的最後，並沒有給人們帶來「地獄」最終會被消滅，人間樂土重新降臨的近景。

白薇的創作生命很長，前後有六十餘年，留下的作品也非常豐富，無法在一篇短文中窮盡。對她的細讀，讓我們相信，在現代文學的陽光經典陣營中，當那些當之無愧的民國經典作家一字排開，佔據了文壇乃至當世文學評論大部分陣地之際，補插入那些同樣優秀，卻被忽視的影子經典，既是可能的也是應該的。影子經典的隊伍其實是驚人的，有時候一不小心就能碰上。有些影子經典作家們的生活體驗與其作品精彩度不見得比任何一位已獲得足夠闡釋和曝光的民國經典作家遜色，賦予他們新的存在感將是對民國文學經典大廈的重要補充。

陸、從吳組緗的破產小說看民國時期的家庭形態

呂潔宇[*]

摘要：二十世紀三十年代，中國遭遇的的經濟危機給當時的家庭造成了沉重的打擊，吳組緗的破產小說對其進行了客觀的描寫。他通過對皖南農村家庭的書寫反映了當時的社會經濟現狀和家庭形態的變化。經濟破產在一定程度上強迫農村女性獲得了經濟獨立，社會經濟的變化加快了封建宗法制的崩潰，也對家庭倫理和親情關係產生了巨大的衝擊，傳統的家庭形態在外界環境的刺激下正發生著重要的改變。

關鍵詞：吳組緗；破產小說；家庭書寫；家庭形態

---

* 呂潔宇，女，西南大學文學院博士生。

　　吳組緗的小說量少而質優，他曾說他的小說「取材方面，大多寫內地農村，其中又以反映農村破產時期動態的居多。」〔註1〕從1931年至1935年，中國遭遇了嚴重的經濟危機，社會經濟形勢急轉直下，在這期間，他創作了《小花的生日》、《梔子花》、《黃昏》、《官官的補品》、《一千八百擔》、《天下太平》、《樊家鋪》等大量破產題材的小說。而這些作品幾乎都以家庭爲主要敘述場景，通過對家庭的書寫向我們展現了社會的動蕩和經濟的衰敗。一直以來，學界對吳組緗的破產小說都較爲關注，嚴家炎肯定了他的寫實風格和剖析精神，丁帆則將吳組緗定位爲社會剖析派鄉土小說家，認爲他的小說「通過異常冷峻客觀的描寫來展示農村社會畸變、衰敗和醜惡的圖景」〔註2〕，作品中的風物描寫和語言都帶有強烈的地方特色。同時很多學者也關注到了他作品中的革命反抗精神，認爲其作品具有「左翼」文學的色彩。吳組緗的小說多專注於三十年代破產家庭〔註3〕的生活，通過家庭形態的變化反映了時代的變遷，但極少有人從家庭入手來考察作品，〔註4〕從而忽略了吳組緗作品中最基本的書寫場景。我們通過吳組緗對家庭的描繪可以看到到民眾在黑暗社會中的掙扎與絕望，更明晰地瞭解三十年代家庭形態的變化。

一

　　吳組緗的破產小說「對全般社會進行了縮影式的描繪」〔註5〕。三十年代的中國內憂外患，戰亂嚴重擾亂了社會的穩定，經濟危機影響了中國的貿易，連年的旱澇災害致使農作物產量低下，軍閥官僚、土豪劣紳的壓迫等因素都嚴重影響了中國的農村經濟並導致了大量資本的破產，經濟凋敝，民不聊生。很多報紙都對當時農村的衰敗予以了描述，「最近蔣介石氏通電乞賑，其電文內所描寫農村之現狀，則謂『收復之區，百物蕩盡，無不焚之屋，無不伐之樹，無遺留之雞犬，無不穀之耕田。』其描寫農民則謂『成千累萬，

〔註1〕吳組緗：《吳組緗小說散文集‧前記》，人民文學出版社，1954年版。

〔註2〕丁帆：《論「社會剖析派」的鄉土小說》，福建論壇，2007年第1期。

〔註3〕這裡指廣義的家庭，它既包括西方文化中的現代性的團體社群，也包括中國封建宗法制的氏族。

〔註4〕現以家庭爲研究視角的論文一篇：袁紅濤《「宗族史」與「社會史」的銜接：論〈一千八百擔〉的敘事意識》，北京科技大學學報（社會科學版），2011年3月第1期。

〔註5〕杜顯志、薛傳芝：《論「社會剖析派」》，武漢大學學報（哲學社會科學版），1995年第3期。

泥首軍前，鵠面鳩形，僵臥道右』，據此以觀，則中國一部分農村，可謂破壞無餘，一部分農民終日享受地獄之生活」〔註6〕。吳組緗的家鄉皖南也難逃厄運，店鋪倒閉，工人失業，鄉民生活窘迫。吳組緗在《梔子花》、《官官的補品》、《黃昏》等小說都詳細交代了當時的社會情形和家庭的變故。《梔子花》通過祥發的視角敘述了當時農村的衰敗境況：「古舊的破屋子，倒塌的牆和狹隘崎嶇的石路，鴉片館，小賭攤，襤褸的男人和女人，大家都戴著一個沉鬱憂愁的臉，談著關於糧食漲跌，土匪兵災的事……村裏，鎮上，以及鄰近許多地方，近來每年都有許多店關上門，貼上『召頂』的字條。」《天下太平》通過王小福的生活境遇來反映了當時的社會經濟情況：「他升做『伴作』時，村裏鎮上早盛行著既漂亮又便宜的竹布和花洋布，娘的紡紗織布的工作已不能維持下去，而一個『伴作』照規例每年只支得十多元薪資，最好的年頭也不過勉強支二十多元。這工錢除了做一兩件不可省的衣服外，僅僅只夠得補貼娘花用」。可見，大量的外國商品佔領了中國市場，民族經濟在外來資本的擠壓中紛紛破產，致使像王小福這一類以傳統手工業經濟爲生的店員大量失業。吳組緗的小說將社會的變遷與家庭的興衰融合到了一起，客觀地描寫了當時的社會狀況。

三十年代社會經濟的變化直接影響了農村家庭的生活，大量小康之家墜入困頓，工人失業，佃農無力承擔租金以致生存艱難。吳組緗的家鄉——安徽「是個地瘠民貧的省份，失業問題要較重於任何省份」〔註7〕，在遭遇了經濟危機以後，農村經濟每況愈下。據1930年11月的統計，「浙江省貧困無以爲計的達二百九十一萬七千九百六十八人，而安徽較浙江貧困殊多，即使不超過二百九十萬，但無論如何總不會較下於浙江。」〔註8〕而後幾年的情形只會愈發惡劣。在吳組緗所描寫的皖南鄉村，大部分家庭中的男性都在店鋪中當傭工，當遭遇破產，大量的男性勞動者失去了工作，陷入了經濟困境的家庭不得不依靠女性做工來維持生計，因而女性被迫成爲了家庭經濟的主要貢獻者。吳組緗破產小說中的家庭模式基本都是如此。在《梔子花》中，「祥發失業後，只靠著妻做女紅所賺的錢來敷衍日子，想盡了路頭謀生意，都毫無結果。」《小花的生日》裏的小花爸爸歇了生意回家已經快有五個月了，「如

〔註6〕 青士：《我國農村破產之狀態及其原因》，《北辰雜誌》，1932年第4卷第10期。
〔註7〕 公度：《中國失業概況及救濟方法》，《安徽建設》，1930年第2卷第24期。
〔註8〕 公度：《中國失業概況及救濟方法》，《安徽建設》，1930年第2卷第24期。

今一家四口子，都靠她十個指頭替人家洗點衣服，做點女紅來維持」。《天下太平》裏的小福子失業之後，一家人的生活頓時落入貧困，他春天尚可上山去挖野貨，到了夏天，有時「成天找不到一點事做，是完全寄生在妻和娘甚至孩子的身上了」，他也自責：「自己堂堂一個壯年男子，如今是完全變成一個寄生者」，迫於生存的壓迫，妻子只好去賣奶水來換取全家的吃食。而《官官的補品》裏的奶婆也採用了同樣的謀生方法。吳組緗筆下的女性已經開始通過勞動來獲得經濟的獨立。但是，這種轉變是被逼迫而不得已的艱難之舉，她們大多只能從事簡單的商業勞動，通過賣奶水，洗衣服來獲取微弱的報酬。雖然她們還不能通過勞動來完全改變家庭的困境，但是她們已經擺脫了對男性的依賴，生存的危機促迫使農村婦女在自我解放的路上邁出了極其重要的一步。

婦女獨立一直是思想文化解放的重要內容，而經濟獨立是婦女解放的重要條件。在「五四」倡導婦女解放的思想潮流中，有很多進步報刊都十分關注婦女經濟獨立問題，它們刊登了不少相關文章，闡釋了婦女經濟獨立的重要性。李達在《女子解放論》裏認為：「女子的地位，常隨經濟的變化為轉移。女子也是『人，就當為生產者。』」女子「果能有此經濟獨立的能力，則婚姻的結合，以愛而不以利，男子自然承認女子的價值，真正改變態度，拋棄特權，男女間一切不平等的道德與條件，也可以無形消滅了。」〔註9〕茅盾也認為：「經濟不獨立，是婦女地位——人格——低落的原因，是婦女被壓制的原因。所以婦女運動的第一句 motto（座右銘）便是經濟獨立。」〔註10〕由於近代以來資本主義商品經濟的發展，傳統自給自足的經濟模式的破壞，很多女性不再僅僅需要依賴家庭才得以存活，她們得以走出家庭進行生產勞動。到了二三十年代，女性擁有工作已成為極其普遍的社會現象，女性已經能夠通過參加社會工作獲得經濟獨立，「據 1930 年工商部統計，江、浙、皖、贛、鄂、魯、桂、閩九省 28 市女工共有 37 萬多，占全部工人總數 46.4%。」〔註11〕可見已有大部分女性走出了家庭，但是其勞動創造的經濟價值不大，

〔註9〕 李達：《女子解放論》選自張岱年，敏譯主編：《回讀百年：20 世紀中國社會人文論爭》第 1 卷，大象出版社，1999 年版，第 831 頁。

〔註10〕 茅盾：《家庭服務與經濟獨立》，靳飛、靳雪卿編：《茅盾談人生》，中國青年出版社，1997 年版，第 105 頁。

〔註11〕 孫利霞：《民國時期家庭關係的變化》，《今日南國》（理論創新版），2008 年第 12 期。

爲數眾多的女性工人所從事的都是體力勞動,只靠勞力而不需要技巧和知識就可勝任。當然這一數據統計主要是針對城市婦女,對農村婦女而言,情況就不同了。由於當時農村思想閉塞,很多家庭仍保留著傳統的勞動分工,在安徽合肥的農村,農婦每日的的操作便是「燒鍋,煮飯,帶孩子,以及補綴破碎衣服等事。畜養家畜,也是她們的專責,可是她們所照應的只是豬,雞,鵝,鴨等。」〔註 12〕可見當時婦女的活動範圍僅限於屋內,吳組緗的家鄉——茂林的情況應該也是如此。而到了破產時期,情況便發生了巨大的變化,「當農村經濟還沒有走到破產的境地時,農婦們的奴隸生活也還能勉強支持下去。可是現在的情形已完全不同,就連奴隸生活都不能繼續了。」〔註 13〕大量男性逃亡到城市謀生計,留守在農村裏的婦女就陷入了絕境。在吳組緗的破產小說裏,女性在家裏主要承擔養育子女和簡單的家務勞動,遭遇破產之後,迫於生存的壓力,女性必須想盡辦法求生存,甚至連王小福(《天下太平》)年邁的母親都到街上賣油條換得幾個銅板,可見,吳組緗筆下的女性在一定程度上實現了經濟獨立,但是這種獨立卻不能從根本上解決女性受壓迫的現狀。首先,這種經濟獨立伴隨著經濟衰敗而產生,具有極大的偶然性,她們的經濟地位也隨時都有喪失的可能。其次,經濟獨立與職業獲得是等同的,「五四」時人「把婦女獲得職業看成是婦女擺脫家庭約束,實行經濟自立,成爲自食其力者的必要手段」。〔註14〕而吳組緗筆下女性的工作只局限於簡單的生產活動,缺乏穩定性,還不能算作真正意義上的職業,並且她們的工作還不能從根本上改變家庭衰敗的現狀。因此,經濟壓力是促使農村婦女尋求獨立的外因,而在當時動蕩的社會時局中,要想讓女性真正的獲得獨立,必須改變衰敗的社會現狀,而這則必須依靠一次徹底的社會變革。在吳組緗後來的作品中,這一思想逐漸得以展露。

二

吳組緗不僅僅展現了小家庭形態的改變,也觸及到了封建統治最根本的維繫——宗法制,吳組緗在《一千八百擔》中描寫了宋氏子孫對一千八百擔糧食的算計,他們想獨佔甚至瓜分這份共同財產,對物資的爭奪超越了倫理

〔註12〕曉天:《合肥農村婦女》,《女聲》,1935 年第 3 卷第 16 期。
〔註13〕陳碧云:《農村破產與農村婦女》,《東方雜誌》第 32 卷第 5 期。
〔註14〕陳文聯:《五四時期婦女解放思潮》,湖南師範大學 2002 屆博士研究生畢業論文。

親情，這也意味著這個大家族失去了維繫。茅盾認爲這部小說「很有力地刻畫出了崩壞中的封建社會的側影」，宗族的解體也預示了封建社會解體的命運。

宗法制以儒家的倫理道德思想將有親情和血緣關係的組群聯繫到了一起，它是封建社會的主要組織細胞，建構了封建社會嚴密的制度等級。在三十年代，隨著資本主義在中國的發展，封建的婚姻家族制度和觀念開始削弱，西方家庭文化逐漸進入中國，但同時由於舊有社會經濟基礎沒有改變，舊式封建家庭制度在一定程度上仍存在著，它與小家庭制度一起構成了這時期家庭狀況的兩重性。總的來說，此時宗族家庭的存在形態已經沒落了。1930 年，國民政府主計處統計局主編的《統計月報》（11、12 月合刊）上公佈了卜凱對 1921～1925 年安徽等七省 16 處 2640 戶的家庭成員情況的統計數據〔註15〕：農家平均人口爲 5.65，其中安徽南部的農家平均人口爲 5.53，一個家庭中夫妻及子女占到家庭成員的 77%。另外，余華林將金陵大學農學系、清華大學學生等多個機構的調查資料予以整合，對這四十年來的家庭變化情況進行了統計，得出的結論：「20 世紀 10～20 年代的調查表明平均家庭規模爲 5 人左右，多者至 6.43 人。而 30～40 年代的家庭規模則又有所減小，其算術平均數多爲 4 人左右。」〔註16〕這也說明傳統的宗族家庭的構建方式已經沒落，小家庭已成爲多數，家庭組成也更爲簡單。但延續了兩千多年的宗法制並不會如此輕易地退出歷史舞臺，其家族觀念仍根深蒂固的存在著。1927年 6 月，《時事新報·學燈》編輯部在該報刊登了一次社會學問卷，其中一類問題是關於對大小家庭制及祖宗祭祀的看法，調查結果顯示「絕大多數人認爲祖宗祭祀制度殆將淘汰，但祖宗紀念的原則不可丟，在當時中國，宗祠和宗譜仍具相當之勢力。」〔註17〕可見，即使宗族制的存在形態遭到了破壞，但它的精神內核仍影響著民衆的家庭觀念。當時的宗族家庭形態已經開始向小家庭轉變，它們按照小家庭的模式進行生產創造，但同時又保留著封建宗族制的精神維繫，它處於一個混合的狀態。

「自給自足的農業是血緣家族存在的經濟基礎，家風和家法是維繫中國

〔註15〕鄧偉志：《近代中國家庭的變革》，上海人民出版社，1994 年版，第 105 頁。

〔註16〕余華林：《中國現代家庭文化嬗變研究》，首都師範大學大學 2002 屆碩士學位論文。

〔註17〕鄧偉志：《近代中國家庭的變革》，上海人民出版社，1994 年版，第 134 頁。

家族制度的最重要因素。」〔註 18〕在三十年代的皖南鄉村，自然經濟已經解體，宗族家庭已不再是一個利益共同體，他們有著自己獨立的經濟活動。在《一千八百擔》中，宋氏家族的子孫們都擁有獨立的產業，他們處於小家庭的組織模式中，與整個大家族的利益聯繫微乎其微，失去了維繫家族存在的重要基礎。同時，族人的家族榮譽感和參與精神也便逐漸喪失，宗族制家庭賴以存在的綱常倫理也逐漸瓦解，正如宗族老人鑫樵老所說：「從前姓宋的走出一個人來，都是像模像樣，有貌有禮的。那時候祠堂裏每月三小祭，每年二大祭。子孫走進來，按輩分，坐的坐，站的站：尊卑有次，長幼有序。老輩子不開口，小輩子那個敢哼一口氣？而今是個什麼樣子？簡直是個放牛場了！敏齋，這個家法，我說，還是要整頓的。……」〔註 19〕鑫樵老的腦中還保留著五十多年前宗族的模樣，從他的敘述中，我們也可以看到民國時期宗族統治的急劇衰落。即便如此，現在宋氏家族仍保留著宗族的軀殼，他們有血緣聯繫和少量的共同財產，但它的維繫力已經很微弱了。一千八百擔糧食是家族的共同財產，用以維繫整個家族事務的正常運行。此時年青的宗族子孫早已擺脫了封建家庭的束縛，進入了城市；老一輩族人心念著整個家族，卻已無力挽回大局；中年族人擁有著社會大權，卻全然拋棄了團體的精神和宗族的共同利益，只想著為自己籌謀，連身為族長的柏堂都意欲公報私囊。一個龐大的家族譜系已經近於崩潰。他們在祠堂裏談論著瓜分糧食並為此發生了爭鬥，祠堂作為宗族權力的象徵也失去了它的威嚴。在相互的爭奪中，最後的一點精神維繫也喪失殆盡。因此，宋氏家族是所有封建大家族的一個縮影，宗族在鄉村雖然還存在，但是它的衰敗已經是不可避免。整頓家風也只能是鑫樵老的一個夢想，因為時代的變革終會將宗族制淘汰，隨和農民的徹底反抗，吳組緗所描寫的宋氏家族會議也成為了它崩潰之前最後的一點記憶。

三

　　經濟衰敗對家庭的影響不僅僅表現為物質的困窘，同時也表現為對原有的家庭關係的衝擊。經濟問題導致了各種家庭問題增多，矛盾激化。生存的壓力甚至逼迫人衝破了道德的底線，親情倫理也因此受到了極大的挑戰。

〔註 18〕楊雅彬：《近代中國社會學（下冊）》，中國社會科學出版社，2001 年版，第 794 頁。

〔註 19〕中國現代文學館編：《吳組緗文集》，華夏出版社，2000 年版，第 132 頁。

　　代際衝突在此時表現得極為明顯。吳組緗的《樊家鋪》寫了一個處於焦急和痛苦中的女人弒母的故事，吳組緗自己坦言：「此稿特別為美國讀者所看重。但在國內或因寫了殺人放火，覺得內容不健康，故不為論者道及。」〔註20〕可見，這篇文章的內容確實與中國的傳統倫理觀相衝突。「弒母」是對中國傳統倫理的背叛，在中國文學史上是少有的，但吳組緗之所以會描寫這一情節，也是有著深刻的文化原因的。由於長久以來的禮教束縛，子女的命運都由父母掌握，因而對父母須保持絕對的服從。隨著民國法制的健全，子女也擁有了更多的自主權。同時，由於思想解放中「反封建」口號的提出，「人們將矛頭直接指向了曾經嚴重桎梏人們思想的封建道德和倫理觀念。而以家長專制為主要特徵的封建孝道倫理，因為與人們日常生活關係極為緊密，首先受到人們的強烈質疑和批判」。〔註21〕這些因素都衝擊了傳統的倫理關係，長久以來對綱常倫理的過度強調極大的壓制了人的正常需求，而線子嫂的例子可以視為傳統封建家庭本身固有矛盾的爆發。另外，當時複雜的社會環境也為悲劇的發生提供可能性，「此篇為中心故事鋪開了一個頗廣闊的社會背景，寫了多方面的社會形態。丟開了這個環境背景，此篇題旨就沒有什麼意義了。」〔註22〕社會時局的動蕩和經濟的衰敗讓本來繁榮的樊家鋪變得一片死寂，生活艱難的線子嫂又恰逢丈夫被抓，走投無路的她為救丈夫殺母取財，吳組緗通過這一場景展現了線子嫂在深處困境之中的不得已而為之，生存的危機是他走向犯罪的根本原因。再者，線子嫂處於一個畸形的家庭關係中，親情關係的淡漠也是促使她反目的一個原因。線子嫂在剛出生後就被送去當童養媳，與母親感情疏遠，對丈夫的依賴則成為了她感情生活中最重要的部分。母親認為「嫁出去的女，潑出門外的水」，沉重的家庭負擔讓她對女兒的事情無能為力，而女兒則因為母親的不肯相助而心中充滿了忿恨。因而，當得知丈夫有生命危險時，親情和愛情在線子嫂的感情天平中輕重立判，她毫不猶豫地站到了母親的對立面，《樊家鋪》以一種較為極端的方式表現了傳統倫理關係在社會經濟惡化中的崩潰。可見，傳統的家庭觀念已經不能再適應

〔註20〕吳組緗：《關於〈樊家鋪〉的時代背景》，《苑外集》，北京大學出版社，1988年版，第130頁。

〔註21〕張豔：《我國農村老年保障制度變遷研究》，西北農林科技大學2012屆博士研究生學位論文。

〔註22〕吳組緗：《關於〈樊家鋪〉的時代背景》，《苑外集》，北京大學出版社，1988年版，第131頁。

社會的發展了，在經濟問題的刺激下，長久隱匿在倫理道德之下的各種矛盾得以爆發，一種新的家庭觀念正在形成。

隨著大家庭的解體和家庭關係的簡化，夫妻關係逐漸凸顯而成為了家庭關係的核心。隨著社會的發展和公民獨立自主意識的增強，妻子對丈夫的依賴逐漸減弱，夫妻關係也逐漸趨於平等。但這也意味著以前隱秘的衝突現在變得公開化，夫妻矛盾也隨之變得更加尖銳。

在封建家庭中，男性一直擁有著家庭的主導權，婦女是男性的私有物品，可以被任意支配，婦女只能忍氣吞聲。三十年代的經濟危機導致大量男性失去了工作，他們只能依靠女性的勞動來維持生活，這給長期處於主導地位的男性帶來了巨大的心理壓力，男性的挫敗感和女性地位的上昇逐漸地形成了對立，激化了夫妻矛盾。小花爸爸（《小花的生日》）在失業之後，「每天枯坐在屋裏，看妻的愁眉怨眼，聽小孩子的大哭小叫，和體味著親戚本家們底譏笑與蔑視底辛味。他原是一個生性剛強高傲的人，在這種生活底緊壓之下，一腔悲憤，就只有向美容和大花身上找岔兒發泄。」為了小花能有衣服禦寒，三太太約了人在家裏打牌，期間富少爺的舉動卻讓美容遭遇了丈夫瘋狂的毆打，妻子忍不住道出了委屈：「你死起兩塊鐵臉在家裏閒住五六個月，躺倒睡，伸手吃，你幾曾給我個半文錢！我來辛苦苦地一天做到晚，幾個錢來養你們一家餓癆鬼！」《黃昏》中的松壽針匠被辭退，「在家裏住閒，礙了媳婦的眼，媳婦就借題目天天哭鬧。說丈夫沒出息，說他白頂了個男人頭。」《天下太平》裏的小福子失業後，看到娘和孩子為辛苦，「偶爾在無意中自言自語地說一兩句自己譴責或是對娘和孩子表示慚愧和罪疚的話。話剛說出口，妻就免不得要搶白他」。可見，由於傳統家庭勞動關係的被打破，男性的權力受到了威脅，當他試圖用以前的家庭模式來重建自己的威信時，自然遭遇了女性的反抗，而這也使得處於生活困境中的夫妻關係變得更加脆弱不堪。經濟的衰敗讓女性的家庭地位有了上昇的的可能，但是這種上昇是在相對滯後的傳統文化的語境中發生的，大多帶有屈辱性意味。因而婦女地位的提高僅僅是經濟地位的提升還不夠，還有賴於整個社會文化的轉換，二者缺一不可。

結　語

吳組緗向我們展現了三十年代的經濟危機所帶來的巨大的家庭變化，農村女性在家庭中的經濟獨立、家庭組織形態的變化以及家庭關係的變化都反

映了當時的農村家庭已經處於了一個棄舊換新的階段，城市中新的家庭觀念已經開始在農村萌芽，並在此基礎上初步建立了新式家庭的雛形。但這種形態卻是極其不穩定的，特別是當它被經濟衰敗等諸多社會因素所刺激時，它便顯得格外脆弱，廣大被迫尋求解放的女性最終還是會在痛苦的生活中嘗試到失敗的艱辛。相對於「五四」時期娜拉之類的女性，吳組緗筆下的女性向前又邁出了巨大的一步，他們開始獲得了經濟的獨立，但是我們必須看到，這種被迫的獨立並不能從根本上讓女性獲得解放，因而要想眞正改變女性的地位必須要依靠社會的變革。「家庭變革決不能擺脫社會變革的大背景而獨立進行，家庭變革發生的根本動因是社會構成、社會制度、社會組織、社會觀念和社會文化特徵的變化。」〔註 23〕隨著認知的不斷深化，他也覺察到了自己「純客觀」寫作的局限性，不斷調整著自己的創作方向，《子夜》「用一種振起向上的精神和態度」來「宣示著下層階級的興起」〔註 24〕，給了他很大的啟發，於是便有了《一千八百擔》中農民暴動的情節，他「以昂揚之情歌頌了被壓迫人民的崛起與勝利前途，對壓迫階級及其統治勢力的走向崩潰滅亡，則投以痛快的嘲笑」〔註 25〕，在作品中他表現出了對社會革命的極大支持，在對進步思想和創作藝術的自覺追求中，吳組緗逐漸由單純的社會剖析轉向了革命現實主義的創作之路。

〔註 23〕余華林：《中國現代家庭文化嬗變研究》，首都師範大學 2002 屆碩士學位論文。

〔註 24〕吳組緗：《評〈子夜〉》，《苑外集》，北京大學出版社，1988 年版，第 194 頁。

〔註 25〕吳組緗：《吳組緗小說散文集・前言》，人民文學出版社，1954 年版。

柒、簡論徐訏的戰爭題材詩歌

李俊傑[*]

摘要：小說家徐訏的文學身份早已在文學史確立。而詩人徐訏的身份則仍舊是一個模糊的命題。通過創作實績，我們發現徐訏早已是一個成熟的且帶有特殊的個人詩風的詩人。本書探討徐訏的戰爭題材詩歌。一方面藉此考察抗戰題材詩歌中被忽略的部分，一方面可以全面的關照徐訏的文學創作。

關鍵詞：徐訏，詩歌，戰爭題材

---

* 李俊傑，北京師範大學文學院博士生。

1948 年趁「抗日救亡長篇力作《風蕭蕭》」〔註1〕持續暢銷之際，徐訏邊享受抗戰勝利後短暫的歡愉與寧靜，邊修訂出版文稿和詩集。這一年，他集中由懷正文化社出版了詩集《燈籠集》、《借火集》、《進香集》、《待綠集》、《鞭痕集》。這五部詩集收羅的詩歌作品從三十年代初期踏入文壇直至抗戰勝利。在詩集中，有相當數量的以抗戰作為詩思起點的詩作，通過觀察這些誕生於特殊時空背景、非常態環境下的體驗的詩歌，既可豐富徐訏的文學史形象，也可拓展抗戰詩歌的歷史敘述。

抗戰爆發時，徐訏赴法留學還不足一年，結識並追求著日本女作家紗良。在求婚失利、家國淪喪的複雜心境之中，徐訏於 1938 年初啓程，從法國回到孤島時期的上海。彼時日本軍隊雖已佔領上海，但租借還未被接管，英法工部局對滬還有管轄權，文學的相對自由還有所保障。1938 年歸滬後的，徐訏繼續自己的職業作家生涯，並因《鬼戀》的單行本的發行又一次令人矚目。孤島時期，徐訏與巴人之間對「抗戰文學」這個命題有過一場的論爭，從當下來看，這場圍繞《魯迅風》雜誌展開的論爭屬於「抗戰八股」、「無關抗戰的文字」這段所謂的「與抗戰無關論」的文壇公案當中的一個支流。從這一論爭和徐訏的戰爭詩歌創作的互相參照中能夠看到徐訏對待戰爭、對待文學的立場與態度。

徐訏在《魯迅風》上發表的「人生啓示錄」式的片段短文（《晨星兩三》，（刊《魯迅風》1939 年第 11 期）表達了不能機械化的理解人，而要人性化的理解人的觀點：「醫生把看人看作一隻表，看護把人看作一隻鳥；所以我不愛醫生而愛看護」，他甚至打了個粗俗的「精蟲」的比方，以說明不認同數量上的多寡代表藝術的高低。徐訏不認同巴人談到的有很多人需要並期待「抗戰八股」的觀點。這迎來了巴人激烈的回應，巴人在回擊苗埒的文章時（巴人：《不必補充》，刊《魯迅風》1939 年第 13 期），順帶譏諷了徐訏，並在《文藝陣地》第 3 卷第 1 期上專門針對徐訏的詩歌《私事》發表了《文藝領域中反個人主義鬥爭》一文，在文章開頭，巴人將此詩全文陳列，他評價這首詩是

〔註 1〕沉寂：《漫漫父女情——徐訏和他的女兒》，見葛原《殘月孤星盧》，上海文化出版社，2003 年版。「1946 年，抗戰勝利，他回到上海，再版描寫上海鼓搗時期愛國青年抗日救亡的長篇力作《風蕭蕭》，轟動一時，新老讀者人手一冊，被稱爲唯一描寫淪陷後上海愛國人士抗日鬥爭的巨著。」另：《風蕭蕭》（長篇小說），1944 年，成都東方書店初版。1946 年由懷正文化社（劉以鬯兄弟）再版，從 1946 年 10 月 1 日到 1947 年 9 月 1 日，共印 3 版。

非常有毒的瓦斯彈，足以消滅千千萬萬革命者的鬥志，流露出刻骨的虛無主義，是學會了讀漂亮話裏的論生談死，是對堅決主張抗日的人們的言論的尖刻詛咒，並描述徐訐有一顆不值一分錢的偽人道主義者的心，巴人強調要刈除這些毒草與荊刺，展開文藝領域中反個人主義的鬥爭。爾後，巴人又針對徐訐發表的《文學家的臉孔》發表了《臉譜主義者》，與之相對，在面對巴人飽含民族大義的激情、又帶有一些扣帽色彩的進擊時，徐訐保持了風度。〔註2〕1940年《東南風》創刊後簽發《對新階段文藝界統一戰線的意見》中提出的四點意見使這一論爭告終。這一論爭中，徐訐始終堅持自己的立場，未曾失去風度。

這一論爭中，巴人將徐訐放置到了對立面，他認為徐訐是不抵抗、虛無主義的代表，是偽善的個人主義。可以理解的是，中共上海地下黨委委員王任叔創辦、金性堯承擔編輯工作的《魯迅風》有其黨派色彩和政治導向，巴人三十年代末期歷次論爭中的積極意義和負面影響很多研究論著也已論證清晰。但究竟徐訐是怎樣理解戰爭，是怎樣去表達戰爭的，他是否在文藝創作中全然不顧戰爭這一民族歷史的重負呢？從他的詩歌中又能窺探到什麼樣的文學觀念和價值立場？這一切唯有通過徐訐的創作去理解，其中徐訐的戰爭題材詩歌就是門徑之一。

在這場論爭中，徐訐反對巴人的言必稱抗戰的立場，但徐訐卻從未迴避過「戰爭」這個人人都遭遇的現實情境。不僅沒有迴避，徐訐還以自己的方式參與到這場戰爭的書寫過程中。

一、長詩《一頁》中的戰爭描寫

一九三八年，徐訐創作了一首特別的詩作，這首詩在徐訐早期創作中顯得非常異類。這是一首名為《一頁》（選自《待綠集》）長詩，近4000字，站在徐訐詩歌創作的角度上看，其長度確實讓人感到驚訝。徐訐是異常嚴謹的詩人，他的每首詩幾乎都留有寫作的具體日期，具體到某日的清晨與夜晚這樣具體的時間。但這首詩僅僅留下了「一九三八年。上海。」這個模糊得無從知曉具體日期的落款，唯一合理的解釋就是這首詩寫了太長的時間，或改

〔註2〕 這一論爭的詳情參見《徐訐與巴人的筆墨官司》，王一心著，載《臺港與海外華文文學評論和研究》，1995年第1期；以及《從〈魯迅風〉到〈東南風〉——記苗埒、徐訐和巴人的一場筆戰》，周允中著，載《新文學史料》，2001年第1期。

了太長的時間。1938 年是徐訏聞聽戰爭爆發而歸國的特殊時間,《一頁》則是他面對戰爭疏解內心創傷的重要作品。這首叫做《一頁》的詩歌在文本中策劃了一次戰鬥,從其中具有信息功能的詞彙來看,這首詩歌中描繪的具體歷史時刻不可考。從時間跨度上來看,這首詩歌既可以回溯到「淞滬會戰」的「四行倉庫保衛戰」、「南京保衛戰」,可以延宕到「徐州會戰」,總之這首詩歌無疑是受了與這幾場大戰役相關的表述的影響。留法時期,徐訏就與巴黎大學城的同學熱烈的討論前方戰事,歸國後關於抗戰巨大的信息量催逼詩人面對這一切發言。這首長詩一方面洋溢著豪邁的氣度,表達了同仇敵愾的抗爭精神:

> 沒有一個人不這樣相信,我們五百條生命,
> 在攻的時候要充五萬隻槍,
> 在守的時候要做五萬重圍牆!
> 這時,風從山陰轉到了山陽,
> 我們的頭髮像火山頂口的火焰,
> 像是萬千的旌旗在那兒飛揚,
> 每個人的腦子都像火山裏石漿,
> 每個人的心都像太陽
> 在海水裏蕩漾。
>
> 於是鐵的紀律帶領著我們鐵的心,
> 準備刀耙的刀耙,準備槍的槍,
> 攻門的攻門,跳牆的跳牆,
> 儘管他們有進步的器械,
> 新型的槍,
> 但我們靠的是意志裏的力量,
> 所以當彎彎的月亮升到天庭,
> 我們的旗幟已在城角飛揚。(《一頁》)

另一方面也充滿了詩人的獨特的認知與思索:

> ——是這民間的熱情,
> 他們把自己的死嬰,
> 宰割了騙著我們來作我們的糧食,
> 這,到了我們那天餓極時,

> 吃敵人的肉時方才猜到，
>
> 我們很久就嘗到了這樣的味道！
>
> 那時的我們已經
>
> 深深地明白地知道：
>
> 吃敵人的肉同獸肉一樣沒有殘暴，
>
> 因為現在的我們正像
>
> 歷史以前的人類，
>
> 為建設人類的正義文明
>
> 才同那野獸對著壘。（《一頁》）

在詩歌中宣揚豪邁，又有超越豪邁的思索。這首詩從夜晚開始，詩人描述了「零亂的顛倒的星星」照著「山」、「大地」、「河流」、「城牆」，以及城牆裏的人。詩人抽身入雲端，如星星般觀照著城牆裏的每個具體的生命。這裡的「城牆」指涉的空間從邏輯角度來看很可能是上海，作者接下來寫道，星星照著城牆裏的「高樓大廈中酒的香／花的香，肉的香，／男女擁抱著的花樣」、「照著那監獄中囚犯們在草堆裏」、「還照出那些小屋中，／燈光下有哪些女人們，／用催眠的歌對著小孩兒低唱」，照著「裁縫們」、「農夫們」，籠罩著參加戰鬥的「五百顆心」，儘管高樓大廈裏的人和監獄中的囚犯和村婦以及裁縫們、農夫們的之間身份不同，但同樣要面對戰爭的殘酷。詩人提到的「民間的熱情」讓人感到悲涼；吃敵人的肉這一如獸類般的行為是「為建設人類的正義文明／才同那野獸對著壘」，這一段，渲染了戰爭時期生存狀態的惡劣，表達了詩人複雜的心境。儘管詩人不停的以剛健豪邁來鼓舞士氣，但是他看到的更多的是這樣的情形：

> 但在孤城的後面，
>
> 只有一條路可逃，
>
> 於是我們的戰士
>
> 都躲到城郊險阻的山坳，
>
> 然而這樣的事情我們沒有料到：
>
> 他們會姦淫屠殺
>
> 那全村全城的同胞，
>
> 連那稚弱的嬰孩都未能逃，
>
> 千萬的屍具整日整夜被他們燒，

> 除了少數的人們逃進了山坳，
>
> 那時滿天滿空是人們的叫號，
>
> 滿野滿地流滿了我們的頭腦，
>
> 殷赤的血塗遍了秋草，
>
> 秋草鋪遍了田野與山道。（《一頁》）

從這段詩歌中，徐訏將痛感體驗徹底抒發，除了激發意志以抵抗侵略的內容，他更是發出感慨「要用許多血肉才添得出光明」，他更多感受到的是死亡與受難無時無刻的縈繞，他以此感受到了文明的失落，為了找尋文明去搏殺，他認為這是戰鬥的意義。在這個意義上可以發現徐訏的這首長詩《一頁》不僅描寫的是一場戰鬥，更是描寫的這「一頁」血腥的、呼喚文明的歷史篇章終究會被翻過，也值得銘記；寫的是這一頁上存留的是人的傷痛、人的抗爭、人的絕望和人的希望。這首詩的長度暗合了徐訏感受的豐富程度。沒人能夠忽視戰爭帶來的創傷，從這首詩可以看到徐訏也捲入了時代的洪流，但他的姿態值得玩味，與戴望舒祝福「英勇的人民」（戴望舒：《元日祝福》）不同，徐訏在詩歌中談到的人民並不從來英勇，「那些本來自私的人民，都願參加我們軍隊」；和田間的「戰士的墳場／會比奴隸底國家／要溫暖，／要明亮」（田間：《給戰鬥者》）不同，徐訏這首詩裏的士兵雖然我們的戰士，「只有前進，沒有後退，／但這無謂的犧牲也實在太懊惱！」，他也曾發出過感慨：「碧血寶劍的長嘯，／多少的戰場是墓場」（《憶語》，選自《燈籠集》），徐訏在詩歌中有人民，但「人民」的形象是複雜的；徐訏的詩歌中有慷慨赴死，但談到死的價值，他顯得猶豫。他在詩歌中感發意志，卻又沉鬱憂思，本渴望呼喚光明的到來，只是在想像的世界裏如實描繪，他的憫人與痛感，讓人感到極端處境中的非常心境。這首詩拓展了詩歌文本的容量，原本善於抒情的徐訏嘗試敘事，在敘事過程中追求詩與史的交匯。在追求史詩的過程中，徐訏的憂愁、痛苦、希望和悲憤融為一爐，有對生命價值的思索，有極端情境給各種階層帶來的巨大傷害的描摹，作為旁觀者描繪了對戰爭的間接想像。

二、旁觀：徐訏戰爭詩歌的視角

　　《一頁》誠然是徐訏詩歌中的特例，從形式上來看，這首詩與徐訏一般性的詩歌創作從篇幅到結構差異很大，從內容上看，這首詩的敘事性因子大

於他絕大多數詩歌，抒情性一直是徐訏的專長；從形式上來看，這首詩歌篇幅極長，雖然詩歌中具有形式感的規範的段落時而可見，但與徐訏一貫追求形式上的整飭感相比較，這首詩歌顯然太自由了一些。作爲徐訏戰爭題材詩歌中形式最特別的範例，它既包含了大時代作用於每個個體的確鑿無疑，也說明了個體在調試大時代帶來的影響之際複雜的心理活動，在特別之中，依稀可辨的是徐訏在面對極端情境時的寫作立場，他自始至終沒有被捲入抗戰詩歌的主潮，以旁觀的獨特姿態，「被動」式的進行詩歌的寫作。這種「旁觀」的姿態，便使得他不能夠匯入合唱的潮流，從而有產生出許多與他者格格不入的思索。

正如徐訏的詩歌《私事》（選自《待綠集》）會引起巴人的不滿，在詩歌裏，徐訏既是自省又是譏諷的說到，「如今我雖然學會了寫字，／學會了講漂亮話裏的論生談死，／可是我知道街頭葫蘆裏都沒有藥，／而流行文章裏爭的都是私事。」（《私事》）這首詩歌明確表達了徐訏的立場，他反感缺乏個體體驗的學舌式的表達，更反對利用抗戰、利用民族主義的情緒來謀取某些利益的行徑。這也是他對抗戰文學的不滿之處。這首詩招致了巴人的批評。事實上在這之前，徐訏就以詩歌的形式作出過批判：

低噓

你可有勇氣，
拉起那輛雪車，
越那茫茫的夜，
茫茫的山頭，
參加忠勇的兵士流血，
爲民族的自由爭鬥。

冬天伴著爐吠，
夜裏伴著燈吼，
怕看窗外的雪，
無膽在黑暗裏漫走，
誇什麼爲門户，爲家，
抗外來的賊寇？！

豎尾作旗杆，忘形地叫嘯

一群一堆的擁塞在街頭。

於是乎齧咬爭鬥，

血流到陰溝，

這都是爲什麼？

我知道，因爲冷巷裏有根豬骨頭。

一九三八，一二，一六，夜。上海

這首詩不無刻薄的嘲諷哪些「齧咬爭鬥」的人利用抗戰，本質目的是因爲「冷巷裏有根豬骨頭」，這種嘲諷十分刻薄。詩歌的前兩段，詩人運用對比，在第一段將「拉起那輛雪車，／越那茫茫的夜，／茫茫的山頭，／參加忠勇的兵士流血，／爲民族的自由爭鬥」看作是眞正的勇氣，把「兵士」的「忠勇」，看作是眞正的爲民族自由的爭鬥。在第二段，詩人嘲諷的群體是「冬天伴著爐吠，／夜裏伴著燈吼」的群體，加以推斷，這說明的是作家群體。伴著爐火和燈光，在紙上爭鬥，這裡用「吠」和「吼」將作家比作犬類，充分說明了詩人徐訏的不屑一顧。最後一段，詩人將這些爭鬥，描繪成「豎尾作旗杆，忘形地叫嘯／一群一堆的擁塞在街頭。」他反感這些「群」、「堆」的爭鬥，他認爲這些爭鬥無非是爲了某種利益。他對著利益嗤之以鼻，他將這些人比作犬類、將爭奪之物比作「豬骨頭」，可見反感之深。

徐訏的詩《初夏在孤島》（《待綠集》）：「誰還在關心花開花落？／誰還在關心杏黃李熟？／春寒裏衣單衫薄，／但初夏的歡歌，／竟都是賣身曲。／／深夜裏再無人躑躅，／一聲聲軍號，一聲聲警角，／響徹那街頭路角，／無人在探月，問星，乘涼，／黑夜裏有生命在槍火下抖索。」這首詩將「關心花開花落」、「杏黃李熟」、「探月，問星，乘涼」等生活情態形成的靜謐質感與「軍號」、「警角」、「黑夜裏有生命在槍火下抖索」構成的緊張與恐懼形成對照，和穆旦的《五月》對照起來閱讀，都能感受到詩歌中兩種感覺的交鋒。徐訏在這裡，將刺穿他生活經驗的現實納入自己的表達系統，眞誠的展開了他感受中的世界。

徐訏對於抗戰中的每個顛沛的人，是有憐憫的；對於兵士，是有敬意的；對於某些群體，是有敵意的；這一切表達的基礎，是徐訏以旁觀的視角。這一視角產生的緣由很多，最主要的原因就是徐訏的思想的一次巨變。這次巨變，是基於法國經歷中對「蘇共反托」事件中托洛茨基等人遭遇的同情。他的一貫主張「藝術自由」，也和左翼文學家的文藝政治化、組織化傾向相牴

悟。〔註3〕直至抗戰爆發，左翼知識分子在推動社會進程、積極鼓舞民族士氣方面有其獨特的社會價值，然而對於自由主義知識分子而言，不苟同不合流，也是其文藝觀念的一貫秉持。這裡面沒有對錯之分，只有價值立場的殊同。對文藝工具性的否定，是「旁觀」這個冷靜、有距離、理性甚至略顯冷漠的立場的溫床。徐訏自己談到反對文學的工具理性時說道，「有志之士想借於文藝以矯正社會的風尚，其用意未使不是好的，但是可惜文藝是一樣有生命的數目，它依靠這陽光而生存，一砍下來製成木具，它的本身也就死了」〔註4〕，正式這種文藝態度，才誕生這樣的詩篇，也正是這樣的詩篇，才有了自由主義知識分子對於抗戰的別樣理解，如徐訏，他正是顛沛戰亂裏一個飄零的生命個體，他的愛與哀愁都源自真切的人生體驗。

三、真切的生命關懷，真摯的家國情懷

或許沒有任何一種事變能像一場裹挾了全民族長達八年之久的戰爭這樣給文學的歷史進程帶來如此深刻的影響。〔註5〕在徐訏的戰爭題材詩歌中，體現了一個自由主義知識分子在面對極端情境時的真切體驗和對戰爭時代包括自己在內的每個生命的生存境遇的真誠關注。他的戰爭題材詩歌也記錄著他遭遇戰亂而南下，在顛沛流離的逃亡時的心境。

在南遷旅途中，徐訏創作了一首詩歌，《寂寞》（選自燈籠集）：

寂寞

在迢迢的旅途中，
我早被顛得疲累，
那麼何怪在煩囂的城市，
我會病得分外憔悴。

莫說炎熱的天氣，
所有的花兒都枯萎，
何以燦爛的果樹，
也未見有果實累累。

〔註3〕 此處詳情可參考馮芳：《作家徐訏 30 年代思想巨變之考辨——管窺自由主義作家與馬克思主義思潮的關係》，《欽州學院學報》，2012 年第 2 期。

〔註4〕 徐訏：《兩性問題與文學》，選自《門邊文學》，香港南天書頁公司印書館，1971 年版。

〔註5〕 吳曉東：《抗戰時期中國詩歌的歷史流向》，《文學評論》，1995 年第 5 期。

此時誰關心征人未歸？

誰關心壕中戰士未睡？

難道只有昏暗的燈光，

伴我的感情爲他們流淚？

我寂寞，我願我院裏

今夜有愛戀人世的新鬼，

他會用舌尖將我紙窗舔破，

將我淒涼的心兒撕得粉碎。

一九四二，七，一。桂林

在詩歌中，徐訏描述了自己在「昏暗的燈光」下伴著自己的感情爲征人與戰士流淚。他勾勒的不是奮勇殺敵的積極抗戰的一面，而是偏居歷史的某個不值一提的夜晚，提出這樣的疑問，「此時誰關心征人未歸？／誰關心壕中戰士未睡？」，詩人自己已被顛沛流離的生活「顛得」「疲累」與「憔悴」，卻在關心征人未歸，戰士未睡，這裡卻生發出了「寂寞」的情感體驗，一種淒涼而且撕心裂肺的體驗，這種顛沛的體驗沒有讓詩人自私地訴諸個體的情緒，而是將自己的情緒推及到爲國家和民眾征戰的兵士身上。在旅途中，徐訏這樣描繪南逃的人群，「那何怪萬千的老幼男女，／都願在汗臭的車上裝成鹹魚，／只因祖國有悲壯的呼聲，他們才不怕勞悴地遠去。」(《旅程》選自《燈籠集》) 每個人的命運都與「國家」的命運息息相關，詩人沒有去描繪如何在這命運的安排之下極力擺脫，抗爭、不折的狀態，而僅僅是爲每個「老幼男女」的顛沛作出刻畫，與此同時將「國家」的受難作出刻畫，展現出人性關懷的一面，雄壯的美被沉鬱的美給替換。「戰爭打破了先前書齋的和諧寧靜，將中國作家從象牙塔趕入了奔向大後方的洪流之中，讓他們和生活在中國最底層的人民一起，經歷著戰爭和貧窮的磨難。在走向戰場、返回民間、走進大後方的過程中，文學家們的精神世界經歷著前所未有的變化，現實生存的價值與意義格外分明地凸現了出來。」〔註6〕在《旅景》(選自《燈籠集》) 一詩中，詩人悵惘道：「天外兒女情多，／都因鐵蹄烽火，／羨慕他人家書，／爭問故鄉如何？」，「烽火連三月／家書抵萬金」(唐‧杜甫《春望》) 的古典情緒感染了戰亂中徐訏的戰爭體驗。

〔註6〕李怡：《抗戰作爲中國文學的資源》，《西南民族大學學報》，2005 年第 9 期。

在徐訏的詩歌中，也有貫穿愛國情感的詩篇。如《獻旗》（選自《借火集》）：

獻旗

心炸裂，血流盡，肉橫飛；
於是讓泥土掩去了屍骨，
但是一個偉大的巨影，
永蓋在千百萬方里的地域。

這地域上居住的人民，
同他永生的後裔，
受那巨影的蔽陰，
揚著代表他們的國旗。

從此中華的母親最愛的不是子女，
中華的少女最愛的不是情郎，
她們要先愛那個巨影，
它蓋在整個民族所居住的地上。

於是那國旗多一份新的意義，
那紅的代表著戰士們長紅的血，
那青藍的代表那血所養的自由，
那白的是那自由裏生長的光明。

一九三九，一，三。上海

詩人在詩歌中以「國旗」作為情感的觸發點。將「青天白日滿地紅」的內涵闡釋為紅色代表戰士的犧牲，青藍代表自由，白代表光明。這片土地上的人民為這面旗幟所覆蓋。這首詩將民族情感與中華的母親，中華的少女們的情感通匯，認為她們在愛子女、愛情郎之前要先愛上那個「蓋在整個民族所居住的地上」的「國旗」。這種帶有愛國熱忱的詩歌在徐訏戰爭主題的詩歌創作中也不鮮見。如《最愛的》（選自《燈籠集》），他模擬了祖父與孫女之間的對話，祖父問孫女，「你最愛的是誰？／是善歌的 B？／是善舞的 A？／是實驗室中的 E？／是行政院裏的 G？」孫女回答道「不，我的祖父」，「我最愛的是：／後門口的老樹；／因為在神聖抗戰的那年，／為保衛忠勇的兵士，／它周身受傷十七處。」這首詩寫於 1943 年的重慶，詩人假借祖父之口詢問誰是最

值得愛的人，無論是能歌善舞者，或是實驗室裏的人，抑或是行政院裏的人，都非孫女所愛，孫女愛的是「保衛忠勇的兵士」而「周身受傷十七處」的「老樹」。這裡徐訏既有對後方見聞的諷刺，更有眞摯的情懷。他的《鄉感》（選自《進香集》），沉鬱頓挫，描繪了被戰火燒焦的中國鄉村，在這首詩的最後一段，詩人寫道，「遠處的征人未歸，／何來那號角嗚咽？／可是要喚起墓裏屍身／列隊，開步，赴敵」，其悲涼與雄壯，讓人感到動容。

　　從徐訏的詩歌中，能看到抗戰詩歌的豐富性和多元化。他的詩歌深沉而悲傷，充滿反思，具有內容和形式的特別感，還能從他的詩歌中讀到他文學品格的複雜性，一方面，受伯格森、弗洛伊德的影響，注重直覺、感性、超現實的表達；另一方面，受「詩可以怨」的影響，徐訏又強烈的批判現實、介入現實。〔註7〕這一出一進，形成了徐訏特殊的詩歌品格。

　　香港的李輝英在他的《中國現代文學史》認爲徐訏「風格與眾不同，刻意於文字的雕琢，以奇幻飄渺的故事引人入勝……對我們的抗戰是起了消極作用的」〔註8〕；司馬長風也曾經評價說，「戰時的小說創作，有兩位作家的作品最暢銷，那就是徐訏和無名氏了。而這兩位作家，都具有孤高的個性，絕不肯敷衍流行的意見，因此，飽受文學批評家的冷遇和歧視。成爲新文學史上昏暗鬱結的部分」。〔註9〕反觀徐訏的詩作能夠豐富我們對這位作家的認識。徐訏的詩歌迄今還是一個未被完全展示的珍貴文學礦藏，通過徐訏戰爭題材詩歌的觀察，可以發掘作爲詩人的徐訏堅持的文學方面的自由主義立場，以旁觀者的視角，親歷者的姿態，以眞摯的關懷和深沉的情緒去表達這場戰爭，這些戰爭主題的詩歌，也是徐訏個人的抗戰史，是他對戰爭中自己心緒的收藏，是他對戰時周遭生活剪影的收集。誠如徐訏自己在《收集》（選自《待綠集》）中說的：「我在紛紜的宇宙裏，／收集過山川的容貌，／還有地勢的歡樂，／與天時的淒涼煩惱。／／我如今又收集：／人生路上的荊棘，／以及人類在那路上獨得的／創痕、淚珠與血滴。」

〔註7〕　參看吳義勤、王素霞：《我心彷徨：徐訏傳》，上海三聯書店，2012年版，第106～017頁。
〔註8〕　李輝英：《中國現代文學史》，香港東亞書局，1976年版，第269～270頁。
〔註9〕　司馬長風：《中國新文學史》，香港昭明書店，1980年版，第100頁。

捌、作家汪曾祺的由來

李光榮[*]

【基金項目】

本書爲西南民族大學文新學院中國語言文學碩士一級學位點建設項目，項目編號：2012XWD-S0501。

摘要：汪曾祺初期即在西南聯大讀書時期的文學活動和創作實績表明：汪曾祺是從文學社團邁出第一步，由文學課堂塑造文學觀念，在圖書館裏充實豐富，於老師家中提高加深，去茶館裏養氣品世而成長起來的作家。汪曾祺先寫詩歌，後作小說和散文，其小說由《釣》開篇，中經《翠子》、《悒鬱》、《寒夜》、《復仇》、《燈下》，到《誰是錯的》而成熟。那時，他只是一個大學三年級的學生，年齡22歲。

關鍵詞：汪曾祺，作家，成熟之路

---

* 李光榮，西南民族大學文學與新聞學院教授。

「大器晚成」一度成爲學界對於汪曾祺的公論。1998 年《汪曾祺全集》出版，收入他 40 年代的小說和散文 20 多篇作品，包括昆明時期的 6 篇，還是未能改變這一結論。近些年，人們把目光投向汪曾祺建國前作品的發掘與評說，這一結論開始被質疑。筆者曾集中於汪曾祺初期即昆明時期佚文的搜尋，發現了 20 多篇作品，加上《汪曾祺全集》所收的，目前筆者所知汪曾祺初期創作的小說、散文和詩歌共 30 多篇（首）。認眞閱讀這些作品，可以得出這樣的結論：汪曾祺在創作上是早熟的，他在學生時代已經是一位較有成就的作家了。他在大三時發表了具有獨創性的優秀小說，他的作品頻頻刊登於昆明、香港、桂林、重慶的報刊上；1946 年，他從昆明回上海途經香港時，曾見小報上登著一條消息：「年青作家汪曾祺近日抵達香港」；〔註1〕幾年前，筆者在訪問西南聯大校友的過程中，他的同學不約而同地提到汪曾祺，說他當年就是有名的作家。那麼，汪曾祺是怎樣成爲一個作家的呢？

在文學社團裏起步

汪曾祺是抱著當作家的理想報考西南聯大中文系的，他知道中文系教創作，且那裡有朱自清、聞一多等著名的作家教授。考試順利得出乎意外：他從醫院裏出來走進考場，發著高燒，迷迷糊糊答的考題，竟一舉中榜！西南聯大聚集了八方英才，學生一般以社團的形式組織起來開展活動。當時名聲較大的文學社團是南荒文藝社和群社的文藝小組。南荒文藝社主要在校外活動，成員都在《大公報》上發表過作品，汪曾祺還達不到入社條件。他加入了群社文藝小組。而那時，群社文藝小組因 1939 級同學的加入，隊伍壯大，謀求獨立，於 1940 年初成立了冬青文藝社。汪曾祺便是冬青社的發起人之一。〔註2〕一方面，汪曾祺因愛好文學創作而參與發起冬青社，另一方面，作爲文學社團的一員必須提交作品以履行社員職責，於是，汪曾祺開始了文學創作。

汪曾祺說：「我和許多青年人一樣，搞創作，是從寫詩起步的。」〔註3〕

〔註1〕 汪朗等：《老頭兒汪曾祺——我們眼中的父親》，中國人民大學出版社，2000 年版，第 56 頁。

〔註2〕 關於汪曾祺和冬青文藝社的有關情況，請參看拙文《冬青文藝社及其史事辨正》，《中國現代文學研究叢刊》，2007 年第 6 期。

〔註3〕 汪曾祺：《美學感情的需要和社會效果》，《汪曾祺全集》第 3 卷，北京師範大學出版社，1988 年版，第 283 頁。

此說符合情理。但筆者所見汪曾祺最早的作品並不是詩。大概他最初的詩歌寫出後，交給冬青社發表在《冬青詩抄》或壁報上，得到了讀者的好評，所以，他最初的文名是詩名。1941 年，他連續發表了《消息》、《封泥》、《文明街》、《昆明小街景》等詩，證明他「從詩歌起步」記憶的正確，並且說明他 1939 年進入西南聯大到 1941 年間，對詩歌創作投入了較多的熱情。但他沒有在詩歌道路上走多遠，1942 年以後即少有詩作發表了。這是爲什麼，讀這些詩可以悟出一些原因：這些詩不僅有讓人「不懂」的成分，而且在藝術上也沒有多少獨創性的東西，不能與同社的穆旦、杜運燮等社員相比。也就在這時，他的小說獲得了廣泛的讚譽：《翠子》、《悒鬱》、《復仇》都已發表。

而在此前，他發表了《釣》。這是目前所知汪曾祺最早的作品，時間是 1940 年 6 月。作品的主人公「我」無所事事，而去釣魚，卻心猿意馬，一無所獲，夕陽西下，欣然歸去。小說末句說：「我的確不是一無所得啊。」「我」「得」的是什麼？大概是半天時光的消遣，心情的愉快和精神的自由。《釣》是小說亦似散文，很難做出非此即彼的判斷，與作者後來追求的散文體小說頗爲相似。但我以爲這不是汪曾祺有意爲之，而是初學者對文體把握的失當。因爲汪曾祺那時還沒有建立起小說觀。《釣》緊扣人物心理下筆卻是小說筆法。「我」的心理活動不僅清晰，而且較爲深刻，很符合一個青年知識者的身份。作品的語言雖然有些「學生腔」，留有「兩個聰明腦殼打架」的痕迹，還不夠平常自然，但不失爲清麗流暢，體現出作者的語言敏感和運用語言的能力。請看下面幾句：

> 昨晚一定下過牛毛雨，看綿軟的土徑上，清晰的畫出一個個腳印，一個守著油燈的盼待，拉快了，這些腳步，腳掌的部分那麼深，而腳跟的部分卻如此輕淺，而且兩個腳印的距離很長，想見歸家時的急切了。

作者觀察的細緻、心理描寫的準確和語言表達的精美顯現在這裡。我推測，這篇作品曾作爲「寫作任務」交給冬青社，並被收入某期《冬青小說抄》，因得到社員的好評，汪曾祺才投給《中央日報》的。〔註4〕 當時，《中央日報》「平明」副刊的編輯是西南聯大學生程應鏐。因有這層關係，作品很快刊登出來了。就這樣，汪曾祺邁出了作家的第一步，以作者的身份成爲公衆形象。

〔註4〕 見拙文《〈釣〉：汪曾祺的文學開端》，《新文學史料》，2009 年第 1 期。

汪曾祺並沒有一舉成名。《釣》發表後，除了親近者外，無人知道「汪曾祺是誰」，而他自己，也時隔半年之後才有新的作品出現在報刊上。

由於西南聯大自由空氣遭到壓抑，1941 年秋，冬青社骨幹另行組織文聚社，創辦《文聚》雜誌，向社會發行，汪曾祺也是首批成員。他積極提供稿件，《文聚》創刊號即登有他的小說《待車》。這是一篇用意識流手法寫成的小說。小說寫「我」待車時的心理活動，沒有明確的時間、地點、故事，隨心所往，任意抒寫，完全不同於傳統的藝術形式，在給人以新鮮的同時也讓人難懂。在 1945 年 6 月《文聚》最後一期上又登了汪曾祺的《花園》，這是目前所見汪曾祺早期最為完整成熟的一篇散文，作者滿懷感情地敘述小時候在自家花園裏的種種趣事。散文采用板塊拼合，無統一線索和結構，結尾開放，形式較為特別。這兩篇作品具有濃厚的現代主義色彩，與《釣》完全不同，說明汪曾祺在不斷地探索前進。創作和發表《花園》時，汪曾祺已經離開大學，《文聚》雜誌出了這一期後，也因為抗戰勝利人心思歸難以為繼，汪曾祺的文學社團生活從此結束了。

文學社團對於作家汪曾祺的形成是重要的。文學社團猶如一個實驗室或研究所，文學愛好者在其中交流思想，討論創作，實驗各種方法，並且相互促進，共同進步，對於青年作家的成長大有作用。可以說，汪曾祺是在文學社團裏起步、發展而成為一個知名作家的。

在文學課堂裏塑形

文壇上盛傳汪曾祺投考西南聯大中文系是衝著沈從文去的，這話恐不正確。因為汪曾祺報考時，沈從文還沒有進西南聯大。不過，沈從文和汪曾祺同時進了西南聯大，〔註5〕並在中文系開「大一國文」課。不巧的是，汪曾祺所在班的「大一國文」課並非沈從文上。上汪曾祺「大一國文」課的是陶光。在「大一國文」課上，由林徽因的《窗子以外》，他知道了「意識流」，明白小說還有這種寫法。

汪曾祺接近沈從文是從大二即 1940 年秋天開始的。這學年，沈從文在中文系開「各體文習作」，他立即報名選修。沈從文「習作」課的特點是「以寫代講」。他先讓學生作文，批改時發現問題，再在課堂上有針對性地講解。講

〔註5〕 西南聯大常委會第 111 次會議決議：「聘沈從文為本校師範學院國文系副教授，……自下學年起聘。」「下學年」開始於 1939 年 9 月 25 日。

課就像創作一樣，由問題引發開去，舉許多前人作品作為範例，告訴學生應該怎麼寫，無系統、重點和要點。這樣的講法與學院派大不一樣。一些學生難以適應，汪曾祺卻能心領神會，把沈先生話裏未發揮罄盡的餘意揣摩了出來。例如，從「要貼到人物來寫」一句裏，他悟出「氣氛即人物」的道理——這真是創造性的發揮。之後，沈從文又開「創作實習」和「中國小說」課，汪曾祺都選了。文學「創作」課適應了汪曾祺的作家夢，提供了他一展才能的機會，他如魚得水，表現突出。有一次作文，沈先生竟然給他打了120分！難怪汪曾祺的課堂作文，有好幾篇被沈從文推薦出去發表了。

沈從文訓練學生寫作，注意「車零件」——從片斷練起。他給學生出的題目是《我們的小庭院有什麼》、《記一間屋子裏的空氣》一類。在這種訓練下，汪曾祺寫出了《寒夜》、《燈下》、《昆明小街景》、《除歲》等作品。例如《寒夜》，作品寫寒冷和緊張的氣氛，氣氛黏附人物，是「氣氛即人物」的典型體現：

> 夜，雪後，這兒沒有大得嚇人的雪，但也是夠遮去一切土黃蒼青而有餘了，一片銀光在蕩漾，因為是年底，沒有月亮，要是有，那不知要亮成甚麼樣子。怕有窗子的人家也不容易知道天甚麼時候明。風，從埋伏著的蘆葉間起了，雪結上一層膜子，又打著呼哨。茅簷下的凍鈴子（冰箸），像鐘乳石一樣，僵成透明的不分明的環節。狗也不大叫，在家的人一定把被角拉得更緊，也許還含含糊糊說幾句甚麼，馬上又把頭縮到被窩裏去。
>
> 車棚中心燒了一大堆火……。
>
> 火光照紅了一棚，柱上掛槍。形式甚多，奇奇古怪的名目，聽都沒聽見過。有的似乎只能嚇嚇麻雀，卻也像樣的閃著青光……
>
> 圍著火，坐著幾個漢子……。
>
> 突然，太保一回身，拉開門兒走去了。空氣頓形緊張，大家都站起身來，有的已經拿住了槍。

這裡的雪、風、凍鈴子、狗、被窩裏的人，透著徹骨的寒冷，多個人，多支槍，人的動作體現出高度的緊張。作者又十分懂得反襯的作用：用火襯托寒冷，以玩笑消釋緊張。寒冷和緊張的氣氛是隨人物表現出來的，作品緊緊「貼到人物來寫」，而不是孤立地描寫氣氛。這樣的寫法自然會得到沈從文的高度

讚賞。1941年2月，沈從文在給友人的信中斷言：「有個汪曾祺，將來必有大成就。」〔註6〕

　　欣賞汪曾祺的還有聞一多。聞一多為1939級開「楚辭」、「唐詩」和「古代神話」三門課，汪曾祺全都選了。聞一多講課，既文采斐然，又條理嚴密，語調抑揚頓挫，繪聲繪色，引人入勝。聽課時汪曾祺聚精會神，會心時微笑點頭，卻不做筆記。他在聞一多課上的收穫，首先是美感，「思想的美，邏輯的美，才華的美」；其次是多才的意義，聞一多集美術、戲劇、詩歌、學問諸種才能於一身，汪曾祺歎服道：「像聞先生那樣講唐詩的，並世無第二人」；〔註7〕最後是文體意識，聞一多說：詩應當寫得「不像詩，而像小說戲劇，至少讓它多像點小說戲劇，少像點詩」，〔註8〕汪曾祺由此領悟到文體交叉的意義。汪曾祺的小說具有散文和詩的色彩，其理論根據或許來源於此。

　　朱自清的課也加深了汪曾祺的文體意識。他講「宋詩」，強調宋人「以文為詩」即「散文化」的特點，並為宋詩的散文化理清了來龍去脈。他還說：「這個時代是個散文的時代，中國如此，世界也如此。」〔註9〕用心於文學創作的汪曾祺，由此聯想到「小說的散文化」是極為自然的。朱自清給予汪曾祺的還有人生觀的影響。朱自清的《蒙自雜記》在西南聯大早期較流行。文中寫到一個賣稀飯的雷師傅，把店鋪收拾得全城最佳，生意做得極為到位，西南聯大師生樂意光顧，「老頭兒有一個老伴兒，帶一個夥計，就這麼活著，倒也自得其樂。」〔註10〕察看汪曾祺前期作品中的許多人物，老魯、余老五、戴車匠、王二等，都是身懷絕技，「就這麼活著」的典型。

　　汪曾祺的文學塑形主要是在課堂上完成的，他所受的影響也是綜合的，為表述的方便做具體指對，難免有只見一斑，以局部代整體之嫌的。

〔註6〕　沈從文：《復施蟄存》（1941年2月3日），《沈從文全集》第18卷，北嶽文藝出版社，2002年版，第391頁。

〔註7〕　汪曾祺：《聞一多先生上課》，《汪曾祺全集》第6卷，北京師範大學出版社，1998年版，第300頁。

〔註8〕　聞一多：《文學的歷史動向》，《聞一多全集》第10卷，湖北人民出版社，1994年版，第20頁。

〔註9〕　朱自清：《抗戰與詩》，《朱自清全集》第2卷，江蘇人民出版社，1996年版，第345頁。

〔註10〕　朱自清：《蒙自雜記》，《朱自清全集》第4卷，江蘇人民出版社，1996年版，第398～399頁。

在圖書館裏充實

西南聯大圖書館裏雖然有各種中外圖書，但座位擁擠，開放時間限制，汪曾祺不常去。他常去中文系圖書室，當時稱「系圖書館」。在系圖書館裏看書有幾個便利：一是開架借閱，二是看書人少，三是出入自由，四是無時間限制。這幾點尤其是後兩點讓他這個「夜貓子」滿意。他手裏有一把開館的鑰匙，入學後的一年多裏，他幾乎天天在系圖書館裏看書到雞叫時分才回宿舍睡覺。

汪曾祺讀書無方向，無範圍，隨心所欲，看否隨意。其中，西方現代派文學跳到了此處論述的前景位置。許多文章曾談到汪曾祺所受外國文學的影響，有的考證汪曾祺與伍爾芙、阿索林、里爾克、紀德、契訶夫等作家的關係，新見頗多。要知道，汪曾祺關於這些作家的知識，在很大程度上是從中文系圖書館裏獲得的。汪曾祺晚年說：「如果不看這些外國作品，我不會成為一個作家。」〔註11〕可知這些作品對他的影響有多大。當時，外國文學還沒有作為系統知識進入西南聯大中文系的課程體系，在所有課程中，只有楊振聲開過一門「世界文學名著及試譯」。這樣，中文系的學生對外國文學的廣泛吸收主要靠自學。而那時，思想界注重「拿來」，要想成為一個「領先」的作家，必須向外國學習。在這種風氣中，汪曾祺在系圖書館裏見到伍爾芙、阿索林、里爾克、紀德、契訶夫、波特萊爾等外國文學作家的作品，便會感到格外新鮮而徹夜閱讀。以上作家的作品，有的已是冊書放在書架上，有的則是單篇譯文登載於報刊。汪曾祺一一品味，眼界大開。他不僅從內心接受了意識流、心理描寫等技法和樣式，還獲得了小說觀念的改變。在一次創作課上，沈從文要大家討論「一個理想的短篇小說」。汪曾祺憋了點氣地大叫：「一個理想的短篇小說應當是像《亨利第三》與《軍旗手的愛與死》那樣的！」他的意思是：「寧可一個短篇小說像詩，像散文，像戲，什麼也不像也行，可是不願意它太像個小說」。〔註12〕那時，他手裏正有一本書聚社出版的《〈亨利第三〉與〈旗手〉》。

上文說過，汪曾祺對於小說觀念的接受與思考源於沈從文、聞一多和朱

〔註11〕 汪曾祺：《撿石子兒》，《汪曾祺全集》第 5 卷，北京師範大學出版社，1998年版，第 247 頁。

〔註12〕 汪曾祺：《短篇小說的本質》，《汪曾祺全集》第 3 卷，北京師範大學出版社，1998 年版，第 19、27～28 頁。

自清的課，而對於西方現代派的認識則在「大一國文」課上，現在又廣泛接受了西方文學的影響。所以，汪曾祺嘗試用現代派手法寫小說較早。1940 年 11 月創作的《悒鬱》，寫一個鄉村少女銀子情竇初開時的心理表現——夢幻、敏感、煩惱、突變——「一個生物成熟的表徵」。她像迷幻在夢裏一樣，自己跟自己說話，喜歡一個人亂跑，想像著騎馬奔跑，感覺人、事都不如意，莫名其妙地生氣、想哭。其實，什麼事都沒有，只是她內心深處朦朧的性意識驅使著她罷了。這是一篇心理小說。讀者自然會由銀子聯想到沈從文筆下的翠翠，以及蕭蕭和三三等少女形象，但汪曾祺寫得比沈從文的作品集中，心理描寫也更突出。文中還運用了意識流手法，只是用得較爲謹慎。放開使用意識流以至於晦澀難懂的是大家較爲熟悉的《復仇》。這篇小說發表於 1941 年 3 月，格調陰冷、神秘，全然失去《悒鬱》的明朗，受現代派影響很深。《待車》也是這樣，零亂生澀，情節無發展演進，不適合中國人的閱讀習慣。經過一年多的摸索，成功的現代派小說終於出現在汪曾祺筆下了，那是 1942 年 6 月發表的《誰是錯的》。小說的主旨是探討「生命的距離」這樣一個哲學問題，可算作哲理小說。但作品集中刻畫人物心理，同時是一篇典型的心理小說。作品中的「我」由於昨晚夢到挨了父親的打而心中不快，路先生偏偏在這個時候向「我」瞭解父親的生活近況，「我」突發反感，將「挨打」的怨尤轉嫁於路先生，粗暴地打斷他的談話，「一個字，一個字，絲毫不躊躇的如數把想了半天的句子說出，⋯⋯不待他有開口的機會，我扭頭便走了」。這是對一個藹藹長者的諷刺、挖苦。「我」非但不知領父執的關切之情，還恩將仇報。回到住處，深感不安，反覆自責，最終鼓起勇氣去向路先生道歉。「我」以忐忑的心情，委婉曲折地解釋原因，表達歉意道：

　　「我一整天都不知所措，伯伯您不明白，我心亂極了，但不是因爲那個夢了。我難受到極點，而您偏偏不斷的說我父親，父親，父親！

　　「我因此看著您，在您身上發現那個不必要的，您的左耳下的那個肉瘤，我說，這是多餘的。」

　　我眞是錯上加錯。我也許想把這幾個字輕一點說，含糊一點說。但終於又響亮又清晰地說出⋯⋯。

　　「您那個肉瘤不住的動，我越看，它越動。哦，您原諒我，您不知道我是多麼厭惡。我的厭惡由此而生，但是像蒲公英的花，開

足了便離了根，滿天飛，我的厭惡已經脫離原因而散播。我實在忍不住，才說了那幾句話。」

他掏出煙斗，裝好煙，抽上了。微笑著說：

「你說了些甚麼呢？你實在並沒有說甚麼呀。」

「我好像說過，您耳朵後那個東西，在您是多餘的。」

「本來是多餘的！」

兩個人的心理差距真是太大了！一個緊張壓抑，一個坦蕩自然。「我」該說的道歉之語最終沒能說出，而在路先生則根本不需要道歉。小說對「我」的衝動、緊張、悔愧的心理刻畫得相當深刻。尤其是「我」把不該說的話說出，且「又響亮又清晰地說出」，還在道歉時反覆強調了不該說之語的表現值得注意。一個人在某個時刻、某種情景下，會產生下意識的相反心理衝動的。作者抓住這種心理，把它深刻地表現出來，這在中國小說史上從來沒有過。小說拋棄了《復仇》的晦暗陰冷和《待車》的零亂生澀，顯得自然圓熟。小說運用了傳統小說尤其是現代小說的許多方法，結構、伏筆、照應都很講究。

《誰是錯的》表明：一個成熟的作家站在我們面前了。

在老師家裏廣識

大凡瞭解汪曾祺的人都知道沈從文對他的影響，許多文章也探討過他們的關係。但這些文章對汪曾祺在沈從文家裏所獲的影響似乎還沒有談到位，原因是缺乏材料。為了弄清楚這種影響，有必要先弄清他們談的內容。

汪曾祺在一篇文章中說：「談天的範圍很廣，時局、物價……談得較多的是風景和人物。」〔註13〕在另一篇文章裏也說：「我在昆明當他的學生的時候，他跟我（以及其他人）談文學的時候，遠不如談陶瓷，談漆器，談刺繡的時候多。他不知從哪裏買了那麼多少數民族的挑花布。沏了幾杯茶，大家就跟著他對著這些挑花圖案一起讚歎了一個晚上。」〔註14〕簡而言之，他們談自然、談社會、談世態、談歷史、談現實、談人生、談個性、談文物、談

〔註13〕汪曾祺：《沈從文在西南聯大》，《汪曾祺全集》第3卷，北京師範大學出版社，1998年版，第469頁。

〔註14〕汪曾祺：《與友人談沈從文》，《汪曾祺全集》第6卷，北京師範大學出版社，1998年版，第343頁。

趣聞，自然也談文學，而談得最多的是藝術。杜運燮的話也能證明這一點：
「每次與沈先生晤談，特別是談有關文藝和歷史文物的話題，都是一次愉快
的享受，在愉快的氣氛中接受許多教育。他總是帶著一種具有很強感染力的
微笑。……他講到某地風景，某種文物，一時興奮，常用的感歎詞是『米
（美）極了』，『眞米（美）呀』。這時常常也只是帶著微笑，那個『米』與
微笑巧妙和諧地融合在一起，好像他的微笑只能和那個『米』才能相得益
彰。」〔註15〕

沈從文所談的內容對汪曾祺的創作產生了什麼影響呢？我以為有以下幾
點值得注意：第一，人生態度。一個人應當怎樣看待人生，這不是課堂教學
能夠有效完成的，還需要在生活實踐中體會總結，而最有效的方法是觀摩學
習，濡染成性，也就是梅貽琦提倡的「從遊」。〔註16〕筆者注意到，沈從文與
學生交談，不談機心權謀，不談陞官發財，不談卑鄙庸俗之事，甚至不談政
治，這是為什麼？人生態度決定的。第二，知識才藝。他們談話的內容那麼
廣泛，包括著各種各樣的知識，聽者肯定能夠得到知識的擴充，尤其是與文
學相通的藝術，作家不可不懂。汪曾祺雖然自幼喜歡畫畫，但他從文之後對
於美術仍保持著那樣濃厚的興趣，不難看出與沈從文收集耿馬漆盒和民族挑
花布之間的聯繫。第三，美學感受。沈從文談話總是充滿對於人事與自然的
讚美，聽者能夠意識到一個人保持審美心理的重要。汪曾祺認為沈從文「是
一個不可救藥的『美』的愛好者，對於由於人的勞動而創造出來的一切美的
東西具有一種宗教徒式的狂熱。對於美，他永遠不缺乏一個年輕的情人那樣
的驚喜與崇拜。」〔註17〕追究汪曾祺一生所擁有的對於生活的審美態度和對
於藝術的美學感受，沈從文的影響不能不說是一個原因。至於對汪曾祺創作
方面的影響，就更直接了。例如沈從文告誡汪曾祺：「千萬不要冷嘲」，「對現
實可以不滿，但一定要有感情。就是開玩笑，也要有感情。」〔註18〕這樣的

〔註15〕 杜運燮：《可親可敬的「鄉下人」》，《長河不盡流》，湖南文藝出版社，1989
年版，第212頁。
〔註16〕 梅貽琦在《大學一解》中說：「學校猶水也，師生猶魚也，其行為猶游泳也。
大魚前導，小魚尾隨，是從遊也。從遊既久，其濡染觀摩之效，不求而至，
不為而成。」見北京大學等編《國立西南聯合大學史料》第1卷，雲南教育
出版社，1998年版，第22頁。
〔註17〕 汪曾祺：《與友人談沈從文》，《汪曾祺全集》第6卷，北京師範大學出版社，
1998年版，第342頁。
〔註18〕 汪曾祺：《與友人談沈從文》，《汪曾祺全集》第6卷，北京師範大學出版社，

「面論」，何其難得！其實，汪曾祺早就這樣做了。他在 1945 年寫的《乾荔枝》裏談到一場惡作劇：「我告訴你，昨天我們在街上看見的那個大學生給那個瞎子帽子上插了一朵碗大的大紅蜀葵花，引得一街人那麼愚蠢的笑了半天。我告訴你，我可實在不發生興趣。給那個大學生狠狠的兩個耳光多好呵。」汪曾祺早年很少寫下這樣憤怒的文字。為什麼此處獨有？因為那個大學生失去了應有的同情心，欺負弱者，戲弄別人，破壞了美。接下去的文字更為憤怒：「……你說，如果真打了那個東西（打了那一街的人），倒是很有趣的事，而你一邊說著一邊整理你方才大笑時搖動得披下來的頭髮，把一根夾針咬在嘴裏！」這裡沒有冷嘲，只是描述，隱藏感情於文字之中，卻把另一個大學生「你」也「打」了。這不吻合於沈從文後來的「面論」嗎？文章的下一節又寫了這樣一個故事：「我說，一個不穿衣服的髒孩子，渾身都髒，成鼻煙色，極勻均，發光，大眼睛，紅嘴唇，這孩子用一枝盛開的梨花退著打一條狗（我失去給狗一個顏色的膽子了），梨花紛紛舞落。這是多麼好的畫題……。」這裡寫美，與上文的醜相對。作者飽含感情，用欣賞的眼光讚歎人事，深得沈從文的審美精神。

汪曾祺從沈從文那裡得到的東西實在太多太重，由於缺少實證材料難以細說，總的可以概括為人生修養。這種修養的總體特徵是正直、善良、熱情、愛美、執著、堅韌、甘於寂寞，表現出的風格是溫情與淡雅。這些精神在這對師徒的作品中是分明地體現著的。

汪曾祺去沈從文家並不都是閒聊，還有正經事。事情主要是關於書和文章的。沈從文買過很多書，自己看，也借人。常去他家借書的學生多，先睹必須早去。這大約也是汪曾祺跑得勤的一個原因。沈從文看書不做筆記，但寫題記。所寫題記對於後讀者有啟示作用。他在一本書的後面寫著：「某月某日，見一大胖女人從橋上過，心中十分難過。」〔註19〕這兩句話汪曾祺記了一輩子，但不知是什麼意思。不過汪曾祺很快把它借用在散文《花·果子·旅行》裏了：

> 過王家橋，橋頭花如雪，在一片黑綠色上。我忽然很難受，不喜歡。

1998 年版，第 348 頁。
〔註19〕汪曾祺：《沈從文在西南聯大》，《汪曾祺全集》第 3 卷，北京師範大學出版社，1998 年版，第 468 頁。

見白花開在墨綠色底色上而「難受」，和見一大胖女人感到「難過」，是美學感受，不是人情世故。關於文章的事，是汪曾祺送作品請老師看，或取作品修改，再送去看之類。汪曾祺晚年在多篇文章中說過類似的話：他在昆明時所寫的作品，全都是沈先生寄出去發表的。不過，並不完全如此。〔註20〕

在茶館裏品世

在汪曾祺寫昆明的散文中，《泡茶館》是較著名的一篇。西南聯大學生「泡茶館」大約也是因有這篇文章而成為美談的。其實，泡茶館是西南聯大學生的一種讀書生活，有其無奈的生存原因：西南聯大條件簡陋，教室不夠上課用，宿舍無書案，圖書館座位擁擠，無處上自習。不知哪位先行者發現茶館是讀書的好地方，於是推廣開去。長此以往，西南聯大學生課餘泡茶館演成風習：讀書在茶館，開會在茶館，討論在茶館，會客在茶館，娛樂在茶館，搞地下工作也在茶館。汪曾祺有一段時間經常去茶館。他在茶館裏做了些什麼呢？

汪曾祺在茶館裏寫作。他說：「大學二年級那一年，我和兩個外文系的同學經常一早就坐在這家茶館靠窗的一張桌邊，各自看自己的書，有時整整坐一上午，彼此不交語。我這時才開始寫作，我的最初幾篇小說，即是在這家茶館裏寫的。」〔註21〕這家茶館的名稱他記不得了，地點在錢局街。據此，汪曾祺的文學創作開始於錢局街的這家茶館了，《釣》、《翠子》、《悒鬱》、《寒夜》、《復仇》、《春天》等小說都是在這家茶館裏寫成的。那麼，「這家」茶館是汪曾祺創作的發祥地了。汪曾祺有驚人的記憶力，讓人敬佩。但時隔久遠，細節難免有不準確之處。首先，他這幾篇最初的小說有可能不是在茶館裏寫成的。理由有二：其一，那時他正夜「泡」中文系圖書館，凌晨才回宿舍休息，「上午」正是他睡覺之時，不可能去泡茶館；其二，後5篇小說發表於1941年1～3月，創作應在上年冬天。昆明本無喝早茶的習慣，更何況是在冬天。他不可能冬天「一早」去泡茶館。因此，汪曾祺泡茶館應該是1941年春天開始的，那時他在大二，但是下學期。其次，《釣》寫於1940年4月，那時他讀大一下學期，不屬於「大學二年級那一年」，更不可能寫於茶館。所以，汪曾祺最初的幾篇小說不寫於茶館，茶館自然也不是汪曾祺創作的出發之地。

〔註20〕 參見拙文《〈釣〉：汪曾祺的文學開端》，《新文學史料》2009年第1期。
〔註21〕 汪曾祺：《泡茶館》，《汪曾祺全集》第3卷，北京師範大學出版社，1998年版，第373頁。

汪曾祺寫於茶館的作品，應該是《獵獵》、《燈下》、《誰是錯的》、《結婚》、《喚車》、《除歲》等等，創作時間均在 1940 年冬天以後。

汪曾祺在茶館裏瞭解民間創作。他曾在鳳翥街的一家茶館發現了一首詩：「記得舊時好，／跟隨爹爹去吃茶。／門前磨螺殼，／巷底弄泥沙。」汪曾祺大爲驚異。這位民間詩人究竟是誰呢？可惜沒有署名。這家茶館還有一個「唱揚琴的」盲人，汪曾祺還記得這麼幾句唱詞：「良田美地賣了，／高樓大廈拆了，／嬌妻美妾跑了，／狐皮袍子當了……」。這是勸人戒鴉片的歌，唱的是鴉片的危害。民間文學對汪曾祺的創作是有影響的。他在 1945 年創作的小說《老魯》中寫到一個老吳，他酒後在牆上題了一首詩：「山上青松山下花／花笑青松不及他／有朝一日狂風起／只見青松不見花」。興猶未盡，又題了兩句：「貧居鬧市無人問／富在深山有遠親」。老吳或許就是那位題茶館壁的詩人的影子。更沒想到的是，建國後，汪曾祺做了多年的民間文藝編輯。

汪曾祺在茶館裏觀察生活、瞭解社會、品味人生。茶客在茶館裏談論各方各面的事情，表達各種各樣的心情，「有的談天有的吵，有的苦惱有的笑，有的談國事，有的就發牢騷」。〔註 22〕置身其中，從各個人的身上，能夠體察人生百態，認識社會現象，瞭解風土人情，學習民間文化，聆聽說唱藝術……這對作家的寫作幫助必大。這裡舉一篇汪曾祺直接寫茶館的作品《膝行的人》爲例。這篇小說寫一個星期天的下午，「我」和朋友「張」泡茶館的事。張帶來一本「企鵝叢書」，「我」從中得到了有關企鵝的知識。一會兒，那個走路像企鵝樣的膝行人從茶館門前走過，「我」便把那人的故事說給張聽：「他曾經是一個無賴、流氓、土匪、殺人犯，一個無惡不作的人。……因爲他沒有宗教，沒有信仰，沒有家，沒有愛，沒有春天，沒有墳，總之他沒有一切『關係』，所以世界是一個」，爲了利益，他殺害了他的 14 個同伴，沒忍心殺一個 12 歲的孩子，後來，那個孩子聯絡他的仇家，砍去了他的雙腿。從此他只能跪著走。他靠賣風車等兒童玩具生活。張聽後說他是一個「個人主義者」。離開茶館前，「我」把企鵝叢書還給張。小說描述了一次泡茶館的所讀、所見、所談、所想，可以看作茶館生活的寫照。通過讀、見、談、想，獲得了知識，認識了人生，懂得應該做一個什麼樣的人，泡茶館的意義可見

〔註22〕潘廣蘇：《茶館小調》，轉引自王景山：《西南聯大與〈茶館小調〉》，《炎黃春秋》，2003 年第 10 期。

一斑。

茶館的意義到底有多大？汪曾祺那篇《泡茶館》的最後一句說：

　　如果我現在還算一個寫小說的人，那麼我這個小說家是在昆明的茶館裏泡出來的。

結　論

汪曾祺是西南聯大中文系培養出來的作家。他在西南聯大起步，在西南聯大成長，也在西南聯大成熟。到了晚年，他說：「我要不是讀了西南聯大，也許不會成爲一個作家」。〔註23〕而在西南聯大，文學社團、文學課堂、中文系圖書館和沈從文老師家以及錢局街的茶館是他文學活動的主要場所，換句話說，他是從西南聯大的文學社團、文學課堂、中文系圖書館和沈從文老師家以及錢局街的茶館裏走出來的作家。文學社團激發起他的文學興趣和創作欲望，他在其中實驗、交流與提高；文學課堂教給他系統的文學知識並塑造了他的文學觀念，培養了他的創作才能；系圖書館輸送給他新的文學養分，豐富他的文學觀念以及創作方法；沈從文老師在家裏濡染成他的人品與文品，增長他的知識與才藝；茶館讓他觀察生活，認識社會，品味人生，加強修養。由於他善於學習，刻苦創作，在老師的精心培育下，很快成長爲知名作家了。

從創作道路看，1940年6月問世的《釣》宣告了作家汪曾祺的誕生，但他並沒有立即引起人們的注意，半年以後，他發表了《翠子》和《悒鬱》，藝術水平上了一個臺階，技術趨向圓熟，才漸爲人知，接著他發表了《寒夜》、《復仇》、《春天》、《河上》、《匹夫》、《燈下》、《待車》等作品，進行了多方面的探索，顯示出他的多種才能，1942年6月，《誰是錯的》問世，標誌著他的成熟。《誰是錯的》融中外藝術於一爐，無論選材、主題、藝術都是中國小說前所未有的，它是汪曾祺對於中國小說的特殊貢獻。從這篇作品，我們欣喜地看到了汪曾祺利用小說探索人生，表現生活的巨大潛能，他的筆觸可以伸向人物心靈的深處，對於思想內容的表達達到了隨心所往，自由圓熟的程度。五年後，他在《短篇小說的本質》裏給出了這樣一個定義：「一個短篇小說，是一種思索的方式，一種情感形態，是人類智慧的一種模樣。」〔註24〕

〔註23〕汪曾祺：《西南聯大中文系》，《汪曾祺全集》第4卷，北京師範大學出版社，1998年版，第359頁。

〔註24〕汪曾祺：《短篇小說的本質》，《汪曾祺全集》第3卷，北京師範大學出版社，

《誰是錯的》可以看作這個定義的理想範例。

　　1980年代，當汪曾祺以《異秉》、《受戒》和《大淖記事》轟動文壇的時候，人們驚奇於他的「晚成」。隨著研究的深入，學界提出了汪曾祺是否「早熟」的問題。但對他的早期尤其是初期作品知之甚少，下結論的依據不足。在汪曾祺逝世十週年的前後，刊物登出了他的一些早期軼文，再次引出了對於汪曾祺是否早熟的思考。由於軼文發掘還不算太多，對於「早」到什麼時候，「熟」到什麼程度還不能給出結論。解志熙教授也只是謹慎地稱他有「相當出色的文學起點」。[註25] 本書通過對汪曾祺初期小說的考察分析，認為汪曾祺是早熟的作家，他成熟時還是大學三年級的一名學生，年齡只有22歲。

　　本書旨在闡述作家汪曾祺的由來，認為汪曾祺是從文學社團邁出第一步，由文學課堂塑造文學觀念，在圖書館裏充實豐富，於老師家中提高加深，去茶館裏養氣品世而成長起來的早熟作家。小說《釣》是他的處女作，《誰是錯的》是他成熟的標誌。

1998年版，第31頁。

〔註25〕解志熙：《出色的起點——汪曾祺早期作品校讀札記》，《十月》，2008年第1期。

玖、戰時漂泊體驗與馮沅君的個性書寫

楊華麗[*]

摘要：既往關於馮沅君先生的研究，一方面集中於對其在中國古典文學尤其是中國詞史、戲劇史研究上成績與地位的考量，一方面集中於對其「五四」時期文學創作尤其是小說實績的特質、意義及局限的考察。對馮先生作為知名古典文學學者、新文學女作家這雙重身份的解讀，固然是研究建國前的馮沅君的應有之義。但事實上，細查 1930 與 1940 年代的的老舊期刊，並參照最新出版的《陸侃如馮沅君合集》，我們可以發現，抗戰的八年也是馮沅君「漂泊西南天地間」的八年。基於艱難的漂泊體驗，馮沅君一方面重拾新文學寫作之筆，寫作並翻譯了不少具有時代特質的散文、現代詩歌，另一方面，馮沅君創作了密切反映她漂泊體驗的百餘首古典詩詞，此外，馮沅君此期的學術研究興趣由詞和散曲轉移到了戲劇史研究上。若將此期馮沅君的散文、現代詩歌、古典詩詞、戲劇史研究成果及其序言、跋等作為一個整體，我們會發現，這是馮沅君戰時生命體驗的獨特表達，而詳細解讀這種文學與學術呈現的結晶，我們可以認定，這是馮沅君藝術與學術生命的第二個高峰。更有意味的是，戰時的漂泊體驗使得馮沅君彌合了新／舊、文學創作／學術研究之間的間隙，新文學女作家與古典文學研究者的雙重身份在此時實現了互融互滲。考察馮沅君此期文學書寫與文化選擇的獨特性，是透視戰時知識分子生命文化形態的一斑，也是深化薄弱的馮沅君研究的重要一環。

關鍵詞：馮沅君，漂泊體驗，現代詩歌，古典詩詞，戲劇史研究

* 楊華麗，女，文學博士，綿陽師範學院文學與對外漢語學院副教授。

　　既往關於馮沅君先生的研究，一方面集中於對其在中國古典文學尤其是中國詞史、戲劇史研究中成績與地位的考量，一方面集中於對其「五四」時期文學創作尤其是小說實績的特質、意義及局限的考察。兩方面的研究成果，是建構馮先生作爲知名古典文學學者、新文學女作家的重要向度，爲我們走近馮先生奠定了堅實基礎。但細究起來，我們既往對馮先生「五四」前後的研究，過分注重了她作爲新文學作家的一面，忽略了其古典文學創作、研究的一面；對馮先生 1920 年代開始研究中國詞史、散曲以及戲劇史的成果進行肯定時，我們又忽略了她此期在新文學、古典詩詞寫作方面的實踐。而事實上，古典文學研究與創作、新文學創作與研究，始終是其並行發展的兩翼，在二者的融匯中漸次展開的，正是馮沅君豐富的生命體驗。故而，將既有的兩種研究理路有機整合，並充分重視馮先生在各個階段文學與學術表達的差異性與獨特性，也許是深化馮沅君研究的重要一環。

　　基於此，借助民國老舊期刊以及最新出版的《陸侃如馮沅君合集》〔註1〕所收錄的馮先生的作品與論著，我們發現，抗戰時期既是學者馮沅君深入拓進自己學術領地的關鍵時段，也是新文學女作家馮沅君突破早年寫作的藩籬而走向社會歷史縱深的關鍵時段。而其文學寫作、學術研究具有的獨特生命色彩、現實關懷與社會意義，均與此期馮先生刻骨銘心的漂泊體驗相關。

戰時漂泊體驗

　　1935 年夏，馮先生與夫君陸侃如在法國同時獲得博士學位，之後一起歸國。陸侃如先生進入燕京大學中文系，而馮先生去了天津的河北女子師範學院任教。由於意外的因緣，兩位先生於 1936 年 5 月購買到了《九宮正始》，欣喜若狂的馮先生與夫君一起著手研究，寫出了《南戲拾遺》一書並於 1936 年 12 月發表於《燕京學報》專號，隨後，馮先生又寫了《古劇四考》，這爲她後來將研究興趣轉移到戲劇史上來，具有決定性意義。在七七事變前，馮先生的新文學寫作極少。僅有的隨筆《日記的一頁》，抒發的是因畢業生所寫留言而引起的愁緒。僅有的一篇評論《讀〈寶馬〉》，也更多是爲了糾正孫毓棠的新詩《寶馬》中史實的偏差，與其古典文學研究有著更多的精神關聯。

〔註 1〕 陸侃如、馮沅君著譯，袁世碩、張可禮主編：《陸侃如馮沅君合集》，安徽教育出版社，2011 年版。

　　抗日戰爭的全面爆發改變了中國的政治、經濟、文化格局，改變了包括知識分子在內的人們的人生走向。對於馮先生來說，抗戰而導致的高校內遷，是她八年漂泊體驗的宏大背景。「抗戰時期的高校內遷，不僅是一場空前絕後的我國高教事業和知識精英的戰略大轉移，也是抗戰時期發生的我國工業、人口和經濟文化重心西漸運動的重要組成部分。」〔註2〕作爲文化西漸過程中的一份子，馮沅君也被拋離了慣常的生活軌迹，漂泊也成了她的基本生存狀態。

　　《陸侃如馮沅君合集》的編者曾簡略描繪了馮先生的漂泊軌迹：「在爲時八年的抗日戰爭期間，馮沅君、陸侃如流徙奔波，生活極不安定。1938 年初，他們離開北平後，經過上海，取道香港、河內，乘滇越鐵路火車到達昆明。在昆明，陸侃如應聘去中山大學任教，馮沅君也跟著去廣州，不久廣州失守，他們又隨校遷到粵西羅定。次年初，馮沅君應武漢大學之聘，獨自經昆明、成都，來到峨眉山下的嘉定縣。不久，中山大學又遷往雲南澂江，那時，日本飛機正在向大西南狂轟濫炸，嘉定也未能幸免，武漢大學難於在廢墟上繼續上課了，馮沅君便應聘留在了中山大學。1940 年秋，中山大學又遷回粵西坪石。人屆中年的這對夫婦隨校在西南漂泊。1942 年夏，兩位先生再度入川，到設在三臺的東北大學任教，這才較爲安定地住了幾年，迎來了抗日戰爭的勝利。」〔註3〕僅據這段文字來看，馮先生這 8 年的漂泊路線，是北平——上海——香港——越南河內——雲南昆明——廣東羅定——四川嘉定——雲南澂江——廣東砑石——四川三臺。試問，這一路輾轉中，哪一段不充滿艱辛呢？若從隸屬的高校上考察，馮先生是從武漢大學到中山大學，最後到東北大學，試問，哪一所內遷的高校，不是充滿戰時的艱難呢？

　　生於 1900 年的馮沅君，在 1937～1945 的 8 年裏，渡過的是 37～45 歲這段黃金年月：這本是一個學者致力於學術研究的黃金時段，也是中年的馮先生生命感最爲充沛最宜創作的時段。被拋擲出慣常軌道的命運，爲馮沅君打開了生命、社會、時代的另一扇門，她的新文學寫作由此不同於「五四」時期的閨閣書寫，她的古典文學研究，也在不同於「五四」以及 1930 年代的同時，滲透了漂泊體驗帶來的獨異內質。

〔註 2〕　《抗日戰爭時期中國高校內遷史略》，第 240 頁。
〔註 3〕　《陸侃如馮沅君合集・前言》，《陸侃如馮沅君合集》第一卷，安徽教育出版社，2011 年版。

戰時文學書寫：兩支筆建構兩個世界

　　翻閱《陸侃如、馮沅君論著創作譯著年表》〔註4〕可見，馮沅君的文學書寫有兩支筆：一支用於新文學創作，另一支用於舊體詩詞創作。如果說，《隔絕》《旅行》《慈母》《隔絕之後》這四篇小說、《淘沙》《「無病呻吟」》這兩篇評論發表的 1924 年是馮沅君新文學創作的輝煌開端，《我已在愛神前犯罪了》《劫灰》《寫於母親走後》等小說、《閒暇與文藝》等評論的發表，以及《卷葹》《春痕》《劫灰》直至《沅君卅前選集》的出版，表徵著其新文學創作第一階段的結束，那麼，1938～1948 年可以稱為馮沅君新文學創作的第二階段，其中，《撤退》《從女漢奸說起》《昆明的秋》以及《煙火人語》系列在 1938 年的先後發表，是其標誌性實績。與此相應，用於舊體詩詞創作的另一支筆，也有兩個創作時段：1920～1922 年，馮先生在就讀女高師期間，在校刊《文藝會刊》上發表了《中秋對月》《昭君》《感興》《蓼花》《弔新戰場文》等詩詞；1937～1946 年，馮先生在流離階段，寫作了大量舊體詩詞，後來編輯進《四餘詩稿》《四餘詞稿》《四餘續稿》三部的共計 305 首，其中的少量詩歌曾經發表。

　　在中國知網上搜索研究馮沅君的學術成果，我們可以發現，在馮先生的文學書寫成果中，《卷葹》《春痕》《劫灰》等小說創作得到了較多關注，而她新文學創作的第二個階段、舊體詩詞創作的兩個階段中的成果，則是研究者們的盲點所在。這種忽略，固然與既往文學史將馮沅君塑造為新文學作家形象有關，但更與史料一度未曾得到全面搜集〔註5〕有關。現在，《陸侃如馮沅君合集》的出版，為我們彌補馮沅君研究的缺失奠定了重要基礎。囿於選題，本書試圖梳理的是戰時馮沅君的新舊文學創作實況，從而深入探析戰

〔註4〕　對比《馮沅君創作譯文集》（山東人民出版社，1983 年版）所附《馮沅君先生傳略》、《馮沅君傳》（嚴蓉仙著，人民文學出版社，2008 年版）所附《馮沅君主要論著、創作年表》等資料可見，收於《陸侃如馮沅君合集》第 15 卷的《陸侃如、馮沅君論著創作譯著年表》所載馮沅君先生的著譯信息是最為全面、最為準確的。

〔註5〕　1983 年山東人民出版社出版的《馮沅君創作譯文集》是較早對馮先生創作譯文進行整理的結果。其體例是：一、小說；二、雜俎；三、詩詞；四、譯文。其中，第一部分收錄的是馮先生第一階段創作的那些小說；第二部分收錄的文章中，除一篇是建國後馮先生所寫的《種瓜不得瓜》之外，其他均是馮先生第一階段創作的作品；第三部分收錄的是抗戰期間馮先生所寫的舊體詩詞以及包括《寄姊》在內的四首「拾遺」詩；第四部分收錄的是譯文。

時馮沅君的內心世界，研究其寫作姿態異於 1920 年代寫作的特質及其轉變的原因。

（一）新文學寫作：煙火人語

此期，馮沅君創作且已被收集的新文學作品〔註 6〕及相關情況如下表所示：

序號	發表時間	作　品　名	發　表　刊　物	文體	創作地點
1	1938 年	《撤退》	《文藝陣地》第 6 期	詩歌	不詳
2	1938 年	《從女漢奸說起》	《宇宙風》第 72 期	雜感	昆明
3	1938 年	《煙火人語》	《宇宙風》第 73 期	雜感	昆明
4	1938 年	《〈踏進傷兵醫院〉的回響——〈煙火人語〉之二》	《宇宙風》第 74 期	雜感	昆明
5	1938 年	《反省吧，被侵略的人們！——〈煙火人語〉之三》	《宇宙風》第 75 期	雜感	昆明
6	1938 年	《昆明的秋》	《宇宙風》第 77 期	隨筆	昆明
7	1939 年	《告內地宣傳者》	《宇宙風》（乙刊）第 2 期	雜感	廣東〔註 7〕
8	1939 年	《說廣東精神》	《宇宙風》（乙刊）第 4 期	雜感	廣東
9	1940 年	《寄姊》	《平明》第 224 期	詩歌	廣東澂江
10	1942 年	《我的學生時代》	《婦女新運》4 卷 5 期	自傳	粵北管埠
11	1943 年	《婦女與文學》	《中央日報》1943 年 1 月 19 日	演講稿	四川三臺

〔註 6〕《馮沅君創作譯文集》（山東人民出版社，1983 年版）是國內最早出版的馮先生譯文集，該書中只收錄了戰時馮先生的詩歌《寄姊》。筆者在翻閱舊期刊時，曾查到十餘篇馮先生戰時的雜感，現在這些作品，除《我的學生時代》外，均已收錄進《陸侃如馮沅君合集》第 15 卷。

〔註 7〕《陸侃如馮沅君合集》第 15 卷所載該文之末並未告知我們該文寫於廣東，筆者判斷她此時仍在廣東的根據是：一、正文內容中所有描述的情況，均只涉及廣東，而且文中說她到了廣東西江南岸的郁南、羅定、信宜、高州等地，然後說「在這三十餘日的內地旅行中，我驚異的發現目前廣東的內地，有幾處地方，實在和二十年前的我的故鄉，河南的內地，相差無多」，可見她此時所謂的內地，指的是廣東的內地，而非其他。二、該文發表於《宇宙風》（乙刊）第二期，發表於《宇宙風》（乙刊）第四期的文章名為《說廣東精神》，可以推知，寫作這兩文時，馮先生都在廣東。

馮先生此期的新文學創作只有 11 篇，比起第一個創作階段來，明顯偏少：戰時的流離生活使得馮先生無暇像 1920 年代那樣去精心營構小說，或者寫作文學評論。此其一；其二，從這些作品寫作之地的變遷，可以看出馮先生此期的遷徙史，並推知到馮先生此期遷徙生活的艱難；其三，此期的新文學創作中，除自傳性文字《我的學生時代》〔註8〕外，無論是演講稿、詩歌、隨筆還是雜感，都與抗日戰爭以及她自己的漂泊體驗有關，前者體現出馮先生作為有責任感的知識分子，對國家、民族、人民的關切，對抗日的擁護，後者多滲透了馮先生個人的離情別緒。但總的來說，離情別緒的小我書寫在這些作品中僅僅佔據細小的一角，貫穿這些作品的壓倒性聲音是對民眾應該為抗戰貢獻小我之力的吶喊。

相對而言，隨筆《昆明的秋》更多地傳達了馮先生思念故土的濃烈感情，蘊含了流落昆明而生的感傷情緒。

該文從自己南來後親友們慰藉的信之共同點──「聽說那裡的天氣四季如春」──說起。馮先生並不喜歡這種四季如春，不止一次向人說昆明的天氣象個大平原，一望無際，不見邱壑，並且認為「這種平鋪直敘的派頭兒，每令我懷想著黃河以南，信陽以北，平漢道上所見的景色。」〔註9〕其思鄉之情由此可見一斑。但先生接著卻寫到昆明的季節由花和果來標誌的特徵。並且，寫了昆明花市異於巴黎花市之處，寫了幾個月裏見到的「成堆，成挑」的花，最後落筆在蓼花、雞冠花的上市上。她說：

> 這兩種花的上市，使我們有些驚心。兩三天來，我每在菜市見到它們，必要想到「紅蓼花繁，黃蘆葉亂，夜深玉露初零」張子野這幾句詞。還有天邊家園內幼年所植的雞冠，雁來紅。節序的變化時常引起感情的蕩動，秋，經過歷來才人渲染的秋更是個令人興感的季節。這兩種花所以能使我悵惘，感到歲月的遷逝，也許就是因為她們把秋帶來了這個四時如一的山城。

馮先生從別人以為的四時如一中，獨獨感受到秋的來臨，感受到歲月流逝及流離失所的悵惘，這就使得昆明的秋具有了濃厚的馮氏色彩。不僅如此，該文接著寫到了昆明各種各樣的水果，但最後她說，她還盼望著雁陣、蟲聲，

〔註8〕《婦女新運》是新生活運動促進總會所辦的雜誌。在其 4 卷 5 期上，有一個欄目就叫《我的學生時代》，此期刊物上發表了郭沫若、蘇雪林、馮沅君、劉王立明的文章，均以《我的學生時代》為題。

〔註9〕《昆明的秋》，第 294 頁。

問道「雁陣不知何時來用一字劃破秋空。」精通古典文學的馮先生順手拈來的「雁陣」，浸滿了她的思鄉之情。

其他作品中，偶有文字涉及到自己的漂泊體驗。比如她說，「廣州事變驅策我向內地流亡」〔註 10〕，又比如她說自己「南來之後，流離的生活，見天爲吃忙著。風爐成了我的好伴侶，每天同它盤桓的時間遠過於閱讀，書寫」〔註 11〕，並且將自己命名爲煙火人，將自己這種狀況下的書寫稱爲「煙火人語」。寫信給自己的姐姐時，「拈管伸紙，／寫不出心頭的言語。／寄向故鄉親人的，／是淚墨模糊的字迹。」說「永記著，／去年此時魔掌下奔逃者的艱危。／拋撒了莊園，田地……／早晨走到正午，到黃昏，到夜裏。／炮的怒吼要教大地翻個身來，／彈的開花像電閃，像星墜。」〔註 12〕

但馮沅君的感傷情緒也就體現在這有限的幾處。讀此期的 11 篇作品，我們能鮮明地感覺到，馮沅君對抗戰建國的呼喚，對國人都應爲抗戰貢獻力量的呼籲。

《從女漢奸說起》一文，是馮沅君在《雲南日報》上看到兩則女漢奸的消息後有感而發的。她分析了女漢奸形成的原因，認爲要洗掉這種恥辱，女人們應該努力報國，比如有條件的女性去做間諜、其他女性可以通過監督自己的丈夫不做漢奸、培養兒童的民族意識、節約消費必需品以保存經濟實力、克服爲享樂而生存的劣根性等方面，來爲民族和自己的命運奮鬥，將自己的力貢獻給抗戰。

《煙火人語》共包括三篇，分別是《我願意附議》《〈踏進傷兵病院〉的回響》《反省吧，被侵略的人們！》。作者之所以將自己的言語稱爲「煙火人語」，是因爲「看看我們所處的年景，那更有的是煙火。」這到處的煙火，來自作者觀察到的以下方面：火線上壯士燃燒的憤怒之火；敵人時常放散煙幕彈；淪陷區內中國人的抵抗激起了敵人的放火，以至「始則煙火遍野，終則不見煙火」；飛機狂亂轟炸，使得「夜間是火光熊熊，白天是煙柱摩空」；南來流離的生活使得「我」終日和風爐盤桓，充滿了煙火味。也就是說，從國

〔註 10〕 馮沅君：《告內地宣傳者》，《陸侃如馮沅君合集》第 15 卷，安徽教育出版社，2011 年版，第 297 頁。

〔註 11〕 馮沅君：《煙火人語》，《陸侃如馮沅君合集》第 15 卷，安徽教育出版社，2011 年版，第 285 頁。

〔註 12〕 馮沅君：《寄姊》，《陸侃如馮沅君合集》第 15 卷，安徽教育出版社，2011 年版，第 403～404 頁。

家到每個家庭到每個個體，都處於無窮無盡的煙火之中。這種境遇，使得煙火人馮沅君開始書寫。

《煙火人語》之一的《我願意附議》描寫她的「街坊」——一個老工程師——關於成立技術人員研究院之類機構，以將後方的技術人員發動、利用起來的設想。對此，「我」願意附議，並隨後闡發了她關於增加人們在交通、開發煤鐵礦、指導難民墾殖荒地等工作的意見，認為所有人都應該為政府貢獻自己的力；

《〈踏進傷兵病院〉的回響》是因紀瀅的通訊而引發的感觸。她感慨於人們不願意為傷兵寫家信之類的情況，認為對於抗戰，不能只有五分鐘熱度，而應該「固執，鐵般的固執，像落水者對於所抱的木板那樣不放鬆」，認為一年以後，對於抗戰，人們應該努力，繼續努力，加倍努力去做一切工作；

《反省吧，被侵略的人們！》寫於抗戰週年後一日，是對日本政府全國上下刻苦節約以應戰，而國內一些盲目樂觀主義者認為日本快完了的情況下所發的感慨。她指出大部分中國人並未為抗戰貢獻所有的力量，武漢、天津等地依然奢靡，認為我們這些被侵略的人應該好好反省，全力抗戰。

《告內地宣傳者》《說廣東精神》都由廣東說開去。在前一篇文章中，馮沅君認為，抗戰的宣傳不止限於歌詠、講演、繪畫、演劇、寫標語等，還應該注重將抗戰的真實情況傳播到僻遠的縣城、鄉鎮、村落，因為據她的體驗可知，廣州失守這樣的大事，在廣東境內，卻在事變發生後半個月都還不知。她認為，把抗戰實況傳播給民眾是宣傳者的重要工作之一，好消息可以使民眾興奮，壞消息可以使民眾警惕。此外，她認為寫標語要辭句短而淺、含意深而顯、字體要通俗；抗戰畫不應該畫得太幼稚。《說廣東精神》一文中，馮沅君將指責的矛頭對準了廣東軍、政、黨、警的公務人員，認為他們「荒淫，橫暴，貪污，闒茸」，是廣東的敗類，而廣東的民眾絲毫不似那些肉食者的怯懦、無恥，「他們是不受欺凌的虎豹，不受任人宰割的豬羊。這才是大家一向稱道的廣東精神！」最後，作家寄語廣東從政、佐戎的諸君子，讓他們珍重這種廣東精神，努力發揚這鐵般堅，火般熱的精神，並希望他們成為苦幹、力行、能為職務、為理想犧牲的小領袖。

《婦女與文學》是馮沅君在四川三臺婦女運動會上的演講詞。她通過解讀許穆夫人、蔡琰、李清照、黃娥四人來論析婦女對文學的貢獻，通過解讀

衛夫人之於書法、管道昇之於繪畫、蘇蕙之於工藝、韋逞母之於經學、班昭
之於史學、武則天之於政治、秦良玉之於軍事的貢獻，論析天資卓越的女性
有著非常寬廣的活動範圍。最後指出婦女應該造成光榮的現在和未來，發展
自己的天賦，不放棄自己舊有的文學地盤，但決不以此自限。

　　呼籲所有人參與鬥爭的想法，在其《寄姊》一詩中也有體現。詩中她寫
道：「五月在我們是鬥爭的日子」，而且「常懷想，／在華北原野馳騁的鬥
士。／年紀輕輕，／困難鑄成他鐵的意志，燃起他火的潛力。」這個「他」「出
沒於血迸肉飛的天地；／忘記一切，／老母，妻，兒，自己。」其最終的目
標，正是「把侵犯我們疆土的人趕出去」。當接到撤退的消息後，「每個人的
心都齧蝕著憤怒和沉痛。」他們按命令撤退到新陣地，一路上幾多危險，但
有了支持他們的村童、少婦、老翁、母親，「他們的熱血似怒馬般奔騰，／他
們的行動似山嶽般鎮定」，他們將「腳踏到新的陣地，／繼續作新的鬥爭。」
（《撤退》）

　　通過上面的簡單解讀可以看出，馮沅君此期的新文學作品，絕大多數都
屬於大我範疇。出現在這些作品中的她，是一個為抗戰不遺餘力地吶喊的戰
士、宣傳者形象。基於此，馮沅君的作品發表在《宇宙風》上，且與其他抗
戰的作品並列，就不是偶然：其《煙火人語》是宇宙風 73 期的第一篇。這一
期上，還有林語堂的《日本必敗論》，林如斯譯的《陷入泥塘中之日本》，剛
父的《一個負傷戰士之自述》，老向的《武昌被炸輕描記》，李同愈的《焦士
抗戰之沈鴻烈》，以及老舍的《關於文協》；《宇宙風》第 75 期上，《反省吧，
被侵略的人們！》與謝水瑩《浠水之行》、濤姐《在傷兵醫院中兩個月》、青
凡的《由東京到武漢》，德瞻的《貴州步行記》，吳雁的《讀〈外人目睹中之
日軍暴行〉》（書評）並列；多期刊物上都有豐子愷的《抗戰漫畫並題詞》。可
以說，此期的馮沅君，是抗戰初期極力吶喊的知識分子群像中的一員，她的
發言，匯入了當時知識分子吶喊的洪流。我們常常認為馮沅君在 1920 年代的
文學寫作是曇花一現，之後就轉向了古典文學研究，馮先生自己也曾說：「後
來的主要精力放在古典文學上了，對社會生活有些疏遠，人也不像年輕時那
樣有勇氣，也就不寫了，辜負了魯迅先生的期望。」〔註 13〕事實上，考慮到
馮先生在抗日戰爭初期的這些文學作品，我們得說，我們既往的認知以及她
本人的表述都不符合歷史的真實：她並沒有疏遠社會生活，也並不是沒寫，

〔註 13〕趙淮青：《憶念馮沅君先生》，《山東大學報》，2005 年 7 月 7 日。

她對社會生活的感知，依然敏銳，她面向現實的發言，和「五四」時代一樣，依然獨到。

當然，我們也發現，馮沅君此期的文學書寫有著大異於 1920 年代系列小說的題材、主題、表達方式，而這種書寫形式本身，也正是抗日戰爭初期的慣有路徑。馮先生這些文學作品中透出的盲目樂觀以及對抗戰建國的堅信，也有著那一時代知識分子的共性：他們相信，只要全國人民行動起來，抗戰建國並不難，趕走小日本並不是太難的一項工作，所以，他們摒棄了各自的差異，棄絕了小我的吟唱，而匯入了歷史進程中知識分子獨特的大合唱。但隨著抗日戰爭艱難的展開，和其他知識分子一樣，馮沅君發現了自己簡單吶喊的無力和無效。所以，她後來不再寫作類似的新文學作品了，就如夜鶯停止了歌唱。

（二）古典詩詞寫作：天南我亦飄零客

此期的馮沅君，還擁有進行古典詩詞寫作的另一支筆。僅據《陸侃如馮沅君合集》所載的《四餘詩稿》《四餘詞稿》《四餘續稿》〔註14〕而言，這 305 首詩詞，也已爲我們透視馮沅君此期的生命體驗提供了重要資料。具體而言，有以下幾方面：

1.「骯髒乾坤行欲遍」：馮沅君的漂泊史

1938 年，馮沅君開始漂泊。其漂泊之地，前面已引《陸侃如馮沅君合集》的編者所言，並進行了一個大致梳理，事實上，從 1938 到 1945 年，馮沅君漂泊地域之廣，遠遠超過那個簡述所言。套用馮沅君寫於漂泊粵北時的《偶成》之「骯髒乾坤行欲遍」，可能更符合她漂泊的空間距離，也更符合這種漫長的漂泊給她造成的心理感受。

對這個「行欲遍」的「骯髒乾坤」，馮沅君在另外一首詞中描述的是：「乾坤依舊佳兵窟」〔註15〕。這個乾坤中的慘象，是「鐵鳥破空來，欻忽煙塵黑。全生荊棘叢，依稀天地坼。心折顧周遭，屍骸紛狼藉。」〔註16〕整個

〔註14〕馮沅君生前只分 2 次發表過其中的一小部分，題目分別爲《丁戊紀事詩》（《宇宙風》乙刊第 1 期）、《續紀事詩》（《宇宙風》百年紀念號）。而事實上，她生前曾將所作的部分舊體詩詞（305 首）編輯爲《四餘詩稿》《四餘詞稿》《四餘續稿》，存於篋中。參見《陸侃如馮沅君合集·前言》，《陸侃如馮沅君合集》第一卷，安徽教育出版社，2011 年版，第 17 頁。

〔註15〕菩薩蠻元日 392。

〔註16〕《病中得家書感賦》：354。

中國,「帶甲滿天地」〔註17〕、「海宇烽仍急」〔註18〕,「玄黃戰」依然在殘忍地繼續。

翻閱馮沅君的《四餘詩稿》《四餘詞稿》和《四餘續稿》尤其是《四餘詩稿》中的「紀事詩」〔註19〕和「續紀事詩」〔註20〕,我們毫無疑問可以從中看到馮沅君的漂泊、遷徙史,而從她個人的筆觸所描繪的點點滴滴,我們又能一窺當年馮沅君先生對殘酷戰事的指責,對時局的關切與深深憂慮——

經歷了《北平事變》和《平寓被劫》,失望於燕京大學當局在日本嫉視之下採取粉飾太平的諸多亂象,馮沅君《過香港》,過河內,而且在《河內病院見大兄》,又行走於《滇越道上》,隨後《抵昆明》。在昆明,3 月《聞海門失守》,其中有「消息傳來哪忍聽,屠焚見說遍郊堝」這樣的辭句,5 月聞《廈門失守》,悲慨於「幾多忠烈未招魂」。後又到廣東羅定的都城,為避空襲而躲入《都城山中》。1938 年 11 月,由羅定赴廣州灣,《過百雞嶺》,《夜宿白石》。應武漢大學之邀,來四川嘉定(即現今之樂山)任教,於是離開廣州,經過成都薛濤故居(《成都薛濤故居》),來到嘉州,《望峨眉》,遊覽烏尤寺(《嘉州烏尤寺》),而且看到了杜鵑花(《西川見杜鵑花》)。7 月暑假時,由嘉定返回昆明的行程中去了重慶,拜望老師胡小石(《渝州謁夏廬師》),但在重慶逗留的兩天裏,天天遭遇日本夜襲,「六日頁,市區著彈起火,時殘月在天,與火光東西映輝,景象奇慘。」到了昆明,聽聞嘉州被炸(《聞嘉州被炸》),心痛不已。此時唯有留在雲南,所以應聘中山大學,去了澂江,寫有《澂江春感》,「惆悵河清未有期」。1940 年 4 月,經過澂昆道上(《澂昆道上》)的顛簸,去了雲南安寧縣,遊覽《曹溪寺》,感慨「如此江山行不得,林箐處處鷓鴣啼」,並且懷念被貶謫到雲南的楊慎、末谷。再後經過貴州,在《踏莎行》(滇黔道

〔註17〕 《惆悵詞》之三,《陸侃如馮沅君合集》第 15 卷,第 356 頁。

〔註18〕 《隨餐聚飲》。

〔註19〕 《丁戌紀事詩》共收錄了 12 首詩,發表於《宇宙風》乙刊第 1 期。值得說明的有幾點:一、該組詩發表時並無小標題,只有「其一」「其二」之類的標識,《陸侃如馮沅君合集》在收集該組詩時,依據的是馮沅君生前編就的《四餘詩稿》,即每首詩都添加了小標題,而且在具體字詞方面,與初發表時略有出入;二、該組詩在發表時的題目,名為《丁戌紀事詩》,按照中國的天干地支,不可能有丁戌年。查該組詩歌所寫史實,發生於 1937～1938 年間,1937 年為丁丑年,1938 年為戊寅年,如果要合稱這兩年,可以稱為「丁戊年」,所以筆者以為,《宇宙風》乙刊第一期上的「丁戌」一詞,是因為手民之誤。

〔註20〕 《續紀事詩》共收錄了 17 首詩,發表於《宇宙風》百年紀念號。

中）裏感慨自己「三年行遍梁州路」，觀黃果樹瀑布（《點絳唇》）和貴陽甲秀樓（《貴陽甲秀樓》），歎息「一派揉藍樓下水，不堪回首望江南」（《貴陽甲秀樓》）。去廣東，寫有「骯髒乾坤行欲遍，不知懷抱向誰開」的《偶成》，在管埠寫有《鷓鴣天》（管埠秋晚用胡光煒先生韻），「懷故國，感萍飄」，也寫有《醉落魄》（曉行，自坪石渡武水至塘口）。期間，聽聞香港陷落而悲憤地寫作《香島》，因死者已以萬計而說「潮喧鬼語多」，又寫有《再題》，說自己「淚泉枯已久，一慟爲蒼生」。再後來去了四川三臺，在偏僻的小村莊裏《讀書》《讀山谷詩》，看《林月》《赤雲》《澗水》，感受《雲氣》《黃昏》，感歎自己的《身世》，悲痛無比。

從上面的簡單梳理，我們僅能略窺馮沅君在戰時艱難漂泊、遷徙的軌迹。我們從已經寫出來的文字所感知到的心痛史，要遠較她當年漂泊過程中的心痛史來得簡單、簡明，並且輕飄。但毫無疑問，我們可以說，漂泊西南天地間的痛苦經歷，爲這些詩詞抹上了悲愴的色澤。而由這些詩詞，我們可以瞭解到當年的平津淪陷、海門失守、廈門失守、廣州失守、嘉州被炸、重慶大轟炸、香港淪陷，以及此處未提及的太平洋戰爭（《得書》）、湘戰〔註21〕等等史實，從這個意義上說，馮沅君的這些詩詞，一方面是她個人的漂泊、遷徙史，另一方面則是從她個人角度書寫的戰日戰爭史。抗戰的曠日持久，使得整個乾坤變得骯髒、生靈塗炭，而她卻不得不「流亡有地休言遠」〔註22〕，幾乎把這個骯髒的乾坤看了個遍，這對人到中年的馮沅君來說，該是何等不幸！

2.「七哀五噫太酸辛」：馮沅君的漂零之愁

在漂泊歷程中，馮沅君曾寫有《身世》一詩：

> 身世百年陌上塵，
> 七哀五噫太酸辛。
> 西南天賜好山水，
> 莫作行吟澤畔人。〔註23〕

該詩收於《四餘詩稿》，從其前後的詩作來推測，該詩應寫於四川三臺或云南

〔註21〕《踏莎行・中秋夜聞歌》的注釋中說「湘戰始敗終捷，多國殤」，詞中則有「招魂哀怨遍瀟湘，撫心若個聽歌管」這樣的辭句。

〔註22〕馮沅君：《踏莎行・中秋夜聞歌》，《陸侃如馮沅君合集》第15卷，第369頁。

〔註23〕馮沅君：《身世》，《陸侃如馮沅君合集》第15卷，第351頁。

澂江，屬於她戰時漂泊的後期。這「七哀五噫太酸辛」的感慨，滿蘊她戰時漂泊之悲，因而具有特殊的總領意義。

「七哀五噫太酸辛」，體現爲她詩作中反覆詠歎的飄零之苦、她作爲「流人」客居他鄉之愁。「淪飄」、「漂泊」、「流人」可謂是這些詩作的關鍵詞，與其相關的「怨」、「哀」、「苦」，更是屢屢可見：

橫寫疏桐五七枝，雨餘月色太清奇；無端根觸飄零感，淚濕衣襟不自知。(《月夜》)

情懷惡，絳桃飄淚，也傷離索。化萍著地甘淪落，故山歸計成耽擱。成耽擱，幾人好在，幾人猿鶴？(《憶秦娥・春感》)

嶺表飄零，亂山遮斷中原路。(《點絳唇・聞雨再用吳韻》)

契闊腸回，淪飄心搗。(《踏莎行・感時》)

漂泊干戈際，哀吟蕩魂魄。(《病中得家書感賦》)

懷故國，感萍飄……勝遊直似前生事，夢踏楊花過石橋。(《鷓鴣天・管埠秋晚用胡光煒先生韻》)

苦留殘夢夢還醒……惆悵事，亂離情。淪飄判此生。(《阮郎歸》)

叩門風送淙淙雨，慰此飄零苦。(《虞美人・雨夜偶題》)

流飄行萬里，喪亂過三年。(《臨江仙》)

巴西荒僻罟井比，流人會當寂寞死。(《得夏盧師書寄近作小幅》)

久客意牢落。(《隨餐聚飲》)

窠樹驚烏時聚散，苦噪哀啼，釀作飄零怨。(《蘇幕遮》)

夢世流人風裏絮。(《蝶戀花》)

……

這些隨處可見的飄零之感凸顯的辭句，浸透了馮沅君的身世之悲。讀她的「俯仰思今昔，寸心百憂會」(《惆悵詞》)，讀她的「年來諳得煩冤味，日日江頭聽杜鵑」(《聽鵑》)，讀她的「人聚散，水東西，腸迴心折自家知。後期飲別殷勤約，不道無期是後期。」(《鷓鴣天・依小山》)讀她的「江村二月思漫漫，

中年哀樂每無端。」(《浣溪沙春感》) 讀她的「煩惋輪困不可說，無言三歎息。」
(《謁金門》) 讀她的「不是不知排遣，奈愁山千疊」(《好事近》)，等等，我
們似乎看到了一個成天泡在苦海、愁海裏因而惆悵、憂鬱終年的中年知識女
性。尤其讀她以下的詩行：

> 三年行遍梁州路。(《踏莎行·滇黔道中》)
>
> 流飄行萬里，喪亂過三年。(《臨江仙》)
>
> 海宇烽仍急，七年閱喪亂。(《隨餐聚飲》)
>
> 乾坤嗟板蕩，落南走梁越；仰愧滄浪天，八年只苟活。(《不寐
> 聞雁，長謠述哀》)
>
> 十載伶俜甘忍也，念遠傷高，休問何年罷。(《蘇幕遮·夜》)
>
> 辛酸閱盡十年間，問歡笑，將來有無？(《鵲橋仙》)
>
> 明鏡無端生白髮，離憂慣自老朱顏。回黃轉綠十年間。(《浣溪
> 沙》)
>
> 遣愁何計，枉費殷勤理。十載沉吟，往事心頭記。(《點絳唇·
> 不寐》)
>
> 四十三年欻過卻，往事商量，無敵惟哀樂。(《蝶戀花·甲申元
> 日》)

我們對馮沅君的這種感知被拉向了時間的縱深：從三年到七年再到十年，馮
沅君的漂泊感越來越強烈，對未來及其歡樂的不可確信感越來越強烈，乃至
到了 1944 年元日，馮沅君回望自己四十三年的生命歷程時，感歎之餘說的是
「無敵惟哀樂」！這該是多麼悲切的生命體驗啊！

3.「癡絕羈魂猶望歸」：馮沅君的鄉思之苦

細讀此期的詩作，滿目所見都是她反覆詠唱的鄉思之苦 [註24]，「中原
滿眼玄黃血，癡絕羈魂猶望歸」(《聽風》) 可謂是她絕佳的寫照。比如下面的
詩行：

> 積思發夢寐，夢境淒以惻。鄉縣白雲外，長途憂患逼。(《病中
> 得家書感賦》)

〔註24〕值得說明的是，此處的「鄉」，在馮沅君詩作中多以「中原」、「長安」、「江南」
等詞彙代替。

茫茫更觸古今愁，長安不見令人老。（《踏莎行・滇黔道中》）

嶺表飄零，亂山遮斷中原路。（《點絳唇・聞雨再用吳韻》）

嶂合巒回望不分，青山何處認中原？……只有愁雲凝不散，斷無好夢許重溫。歡場慣作寂寥人。（《浣溪沙》）

契闊腸回，淪飄心搗……幾番西笑向長安，茫茫只見雲山繞。（《踏莎行・感時》）

江南千里舊家山，地變天荒，夢裏也知還。（《虞美人・楊白花》）

覺後總傷夢失眞，只將酸淚濕重茵。日日雲山迷望眼，不知何處是江津。（《覺後》）

心死誰憂亂，腸回更望鄉。（《悶極》）

中原滿眼玄黃血，癡絕羈魂猶望歸。（《聽風》）

楊白花，風吹去，江南陌，夢中路。（《楊白花》）

客裏重陽，道是登高卻望鄉。（《減字木蘭花》）

荒忽精魂散，支離骸骨存；還家空有夢，對客欲無言。（《黃昏》）

幾番西笑向長安，茫茫只見雲山繞。（《踏莎行・感時》）

長期離亂，已使得馮沅君「心死」。「心死」之後「誰憂亂」呢？和其他人一樣，馮沅君此時更關注的，是何時才能回鄉。讀《四餘詩稿》《四餘詞稿》以及《四餘續稿》中的詩詞時，越讀到後面，我們越多地體會到她個人的思鄉之苦、身世之悲，她此時的書寫，相對而言，實現了向內轉。

在戰事頻仍的現實境況中，歸去僅僅是一個夢想，在其詩行中我們發現，與思鄉糾纏不休的，正是「夢」：有時這種夢境「淒以惻」；有時做了好夢，詩人「覺後總傷夢失眞」，或者感慨「斷無好夢許重溫」；有時「睡時疑醒，醒還有夢，事事都無滋味」（《鵲橋仙》）；詩人「夢裏也知還」，然而有時詩人在夢中也回不去，如《鵲橋仙》中，詩人在「一回夢醒，一回魂斷，故國不成歸計」處加了一個注釋，內容是「夢中擬歸不果」。可見，面於「蠻嶺千重，瘴江一線」（《踏莎行・中秋聞夜歌》）的現實阻隔，詩人「還家空有夢」，可是就連做夢歸去，有時也成爲一種不可得的奢望！

更多的時候，是詩人不眠、不寐，往事紛紛圍攏，思鄉更苦：

> 殘月城頭畫角哀，無眠人獨起徘徊。（《夜起》）

> 大芊高荷鳴夜雨，聽風聽雨無眠。（《臨江仙》）

> 殘燈凝碧滅還明，展轉未眠得。（《好事近》）

> 棲烏獨似人無寐，繞樹頻啼三兩聲。（《曉聞角》）

> 亂山衡斗鴉啼後，又剔燈花過一宵。（《聽風》）

> 燈火如故人，重對更可意。攤卷坐深宵，影形亦成世。（《立秋日作》）

> 流人夜不寐，思緒亂於髮。（《不寐聞雁，長謠述哀》）

> 中酒情懷何狡獪，做弄畸人，午夜難成寐。（《蝶戀花》）

> 不寐過三更，萬籟無聲。（《浪淘沙》）

> 數盡殘更，鴉啼天曉渾無寐。（《點絳唇·不寐》）

不眠之夜裏，尤其是有月、風、雨的夜裏，馮沅君更加傷感：

> 月孤明，更又打，孤影蒼茫，如此迢迢夜。一燈橫窗庭樹畫，敗葉吟風，總是淒涼話。（《蘇幕遮·夜》）

> 中酒情懷何狡獪，做弄畸人，午夜難成寐。驚月棲烏聲四起，清輝一抹明窗紙。牆角秋蟲尤好事，啼到雞鳴，直憑淒清地。馳驟迴旋屏障底，鼠饑卻解閒遊戲。（《蝶戀花·被酒不寐枕上作》）

> 聽風聽雨聽鄰雞，剩幾點，燈前清淚。（《鵲橋仙》）

有時，詩人甚至聽雞鳴：

> 東窗不肯白，辛苦寒雞聲。（《雞聲》）

> 兀坐山堂無個事，拄頤攤卷聽鳴禽。（《聽鳴禽》）

> 燈殘花墜，曉角寒雞聲四起。（《減字木蘭花·記夢》）

有時，詩人甚至感覺人生如夢：「零落前歡，且把人間比夢間」（《減字木蘭花》），把自己指認爲「夢世」裏的「流人」，而且歎息道：「夢世流人風裏絮，何事分離，何事重相聚。遇也銷魂別更苦，荒江執手成今古」（《蝶戀花》）。

無論是不寐、想做歸鄉之夢而不得，還是進入歸鄉的夢境而很快醒來，

試圖挽留殘夢而徒勞無功〔註25〕，以致於《夜起》〔註26〕，獨自徘徊或者臥聽秋風秋雨打窗櫺，還是因做了好夢而在覺後感覺更加淒涼〔註27〕，馮沅君濃得化不開的思鄉之情都在這些辭句間得以充分表現。

因為思鄉，馮沅君對很多事物都害怕：

她害怕黃昏，說「難遣是黃昏，萬象蒼茫裏」（《生查子‧黃昏》），因為「黃昏何處不堪憐」（《臨江仙》），因為孤帆煙樹和殘陽總惹得她的悲哀到處流瀉（《踏莎行‧嶺上秋居》），因為黃昏本是群鳥歸巢、人兒歸家之時，而她卻在他鄉漂泊；

她害怕望月，因為「明月記西園」（《生查子‧林中晚坐》），因為「夢世離別人，高天團圓月。熅得心頭事，不惜眼中血」（《秋夕對月》），更因為「明月隨人，爭識人情苦？」（《點絳唇‧翠湖》）也因為「江村再見蛾眉月，幽光拖逗人愁絕」（《菩薩蠻‧月夜聞簫》）。

她害怕秋天，她問「人間何處著秋思！」（《滇池》）她「彈淚訴秋風，秋也辭人去」（《生查子‧林中晚坐》），當看到「窈窕紅蓼枝」，她就「驚心秋消息」（《紅蓼》），而且在暗夜裏，感覺到的是「敗葉翻階，薄寒侵袂。秋心暗逐秋聲碎。」在《浣溪沙》中，詩人寫道：

> 嶺表深冬擬晚秋，楓丹樟翠映江樓。蓼花紅上白萍洲。碧海月
> 明思往事，回風葉落起新愁。閒情常似水悠悠。

丹楓、翠樟、紅蓼花、碧海、明月、回風、落葉，這些秋天之物，哪一樣不引起深受古典文學薰陶的她的深切鄉思？

她害怕春天，因為「綠樹濃陰腸斷句，春殘世換苦盤桓」（《書舊箋後》）。在她聽來，「敲窗依舊春初雨，入耳聲聲苦」（《虞美人》）。何況，「春水思南浦」（《生查子‧林中晚坐》），而她卻會不了家鄉。所以，即便春天重新來到大地，她感覺到的也是「春心寸寸灰」（《菩薩蠻‧元日》），春愁已經四處彌漫；

她害怕風和雨，說「久拼茹盡人天苦，不聽西風也白頭」（《當戶》），

〔註25〕詩人在《阮郎歸》中說「苦留殘夢夢還醒，村雞斷續鳴」。《陸侃如馮沅君合集》第15卷，第364頁。

〔註26〕詩人有三首直接以《夜起》為名，兩首是詩歌《夜起》，一首是詞《踏莎行‧夜起》，分別見《陸侃如馮沅合集》第15卷，第349、356、361頁。

〔註27〕馮沅君寫有《覺後》，其詩曰：覺後總傷夢失真，只將酸淚濕重茵。日日雲山迷望眼，不知何處是江津。

因為「回風葉落起新愁」(《浣溪沙》)，而「又逢雨急燈昏夜，湧永心孤」(《採桑子》)。吹風下雨之時，她感覺到的是「叩門風送淙淙雨，慰此飄零苦」(《虞美人‧雨夜偶題》)。思鄉的她，「暮暮復朝朝，聽雨聽風消日」(《好事近》)，以至於她說「雨雨風風關別恨」(《玉樓春》)、「連天風雨已愁人」(《鵲橋仙》)；

她敏感於杜鵑的啼叫：

> 年來諳得煩冤味，日日江頭聽杜鵑。(《聽鵑‧粵北作》)

> 漂泊西南，往事何堪說！金甌缺，幽燕於越，是處鵑啼血。(《點絳唇‧憶北海》)

敏感於鷓鴣聲：

> 聒天處處鷓鴣聲，何曾留得行人住。(《題回風潭壁》)

> 幢墟日落問前程，鷓鴣飛向林箐去。(《踏莎行‧滇黔道中》)

敏感於笳聲：

> 燈火誰家，隔水嚴城起孤笳。(《減字木蘭花‧渡湘水》)

> 笳聲何處發，破夢不遲回……瀅落兼愁病，幾曾懷抱開！(《笳聲》)

敏感於蕭聲：

> 何處起蕭聲，聲聲和淚聽……莫更苦思量，九回憐斷腸。(《菩薩蠻‧月夜聞蕭》)

馮沅君也多次寫到流水。有時她羨慕流水：「卻羨粼粼橋下水，東流猶得故國歸」。(《用友人過海口詩意》)有時說流水是在理解並且安慰愁腸百結的她：「汨汨柔波，拍船似與愁人語。」(《點絳唇‧翠湖》)有時又覺得流水不理解她：「數峰清苦共人愁，何事武江不解向西流？」(《虞美人‧之坪遇雨，道見棟花》)有時她覺得灘聲在嗚咽：「雞唱山村，篷窗臥聽灘聲咽。」(《點絳唇‧陽朔道中》)這些水，和前面的風、雨、月、春、秋等等一樣，都已經成為她自身多變情感的表徵，正如「感時花濺淚，恨別鳥驚心」中的花與鳥之於感時傷別一樣。

此外，從馮沅君的詩詞得知，戰時她至少生過三次大病：第一次是 1937 年 9 月，第二次是 1941 年底，第三次是 1944 年春。第一次時，馮沅君患盲腸炎，偃息在床，遇到匪徒挾持，勒索鉅款，她將家中所有現金及手錶等物

悉數交出，匪徒才揚長而去，爲此，她寫有《平寓被劫》：連連槍聲疑爆竹，兼旬臥病意尤哀。一輪皎皎中秋月，更照強徒排戶來。第二次時，詩人「歲暮苦癆，病榻讀杜詩一通」，寫了收入《四餘詩稿》的八首詩——《黃昏》《得書》《掩扉》《澗水》《黃櫨》《昔昔》《病起》以及《趁墟》，後又寫有《病中得家書感賦》。第三次時，她寫有《蝶戀花病中讀莊、譚、況、王諸家詞感賦》，《甲申春初病中偶成》。從「濩落兼愁病，幾曾懷抱開！」（《笳聲》）、「喪亂兼愁病，陵人已合圍」（《掩扉》）以及《病中得家書感賦》中的痛徹心扉之語，我們當能體會到馮沅君在亂世中因愁而病，因病添愁的痛苦、寂寞心境。

無論生病與否，馮沅君都想念家人、朋友。因爲戰亂，與朋友、家人互通信息、互報平安的唯一渠道是書信，所以她有諸多詩行書寫離思，並期盼著書信的來臨，而書信往往不可得，也就給她平添無限愁思：

> 故園三月音書絕，魂斷宜舫同壽亭。（《聞海門失守》）

> 鄉信斷人腸，故國群魔舞。（《卜算子·鄉思》）

> 年年誤，燕鴻來去，釀作人遲暮。（《點絳唇·聞雨再用吳韻》）

> 風簷幹鵲只相欺，幾曾有、平安書至！（《鵲橋仙》）

> 玄黃戰，鄉園不見，三月音書斷。（《點絳唇》）

> 懷人音信斷，立仗素心違。鴻雁還癡絕，隨陽南北飛。（《聞雁》）

> 梓州瞢井底，望斷北來魚。（《幽客》）

> 契闊絕音塵，哀吟當歌哭。的的盈掬淚，託汝江魚腹。（《九日登東山》）

> 家書勝萬金，書絕連百日。（《不寐聞雁，長謠述哀》）

另外，這期間，馮沅君最愛的慈母去世了，而她不能回去送葬，這是她心中永遠的痛。當收到兄長寄來的她以前寫給慈母的信件，她「聽四鄰歡笑聲，五內爲崩摧也」。這一個不寐之夜裏，她寫了《歲除篇》。其中說：

> 兒學初就將，母年已衰老，欲報三春暉，相彼原上草。
> 烽青人骨白，氛祲昏禹甸，
> 兒輩竄梁益，母也滯鄉縣。

> 南北兩相望，三千六百日，
>
> 生離成死別，因緣更誰詰。

這裡面，滿含著她對戰爭的控訴，滲透了她漂泊的無奈感。

戰時的學術書寫

馮沅君建國前的學術研究有了幾個轉向，先是詞，接著是散曲，再是戲劇史，最終以戲劇史上的成就爲大家矚目。而她轉向戲劇史研究，始於 1936 年 5 月她與陸侃如在北京意外地發現並購得《九宮正始》。其購買過程，在《南戲拾遺》的一個注釋裏曾有說明：

> 書賈索價一千六百元，未免太貴了。所以顧頡剛先生和我們商量，把書中重要材料鈔下。鈔錄既畢，書賈以無人購買，跌價至八百百十元。我們便邀集朋好，集資夠來。不久擬即影印，以廣流傳。〔註28〕

欣喜若狂的馮沅君立即與陸侃如著手研究，這年 6 月 21 日，他們已在爲已寫好的《南戲拾遺》寫序例了。其中說，該書包括上下兩卷。「上卷包括七十三種南戲，它們純粹是新材料，別的書上沒有引到過的。下卷包括四十三種南戲，別的書上已引過，但可以增若干曲乃至數十曲的。」〔註29〕在當時以及現在，《南戲拾遺》都是堪與錢南揚的《宋元南戲百一錄》、趙景深的《宋元戲文本事》鼎足而三的傑作，對我們研究中國戲曲史具有重要意義。

但細究起來，陸侃如和馮沅君先生在撰寫該書中有不同分工。有學者指出，「陸、馮合著《南戲拾遺》，陸先生是研究唐以前，馮先生爲研究唐以後，並且偏重古劇，這正好是馮先生研治古劇的起點，故多提及馮先生著《南戲拾遺》」。這是符合史實的一個論斷：正是《南戲拾遺》的寫作，使得馮沅君最終將研究方向轉到了戲劇史上。

從此時開始至抗戰結束的十年，正是馮沅君戲劇史研究的黃金時間，也正是中國抗戰烽火頻燃的時段。馮沅君的戲劇史研究，不得不留下她輾轉遷徙，漂泊於西南天地之間的歷史印記。

1945 年整理完《古劇說彙》後，馮沅君在爲該書寫的序言中說：「把讀書的興趣由詞與散曲移到戲劇史上在我是最近十年的事。『十年』每被人用以代

〔註28〕《陸侃如馮沅君合集》第 4 卷，第 19 頁之注釋 6。
〔註29〕《陸侃如馮沅君合集》第 4 卷，第 8 頁。

表個相當悠久的時間。人生本沒有多少個十年呵！但為了抗戰時期生活的不安定，圖書的缺乏，以及自己的疏慵、愚鈍，這十年內我並未如願的耕耘過這塊園地，它之不能豐收原也早在意中」，基於此，她甚至將自己貶為「低能農夫」〔註30〕！「低能農夫」的自我貶損，我以為，首先體現的是馮沅君未能如願耕耘的遺憾。我們知道，馮沅君在女高師、北大國學們就讀時就已經在詞研究上卓有成績，在1920年代晚期至抗戰爆發前，她已經在近代詩史、散曲研究方面取得重要進步，尤其當我們將《南戲拾遺》堪稱迅速的產生速度與其成就之比來作為參照時，我們不得不說，正是八年抗戰導致的生活的動蕩、圖書的缺乏，以及她漂泊時的悲苦心境，導致了她自認為的「欠收」。另一方面，「低能農夫」的自我貶損，體現的是馮沅君的低調，因為，僅從《古劇說彙》收集的成果來看，也絲毫看不出她的「低能」來，更何況，在《古劇說彙》之外，她還有對《南戲拾遺》、《古優解》的補正文章，還有其他已經發現的諸多散見於報刊的文章〔註31〕。

當我們考慮到漂泊的漫長、資料的匱乏、生存的艱難等時，我們更應當在看到與這些研究成果一起面世的相關文字時，陡生無限敬意——

在《古優解·附記》中，馮沅君如此寫道：

> 「古優解」這個論題的醞釀還是抗戰以前的事。三四年來，因為生活不安定，始終不曾著筆。現在利用能看到的圖籍，課餘、病餘的時間，竭三月之力將它寫起來，在我自己總算是了樁公案，雖然工作的結果並不能令人滿意。〔註32〕

在《漢賦與古優》這篇補充《古優解》的論文一開始，馮沅君說：

> 兩年前在武水邊上避寇的時候，曾利用業餘、病餘的時間，寫了篇《古優解》，專論先秦倡優〔註33〕。

在《暖紅室本〈董西廂〉摘誤》的開始，馮沅君說：

> 十年來，南北流徙，隨身攜帶的也就是這一種〔註34〕。

〔註30〕《古劇說彙自序》，1945年12月三臺，第13卷，第1頁。
〔註31〕僅據趙興勤、趙韡在《馮沅君戲曲研究的方法、特點及鏡鑒意義》（《戲曲研究》第84輯）一文的梳理，馮沅君從1936年至1949年間發表的單篇論文就有30篇，這些論文絕大部分已被收入《陸侃如馮沅君合集》的其他卷中。
〔註32〕《古優解附記》，【4卷285】。
〔註33〕【4卷289】。
〔註34〕即暖紅室《彙刻傳奇》本。【14卷9頁】。

而在《記女曲家黃峨、徐媛》中，在論及自己對黃峨身世認識的深化過程時，
馮沅君說的是：

　　　　十餘年來雖然到處奔波，抗戰軍興，更過著流亡生活，但對這
　　位女曲家的身世，卻較從前多知道一些。〔註35〕

無論是對《古優解》寫作背景的兩次「夫子自道」，對《董西廂》的隨身攜帶，
還是在艱難時世中對不知名的女曲家持之以恆的關注，都讓我們看到了一個
勤奮、堅韌、孜孜矻矻耕耘於學術田園的學者形象。

　　在《悶極》這首詩中，馮沅君有這樣的詩句：

　　　　悶極都無事，鈔書破日長〔註36〕。

該詩行有一條注釋，內容爲：「近爲新得元劇鈔本作提要」。據其成型的論文
來看，筆者推測這鈔本應是《孤本元明雜劇》鈔本，馮沅君後來寫的《〈孤本
元明雜劇〉鈔本題記》，即是根據該鈔本而作的。撇開戲劇史研究的意義，我
們在《悶極》中發現，鈔本在客觀上還緩解了她鬱悶而無所事事的狀態。這
和她在《法國歌曲的價值及其發展——法國近代歌曲選導言》所附跋中說的
「而今，兵事仍急，歸家不得，羈囚在這小城裏，將這本書的導言（我初讀
時感到趣味的部分）譯出來排遣長夜」，〔註37〕有著對長夜寂寥共通的反抗特
徵。

　　而當我們讀到《古劇說彙》的《自序》中馮沅君的下列辭句：

　　　　當我開始整理稿件時，我的母親已在故鄉病倒了，不久她便與
　　世長辭。生不能養，歿不與葬，從前清光緒三十四年喪父後，這是
　　我遭遇的最悲痛的事。我同她分別在民國二十四年，到現在恰是十
　　年。《古劇四考》等文的寫作都在這次最後離別時間，而各篇跋語的
　　墨迹中更和有哭母的酸淚。〔註38〕

我們就能明白，《古劇說彙》中各篇跋語的背後有著多麼深切的祭母情懷，而
對於抗戰帶來的生不能養、歿不與葬，她有著多麼沉痛的控訴！

　　如果以《陸侃如馮沅君合集》所收錄的馮先生此期論文爲基礎，我們可

〔註35〕【13 卷 323】【女曲家指黃峨】。
〔註36〕《悶極 379》：。【應寫於三臺】【因其注釋爲「近爲新得元劇鈔本作提要」，
　　　　而其《〈孤本元明雜劇〉鈔本題記》中論及該書的來歷。見 13 卷 273～274
　　　　頁】。
〔註37〕出自譯文《法國歌曲的價值及其發展——法國近代歌曲選導言》所附跋。
〔註38〕【古劇說彙自序，1945 年 12 月三臺，13 卷 1 頁】。

以列出下表：

序號	篇　　名	寫作時間地點	原發表刊物	現收錄卷數
1	《南戲拾遺補》	1939 年冬，雲南澂江	《俗文學》1941 年第 21、22 期〔註 39〕	4 卷
2	《〈金瓶梅詞話〉中的文學史料》	1940 年春，雲南澂江	《藝文集刊》1942 年第 1 輯	13 卷
3	《古優解》	1941 年夏，粵北管埠	1944 年商務印書館出版	4 卷
4	《記女曲家黃娥、徐媛》	1942 年 4 月，廣東坪石	《婦女新運》第 4 卷第 6 期，1942 年〔註 40〕	13 卷
5	《〈天寶遺事〉輯本題記》	1942 年春，廣東坪石		13 卷
6	《記女曲家吳藻》	1942 年春，四川三臺	《婦女新運》5 卷 9 期，1943 年	13 卷
7	《元劇中二郎斬蛟的故事》	1942 年冬，四川三臺	《說文月刊》第 3 卷第 9 期，1943 年 1 月 15 日	13 卷
8	《漢賦與古優》	1943 年，四川三臺〔註 41〕	《中原》1943 年 1 卷 2 期	4 卷
9	《金院本補說》	1943 年秋，四川三臺	《志林》第 4、5 期，1943 ～1944 年〔註 42〕	13 卷

〔註 39〕《陸侃如馮沅君合集》第 4 卷所載該文之末，有「原載港《俗文學》一九四四年第二十一、二十二合期」字樣，但據關家錚先生考證，《南戲拾遺補》分兩次刊載於《星島日報‧俗文學》，分別是 21 期、22 期，但其出版日期分別是 1941 年 6 月 7 日和 14 日。見《馮沅君先生與〈俗文學〉周刊》（71 頁）。

〔註 40〕第 13 卷所錄正文之末並未如此標記，查其 15 卷所附《陸侃如、馮沅君論著創作譯著年表》，知其發表於該刊。但查該刊 4 卷 6 期，發現其出版於 1942 年而非 1943 年，原年表有誤。

〔註 41〕《陸侃如馮沅君合集》第 4 卷所載該文之末，僅標記其發表情況，未標其寫作時間與地點。細查該文，馮沅君在文章伊始就有這樣的交代：「兩年前在武水邊上避寇的時候，曾利用業餘、病餘的時間，寫了篇《古優解》，專論先秦倡優。文成後覺得還有些許餘意，因之寫了段附記，供異日參證。現在這篇短文《漢賦與古優》不過將當時餘意的一部分提出加以充實整理而已。」（見該卷 289 頁）而《古優解》文末標有「一九四一年夏，沅君記於粵北管埠」字樣，故而可推知，《漢賦與古優》寫於 1943 年。由於 1943 年馮沅君夫婦已遷移至三臺，故將其寫作地點定為三臺。

〔註 42〕據趙興勤、趙韡在《馮沅君戲曲研究的方法、特點及鏡鑒意義》（《戲曲研究》第 84 輯，第 348 頁）一文中所言，《陸侃如馮沅君合集》第 4 卷所錄該文之末並未標記。

10	《古優解補證》	1944 年秋初，四川三臺	《志林》第 8 期，1944 年〔註 43〕	4 卷
11	《南戲拾遺補跋》	1945 年夏，四川三臺	港《俗文學》1947 年〔註 44〕	4 卷
12	《古劇四考跋》	1945 年夏，四川三臺		13 卷
13	《說賺詞跋》	1945 年夏，四川三臺		13 卷
14	《〈金瓶梅詞話〉中的文學史料跋》	1945 年夏，四川三臺		13 卷
15	《〈天寶遺事〉輯本題記跋》	1945 年秋初，四川三臺		13 卷
16	《金院本補說跋》	1945 年秋初，四川三臺		
17	《〈孤本元明雜劇〉鈔本題記》	四川三臺		13 卷
18	《〈雙漸小卿諸宮調〉的作者與改者》	1946 年 3 月，四川三臺	《文訊》6 卷新 5 號	14 卷

由上表可知以下幾點：

1. 從這 18 篇文章寫作的時間來看，1937～1938 年 0 篇，1939、1940、1941 年各 1 篇，1942 年 4 篇，1943 年 2 篇，1944 年 1 篇，1945 年 6 篇，1946 年 1 篇，未知年度 1 篇。可見，1945 年是馮沅君集中寫作的時間，其次是 1942 年。

2. 從這 18 篇文章寫作的地點來看，雲南 2 篇，廣東 3 篇，四川三臺 13 篇。可見，來到四川三臺進入東北大學任教後，馮沅君的生活相對安穩，創作時間得到了相對保證，成果也比較豐碩。

3. 從這 18 篇文章的題目及其之間的關係來看，《南戲拾遺補》《南戲拾遺

〔註 43〕 據趙興勤、趙韡在《馮沅君戲曲研究的方法、特點及鏡鑒意義》（《戲曲研究》第 84 輯，第 348 頁）一文中所言，《陸侃如馮沅君合集》第 4 卷所錄該文之末並未標記。

〔註 44〕 《陸侃如馮沅君合集》第 4 卷所錄該文之末，將其發表刊物標記爲港《俗文學》1944 年第 21、22 合期，首先《俗文學》第 21、22 並未合併出刊；其次，這兩期不出版於 1944 年，而是 1941 年；再次，該文之末有「三十四年夏於四川三臺」字樣，所以根本不可能發表於 1944 年以及 1941 年；最後，根據趙興勤、趙韡在《馮沅君戲曲研究的方法、特點及鏡鑒意義》（《戲曲研究》第 84 輯，第 348 頁）所載，該文發於港《俗文學》，他們只標出了「1947 年」，準確的期數、時間付諸闕如，故此處照錄，而其準確時間和期數存疑，待今後查證。

補跋》是對《南戲拾遺》的補充研究，《古優解補證》《漢賦與古優》是對《古優解》的補充研究，《古劇四考跋》《說賺詞跋》《〈金瓶梅詞話〉中的文學史料跋》《〈天寶遺事〉輯本題記跋》分別是對《古劇四考》《說賺詞》《〈金瓶梅詞話〉中的文學史料》《〈天寶遺事〉輯本題記》的補充研究，《金院本補說跋》又是對《金院本補說》的補充研究，而且《金院本補說》之末，也有一則《補記》。由此我們可以看出兩點：一方面，戰時資料的匱乏，使得對研究史料要求甚嚴的馮沅君不可能全面地搜集，這給她帶來了諸多不便，也帶來了學術深度上的欠缺。馮沅君曾自述道：

> 做研究工作必須有充分的圖書供參證，可是在抗戰已逾四年，處處鬧書荒的今日，這種要求似乎太奢侈點。中山大學的圖書本來相當的完備，但經過粵滇、滇粵兩番遷移，其存者遠不及原來十之一。我自己的幾本得用的書也因南北奔逃，大半已非我有。蟄居山麓海涯，山水外，殆少見聞，想向人借本書看都不容易。朋友們的命運也不比我好多少。這種貧困艱難的環境，使我不免有時採用「間接」的材料，而且自恕我寫作的草率。〔註45〕

這是的確的，也是戰爭帶給我們學術的負面影響的見證。

但另一方面，這些補、跋的大量存在，說明了馮沅君先生治學之嚴謹。比如，馮沅君在《古優解補正》中說，「這篇文章（指《古優解》，引者注）完成的時候，我的心裏就絲毫沒有躊躇滿志的喜悅，等到它成書出版後，我更感到慚愧。材料不充分，見解不正確，需要修改的地方太多了。」〔註46〕而在具體的文章中，馮沅君從來都是多方查證資料，對史料的搜集可謂十分用心，對於沒有把握的論斷，她會明確表述，以示讀者。1955 年，馮沅君的《古劇說彙》在作家出版社再版時，她在《再版自序》中還說：「在這些論文中，有不少是前文的跋語。這樣寫作的原因是：抗戰期間，各方面的條件都不允許我徹底修改舊稿，因而將補正的意見附各篇後。」〔註47〕這是一種多麼求真、務實的治學精神。

〔註45〕《古優解附記》第 4 卷，285。
〔註46〕【古優解補正，4 卷 305 頁】。
〔註47〕13 卷 1 頁。

拾、王平陵：「民族主義文藝」還是「三民主義文藝」？

張　玫[*]

摘要：長期以來，人們對王平陵的認識是很模糊的，甚至把他歸於「民族主義文藝運動」的發起者和倡導者之列。這種看法值得商榷，第一，「民族主義文藝運動」的興起有非常複雜的社會歷史背景，不能簡單認爲其目的是爲與「左聯」抗衡；第二，從現存資料看，並無證據可以證明王平陵參加了《民族主義文藝運動宣言》的起草及這一運動的發起工作。而從王平陵自身的經歷看，他在這一階段更多地保留著「五四」新文化人的文學理想和追求。他的文藝觀是在承認文藝政治作用的同時，又非常重視作家們的自由創作與獨立精神，而他的「民族」觀點是在強調民眾的主觀認同的同時、又承認民族內部的差異性與複雜性，正視階級矛盾、貧富對立等社會現實。因此，與「民族主義文藝運動」將民族等同於種族、無視社會矛盾和民生疾苦相比，其內涵和外延要寬廣得多，屬於以「發揚民族精神、開發民治思想、促進民生建設」爲目的「三民主義文藝」。

關鍵詞：王平陵，民族主義文藝，三民主義文藝

---

* 張玫，女，四川大學文學與新聞學院博士生。

　　長期以來，王平陵這個名字在中國文學史上是被遺忘的，他在歷史上留下的痕迹，僅僅是作爲蔣介石的嫡系御用文人、受「中統」控制的文化特務、「民族主義文藝運動」倡導者與鼓吹者等「反動文人」的形象而出現。其實，這種帶有明顯政治傾向的描述對歷史來說是非常粗疏與不負責任的，歷史本身豐富性只有在對細節的仔細梳理與認眞考辯中才能呈現出來。本書擬通過參與活動情況、文藝觀念兩個方面的考察，分析王平陵與「民族主義文藝運動」派的根本區別何在。

　　長期以來，人們認爲，面對「左聯」力量的迅速發展，潘公展、范爭波、朱應鵬、傅彥長、王平陵等國民黨官員，爲了拉攏廣大青年，成立了與之對抗的「六一社」（即「前鋒社」），出版《前鋒周報》、《前鋒月刊》等，發表《民族主義文藝運動宣言》，假借所謂「民族主義文藝運動」的名義，達到反對無產階級革命文學、積極反共的目的。其中，「民族主義文藝運動」正式發起的標誌是《民族主義文藝運動宣言》的發表。這篇宣言最先刊登在 1930 年 6 月 29 日、7 月 6 日的《前鋒周報》第 2～3 期，緊接著被 7 月 15 日印行的《湖北教育廳公報》第一卷第六期刊載，又刊登在 8 月 8 號創刊的《開展》月刊創刊號上，最後又刊登在 10 月 10 日創刊的《前鋒月刊》的創刊號上，足見其重要性。

　　以上說法值得商榷。首先，「民族主義文藝運動」的興起，本身是一個非常複雜的問題，既有國民黨出於現實需要而採取的策略性因素〔註1〕，也是現代民族國家建立的「民族主義」宏大話語體系中的重要一環，從晚清開始就在中國知識界中不斷擴大影響。如果僅僅把這一運動興起的原因，歸爲與「左聯」抗衡、達到反共的目的的話，顯然是過於簡單。第二，王平陵究竟是否參與起草了《民族主義文藝運動宣言》這一重要文件，長期以來是缺乏直接證據證明。由於該宣言發表時並未署名，僅僅以「中國民族主義文藝運動者」的名義發表，在當時人們就對究竟哪些人參與了該宣言的起草說法不一。秋南認爲，「民族主義文藝運動宣言傳聞由徐蔚南與葉秋原各自起草，現在正式發表的係葉秋原的手筆。」〔註2〕茅盾也曾化名石萌，在《「民族主義文藝」

〔註1〕 1931 年 3 月，朱應鵬在答上海《文藝新聞》社記者問時，曾明確地說：「所謂黨的文藝政策，又是共產黨有文藝政策而來的；假如共黨沒有文藝政策，國民黨也許沒有文藝政策。」參見《朱應鵬氏的民族主義文學談》，載於《文藝新聞》，1931 年 3 月 23 日第 2 號第 2 版。

〔註2〕 秋南：《民族主義文藝運動宣言的作者》，《出版月刊》，1930 年第 8、9、10

的現形》一文中說：「據說這篇『宣言』是化了重賞而始起草完成，又經過許多人的討論，並由國民黨中央宣傳部加以最後決定的。」﹝註3﹞是哪些人為了「重賞」而起草該宣言，又經過哪些人的「討論」，茅盾並不確定，只能託以「據說」。但是在後文中，茅盾又明確地提到潘公展、朱應鵬、方光明、朱大心、葉秋原等人，正是所謂的民族主義文藝者，王平陵的名字也並沒有列入其中。可以見出，在當時就認為王平陵參與《宣言》的起草，並發起這場運動的說法並不普遍。

從發佈宣言的「六一社」背景看，王平陵參與該宣言的起草工作這一說法也值得懷疑。作為一個具有明顯官方背景的文學社團，「六一社」受到了時任上海市社會局局長的潘公展、國民黨上海市黨部執行委員會委員兼上海警備司令部偵緝處長的范爭波、國民黨上海市黨部監察委員會委員的朱應鵬的大力支持，而范爭波和朱應鵬更是該社的領袖人物。而潘公展、范爭波、朱應鵬等人，又與陳果夫、陳立夫兄弟關係密切，屬於國民黨中的 CC 系，掌控了國民黨中央組織部。此時的王平陵已辭去上海的教職轉入南京，在葉楚傖任部長的國民黨中央宣傳部任職，並得到了葉楚傖的賞識，成為其得力助手。而中央組織部和中央宣傳部是同級的平行機構，並不存在隸屬關係，似乎「六一社」並無必要將自己的宣言交由中央宣傳部來做出「最後的決定」。況且，在國民黨內部紛繁複雜的派系鬥爭中，出身「西山會議派」的葉楚傖﹝註4﹞掌管的中宣部與 CC 系的中組部之間的關係並不融洽，各自領導的文藝社團之間也缺少交流。有研究者就曾指出，「六一社」與上海的《民國日報‧覺悟》文學專刊「雖然同處一地，但從來不刊載對方陣營中人的文章，更別提互通聲氣、攜手合作了。」﹝註5﹞還有，1931 年 3 月，上海《文藝新聞》社記者在採訪朱應鵬時，曾問過他，在南京的中國文藝社和提倡民族主義文藝的六一社，路線是否相同，朱應鵬明確表示，對於王平陵所領導的中國文藝社，自己是瞭解不多的，作品也是看得極少，只知他們是由國民黨的文藝政策所決定的三民主義文藝。而王平陵在 1935 年給

期合訂本，第 90 頁。

﹝註 3﹞ 石萌：《「民族主義文藝」的現形》，《前哨》，1931 年第 1 卷第 4 期。

﹝註 4﹞ 這一說法參見郭緒印主編的《國民黨派系鬥爭史》一書，上海人民出版社，1992 年版。

﹝註 5﹞ 倪偉：《「民族」想像與國家統制──1928～1948 年南京政府的文藝政策及文學運動》，上海市：上海教育出版社，2003 年版，第 53 頁。

《江蘇教育》一刊編輯的信中，是這樣描述自己的來到南京以後的生活經歷和未來生活設想的：「革命以後，我辭去了暨南大學助教的職務，應友人之約，來《中央日報》工作。自己是歡喜文藝的人，因約幾位同嗜好的友人，組織『中國文藝社』，就一直幹到現在，從來沒有離開過。在此期間，我一面整整地在震旦大學的法文專科，苦讀了兩年。生平最歡喜讀書，而偏偏為生活所限制，無書可讀。預料今年九月間，或明年春季，我可以把我所經辦的事暫時告一段落，到巴黎去安心讀幾年書。」〔註6〕從上文中，王平陵對「六一社」及其倡導的「民族主義文藝運動」並無提及。另外，從本書掌握資料的情況看，王平陵明確闡述關於「民族主義文藝」的言論，最早的應該算發表於《火炬》雜誌1937年第1卷第1期上的《什麼是民族文藝》一文。但是這篇文章所理解的「民族文藝」，和「六一社」所言的「民族主義文藝」有著根本的不同，對於這點，本書將在下文進行論證。因此，認為王平陵參與了《民族主義文藝運動宣言》的起草，這種說法是不足以令人信服的。

那麼，王平陵究竟算不算一位民族主義文藝者呢？這需要我們對他的文藝觀與民族主義文藝的核心觀點進行對比。

除了《民族主義文藝運動宣言》之外，《前鋒周報》、《前鋒月刊》還陸續發表了一系列有關民族主義文藝運動的理論文章，如朱大心的《民族主義文藝的使命》、雷盛的《民族主義的文藝》、張季平的《民族主義文藝的戀愛觀》、《民族主義文藝的題材問題》、湯若冰的《民族主義的詩歌論》、葉秋原的《民族主義文藝理論的基礎》、谷劍塵的《怎樣去幹民族主義的民眾劇運動》等，除此之外，還有刊載於《黃鐘》等刊物上的《論民族主義文藝》、《民族主義的文學》等，都是從不同的角度對《民族主義文藝運動宣言》的具體說明和闡釋。因此，可以說，民族主義文藝的核心觀點就體現在《宣言》中。那麼，《宣言》的核心觀點是什麼呢？

《宣言》一開始就明確指出，「中國的文藝界近來深深地陷入畸形的病態的發展進程中」，在混雜的局面中，既「有人在保持殘餘的封建思想」，以至於封建思想「仍在那裡無形地支配一切」，更有普羅文藝的迅速發展。更為嚴重的是，如果這種多型的文藝意識自由發展，「文藝上紛擾的殘局永不會消失，其結果將致我們的新文藝運動永無發揮之日，而陷於必然的傾圮」。之

〔註6〕《作者小傳——王平陵》，《江蘇教育》，1935年第4卷第4期，第188頁。

所以造成這種嚴重後果，正是因為「文藝的中心意思底缺乏」。而藝術，「不是從個人的意識裏產生而是從民族的立場所形成的生活意識裏產生的，在藝術作品內所顯示的不僅是那藝術家的才能、技術、風格和形式；同時在藝術作品內顯示的也正是那藝術家所屬的民族底產物」。既然文藝的形成是由民族的立場所決定，那麼文藝就必須站在民族的立場服務，所以，「文藝底最高的使命，是發揮它所屬的民族精神和意識，文藝的最高意義，就是民族主義。」也就是說，民族主義文藝不僅是拯救文藝畸形病態的唯一方法，更擔負著「喚起民族意識」，「創造那民族底新生命」，也就是建立民族國家的重任。

以上觀點看似鏗鏘有力，其實經不住仔細推敲。作為論證的重點，對於何為「民族」、何為「民族主義」應該進行嚴密的闡述。但是《宣言》並沒有對這兩個重要概念進行細緻的學理思辨，而且把「民族主義」與生物學意義上的「民族」等同，認為「民族是一種人種的集團」，這顯然並不是現代意義上更為普遍的「民族」。一般認為，民族「是一種想像的政治共同體——並且，它是被想像為本質上有限的（limited），同時也享有主權的共同體。」〔註7〕以這樣一種在各個社會形態中普遍存在的、生物學意義上的「民族」來替代「民族主義」，並以此支撐文藝的中心意識，顯然是無視了文藝的獨立性與審美性，並且是對當時社會上大量存在的貧富懸殊、階級對立等等現象的漠視，難免淪為充當維護國家政權、代表統治力量的工具，這也是當時「民族主義文藝運動」最受茅盾、瞿秋白等左翼作家詬病之處。而且這樣一種狹隘的「民族——種族」論，還暗含著走向法西斯道路的可能，這在黃震遐的詩劇《黃人之血》裏體現得最為鮮明。所以魯迅先生一針見血地指出，民族主義文學「於帝國主義是有益的」，「將與流氓政治同在」〔註8〕。

在民族主義文藝運動興起時，王平陵並沒有對這個運動有過明確的支持，而是將主要的精力放在編輯《中央日報》的副刊《青白》、《大道》，組織「中國文藝社」的各種活動上。不管是《青白》、《大道》，還是「中國文藝社」的《文藝月刊》、《文藝周刊》等刊物，在王平陵的調和下，黨派特色比較薄

〔註7〕〔美〕本尼迪克特·安德森：《想像的共同體——民族主義的起源與散佈》，吳叡人（譯），上海世紀出版集團，2005年版，第6頁。

〔註8〕魯迅：《「民族主義文學」的任務和運命》，《魯迅全集》第4卷，人民文學出版社，2005年版，第320頁。

弱，幾乎從不正面闡發關於民族主義的立場，營造出相對寬鬆、自由的氛圍，甚至還吸引了包括洪深、田漢、陳大悲、沈從文、巴金、梁實秋等政治色彩淡薄的知名作家的來稿〔註9〕。

從個人創作情況看，此時的王平陵正處於被「五四的潮流所激蕩出來」〔註10〕，以辦刊、寫作、譯著、教學等爲職業的典型新文化人向國民黨文藝宣傳者轉變的過程中，這一時期的文學創作不多，文藝理論方面的論著更是稀少，直到 1934 年之後，他才集中發表了《近代思潮：荒蕪時期的中國詩壇》、《藝術的使命》（署名平陵）、《再來一次狂飆運動》（署名秋濤）〔註11〕幾篇文章，同年，他的《文藝家的新生活》也作爲《新生活叢書》的一種出版。此後，他還先後寫作了《中國新文學的誕生》（載於《文藝月刊》1936 年第 8 卷第 1 期）、《中國現階段的文藝運動》（署名史痕，載於《文藝月刊》1936 年第 9 卷第 3 期）、《什麼是民族文藝》（載於《火炬》1937 年第 1 卷第10 期）、《清算中國的文壇》（載於《文藝月刊》1937 年第 10 卷第 1 期）、《民族團結的基本要素》（載於《東方雜誌》1938 年第 7 期）、《宣傳與藝術的應用》（載於《民意周刊》1938 年第 54 期）、《文藝與政治》（載於《中國社會》1939 年第 5 卷第 2 期）、《五四運動與新文藝》（載於《中蘇文化》1940 年第 6卷第 3 期）、《略論文學與民族性》（載於《國防周報》1942 年第 3 期）、《評「我們所需要的文藝」》（載於《中央周刊》1942 年第 5 卷第 16 期）等文章，才較集中地體現出他這一階段的文藝觀點。

在以上的文章中，王平陵雖然承認文藝的宣傳作用，認爲「宣傳的本身就是藝術：無論那一種藝術，都是爲了宣傳的」（《宣傳與藝術的應用》），要想宣傳發生的效果更深入而悠久，作家就「不能違背時代思潮的主流」（評「我們所需要的文藝政策」）。但這並不意味著作家的創作要受到某一政黨、集團的限制，相反，還「不能違背藝術的良心，始終保持了崇高的氣節——即人類所應有的正義感」，而政治，要讓作家們感到滿意，則要保證他們「在

〔註 9〕 以上觀點可參見趙麗華：《民國官營體制與話語空間——〈中央日報〉副刊研究（1928～1949）》一書《王平陵的編輯理念》一章，中國傳媒大學出版社，2012 年版，以及倪偉：《「民族」想像與國家統制——1928～1948 年南京政府的文藝政策及文學運動》一書《在民族主義的氣質下》一章。

〔註10〕 王平陵：《南國社的昨日與今日》，《矛盾月刊》，1933 年第 1 卷第 5、6 期合刊。

〔註11〕 以上文章均載於《讀書顧問》，1934 年第 1 期。

文藝的創造上有著相當的自由，和獨立不偏的精神」（《文藝與政治》），也只有這樣，作家對人生的體察才愈加深刻。而所謂「時代思潮的主流」，則是由民族的生存狀態決定的。這一個「民族」，不僅僅是生物學意義上許多人種的集合，更是主觀認同上的政治共同體——他們有「共同的思想感情及共求生存的目標」，是「精神的，內在的」，對「根據一種主義所建立的國體與政綱」，有「一致的信仰」（《民族團結的基本要素》）。此時的民族，正面臨著「赤白帝國主義者的夾攻，貪污土劣的剝奪，一切封建勢力的篡竊」的危機（《文藝家的新生活》），而「國恥，飢饉，兵災，以及土匪，賣淫婦，下層階級的慘痛等等，無一不是文藝的素材」，對這些現實，作家不能隔離和旁觀，要「觸接民眾的動脈」，「使文藝變成民眾的生命的力」（《清算中國文壇》）。

不難看出，王平陵的文藝觀是在承認文藝政治作用的同時，又非常重視作家們的自由創作與獨立精神，而他的「民族」觀點是在強調民眾的主觀認同的同時、又承認民族內部的差異性與複雜性的，對階級矛盾、貧富對立等社會現勇敢正視，與「民族主義文藝運動」的觀點相比，其內涵和外延要寬廣得多。因此，在《什麼是民族文藝》一文中，他稱自己無法回答什麼是民族文藝、其內容如何、什麼不是民族主義這些問題。接下來又明確地表達了自己對於文藝的看法：

（一）凡與中國民族有利益的藝術，（不論中國的與外國的）都可說是民族文藝。

（二）民族文藝的內容，並不專限於掘壕溝、擋炮灰，凡能增進國力，民德等等作品，都是民族文藝。

（三）如果有人專於研究莎士比亞、彌爾東，立志在增進中國文學的遺產，建設文化的百年計劃，也是於民族有利的文藝運動，也可說是民族文藝。

總之，只要在三民主義（三民主義是最寬闊的）的大前提下，進行其與主義不矛盾的文藝運動，都是民族文藝的運動。換句話說，像這樣寬博的文藝運動的綱領，實無法起草的。作家與其讀這樣「掛一漏萬」的文藝綱領，還不如直截了當地把三民主義再去讀一遍。

因此，與其說王平陵是「民族主義文藝」者的話，毋寧說他的文藝觀點是圍繞著孫中山先生將民族、民權、民生相結合的三民主義展開的，屬於以

「發揚民族精神、開發民治思想、促進民生建設」〔註 12〕為目的「三民主義文藝」抗日根據地內的「鄉土重構」與孫犁的小說創作

〔註12〕1929 年 6 月 6 日《中央日報》。1929 年 6 月，國民黨召開全國宣傳會議第三次會議。會議通過了《確定本黨之文藝政策案》，決議：（一）創造三民主義文學（如發揚民族精神，闡發民治思想，促進民生建設等的文藝作品）。（二）取締違反三民主義之一切文藝作品（如斲喪民族生命，反映封建思想，鼓吹階級鬥爭等文藝作品）。

拾壹、抗日根據地內的「鄉土重構」與孫犁的小說創作

周維東[*]

　　摘要：孫犁的小說創作與晉察冀邊區的鄉村建設有著緊密的聯繫。其早期創作的「荷花淀」系列小說，是晉察冀邊區在創建階段的鄉村建設中尊重鄉土傳統，「革命」與「鄉土」相生共融的眞實反映；他創作的轉型，與「土地改革」在晉察冀邊區全面開展，革命與鄉土的關係從「共融」走向「對抗」有深刻關聯。「革命」與「鄉土」的曖昧關係，是孫犁早期小說的重要特徵。從孫犁小說創作與晉察冀鄉村建設的關係出發，可以更理性地把握孫犁與革命文學的關係，他的成功與迅速邊緣化，都不過是一個「革命追隨者」作家必然的宿命。

關鍵詞：革命，鄉土重構，土地改革

* 周維東，男，陝西白河人，文學博士，四川大學文學與新聞學院副教授。

1981 年，孫犁應劉紹棠邀請撰文談「鄉土文學」時說：「就文學藝術來說，微觀言之，則所有文學作品，皆可稱為『鄉土文學』；而宏觀言之，則所謂『鄉土文學』，實不存在。文學形態，包括內容和形式，不能長久不變，歷史流傳的文學作品，並沒有一種可以永遠稱之為『鄉土文學』」〔註 1〕。這番言論，對於理解孫犁和「鄉土文學」都具有啟示意義。多少年來，學界對孫犁和「荷花淀派」的把握，在很多時候，都是將之歸於「鄉土文學」的宏大傳統中進行認識。不能說，從「鄉土文學」的角度認識孫犁沒有揭示出其文學創作的特色，但至少可以說，在這個角度下，孫犁的個性特點並沒有被充分揭示出來：雖然在文學特色上，孫犁小說與「鄉土文學」有一以貫之之處，但它們的內核之間的差異更加明顯。在一定程度上，將許多作家歸於「鄉土文學」來進行認識，都存在類似的問題：「鄉土」是一個現代社會裏出現的概念，當學界簡單地用「現代性」或「反現代性」來認識鄉土文學時，鄉土作家完整而獨立的精神世界已經被肢解，他們的個性特色也就很難清晰地被展示出來。我覺得這也是孫犁質疑「鄉土文學」的癥結所在，「鄉土文學」終歸是現代社會裏的產物，只有在鄉土社會被改變的背景下才具有存在的價值，它並非文學本質性的特徵，因此將之作為一面旗幟或一種理論資源，存在著天然的缺陷。

這裡引用孫犁對「鄉土文學」的理解，並不是要否認中國現代文學中鄉土文學傳統的存在，而是探討深化鄉土文學認知的可能性。就中國現代鄉土作家而言，他們對「鄉土」體認離不開「現代」的宏大背景，但「現代」在他們的精神世界裏具體而多元，這就要求研究者對他們的把握不能僅僅在「現代」或「反現代」的二元對立中尋找答案，應該介入到更為具體的社會史或區域史中。這也是本書研究的理論基礎。

從社會史的角度，孫犁創作的「荷花淀」系列小說很難說是對現代鄉土文學經驗的繼承，甚至也很難說是某種審美理想左右的產物，而是在抗日革命根據地「鄉土重構」的背景下，孫犁個人體驗與時代需求共融的結果。通過這個案例，我們可以對孫犁和「鄉土文學」有更加深入的理解。

抗日根據地內「鄉土重構」，簡單地說，即中國共產黨在抗戰時期為鞏固和發展自身實力，在所轄區域內進行的鄉村建設活動。將其稱為「鄉土重構」——而不是經常使用的「鄉土重建」，主要是將之與近代以來中國出現的一般

〔註 1〕 孫犁：《孫犁全集》（第六卷），人民文學出版社，2004 年版，第 46 頁。

意義上的鄉村建設運動相區別。中國近代以來出現的鄉村建設理論和實踐，使「鄉土重建」成為一個有特定內涵的概念，它有兩個方面的特徵：第一，其出發點基於「鄉土中國」在現代的危機和解決；第二，其重建的途徑包含對「鄉土中國」的理性思考和現代改造。「鄉土重構」與「鄉土重建」的區別也在這兩點上：在抗日革命根據地，「鄉土重構」的前提雖然基於了鄉土社會被破壞的現實，但「重構」的目的並非為了「鄉土危機」的解決，而是根據地政權自身的生存問題。其次，針對根據地生存的問題，「鄉土重構」的方式並沒有對「鄉土中國」的理性思考和現代改造，而是著眼於農村生產力在短期內的提高，在不大量破壞鄉土社會結構的前提下，最大化實現這種社會結構的合理性。「重建」和「重構」的差別，在於前者的建設性和發展性，後者的應急性和暫時性。

抗日根據地內「鄉土重構」的具體內容包括兩個方面：一是對鄉土秩序的保持和恢復。這裡的「鄉土秩序」：包括農村現有的生產關係，如地主、富農、貧農的社會結構；鄉村倫理和觀念，如家庭觀念、家國思想等等。二是對小農經濟的刺激和恢復，它包括對「家庭」生產單元的重視和恢復；對傳統農本位思想的堅守等。針對近代以來的鄉土危機和日本帝國主義的侵略，抗日根據地「鄉土重構」的具體做法包括：減租減息、稅制改革、關稅保護、合作經濟、文化宣傳等。總之，抗日革命根據內的「鄉土重構」，是以革命的方式實現了鄉土社會的「烏托邦」，又以鄉土的烏托邦保證根據地的鞏固和發展。「鄉土重構」中，革命與鄉土的複雜關係反映在孫犁的小說當中，為了更加清晰地說明這個問題，我們可以從孫犁小說的許多元素出發，一一進行說明。

一、從「白洋淀」到「荷花淀」

提起孫犁的小說，讓人直觀想到的作品當屬反映「白洋淀」水鄉生活的《荷花淀》，雖然從藝術成就的角度，其解放後創作的系列小說絕不亞於（甚至超過）這部作品，但「荷花淀」依舊成為孫犁小說創作的標籤——「荷花淀派」的說法正反映了這種現實。「荷花淀」與孫犁的緊密聯繫，不僅因為這是其成名作的名字，更緣於這個寫作對象與其寫作風格的高度融合，發表《荷花淀》的編輯方紀回憶初讀這部作品的印象：「『荷花淀』的出現，就是從冀中平原上，從水淀裏，刮來一陣清涼的風，帶著鄉音，帶著水土氣息，

使人頭腦清醒。」〔註2〕這大概是一般讀者對孫犁小說和其筆下白洋淀共通的印象。

在孫犁的筆下，「白洋淀」似乎自古便如其筆下的「荷花淀」，充滿詩意。在《荷花淀》中，孫犁這樣寫道：

> 要問白洋淀有多少葦地？不知道。每年出多少葦子？不知道。只曉得，每年蘆花飄飛葦葉黃的時候，全淀的蘆葦收割，垛起垛來，在白洋淀周圍的廣場上，就成了一條葦子的長城。女人們，在場裏院裏編著席。編成了多少席？六月裏，淀水漲滿，有無數的船隻，運輸銀白雪亮的席子出口，不久，各地的城市村莊，就全有了花紋又密、又精緻的席子用了。〔註3〕

這段抒情的描寫與水生嫂編席聯繫在一起，給人的印象，似乎恬淡詩意是白洋淀地區日常生活的「常態」。在孫犁另一篇反映白洋淀生活的小說《採蒲臺》中，他將歷史上的白洋淀稱為「魚米之鄉」，更強化了讀者對「荷花淀」是白洋淀歷史常態的印象。然而，如果我們考察「白洋淀」地區的歷史，孫犁的這種看法並不符合事實。

「白洋淀」的地理位置主要在民國時期的安新縣（約占80%以上），部分在雄縣、任丘、高陽和容城，根據孫犁在安新縣同口鎮生活的經歷以及其小說中描寫的情況，「白洋淀系列小說」發生的地區大概在安新縣境內。然而，歷史上的安新絕非「魚米之鄉」。安新縣所在區域處於九河下游，洪澇災害嚴重，我們可以根據一份1931年安新縣土地情況的統計表，就可以瞭解安新當時的縣情。

1931年安新、高陽農業產值對比〔註4〕

縣名	農　戶 （戶）	土地總數 （畝）	戶均土地 （畝）	農業產值 （元）	戶均產值 （元）	畝均產值 （元）
安新	14030	370400	26.4	301000	21.5	0.8
高陽	23580	295200	12.5	5157700	218.7	17.5

〔註2〕 方紀：《一個有風格的作家——讀孫犁同志的〈白洋淀紀事〉》，《新港》，1959年第4期。

〔註3〕 孫犁：《孫犁全集》（第一卷），人民文學出版社，2004年版，第31頁。

〔註4〕 從翰香主編：《近代冀魯豫鄉村》，中國社會科學出版社，1995年版，第443頁。

安新、高陽兩縣比較，安新縣的土地總數和戶均土地量都具有優勢，但由於單位畝產值極低（與高陽相差 20 餘倍），戶均產值反而不及高陽縣的十分之一。如此懸殊的土地產值，已經超出一般土地等級的差距，主要原因只能是災害等外在因素。

由於土地收入缺乏保障，白洋淀地區的家庭收入主要依靠葦席編織和捕魚，這也是孫犁小說中經常出現的兩種生產方式。葦席編織在白洋淀地區源遠流長，但作為一個行業興盛起來，要追溯到明清之際，主要原因是交通運輸業的發展拓展了白洋淀葦席的銷售市場。《荷花淀》中：「六月裏，淀水漲滿，有無數的船隻，運輸銀白雪亮的席子出口，不久，各地的城市村莊，都全有了花紋又密、又精緻的席子用了」〔註5〕，正說明了這種情況。就銷售市場而言，白洋淀所產葦席除本省銷售外，主銷北平、天津和關東，而隨著華北各港口開埠，葦席業開始有部分出口。〔註6〕

葦席市場的擴大，白洋淀地區也形成較為成熟的葦席產業鏈，主要包括原材料種植、葦席編織，葦席銷售、葦席運輸等環節，各個環節的分工也較為清晰。原材料種植在白洋淀深水區，這些地區的農民出售蘆葦，也進行葦席編織，但不將葦席編織作為家庭生產的主要業務。葦席編織的主要地區是靠近水淀的地區，如安新縣的安洲，這裡的家庭以葦席編織為家庭主業，「家家以織席為業，人人以賣席為生」（道光《安洲志》（民業）），而原材料則需要購入。葦席商業主要是販賣葦席，而因為白洋淀地區糧食生產缺乏，也有進行糧食和日用品交易的商戶。葦席運輸則主要為葦席、糧食、日用品商戶運輸貨物。近代以後，外國資本的輸入和機器化大生產對中國手工業造成影響，許多民族手工業日漸式微，但葦席因為沒有替代產品，反而在近代獲得了較好發展，在抗戰前夕達到了一個高峰，20 世紀 30 年代中期，華北葦席每年經天津運往東三省者約 15 萬捆，合 375 萬領。〔註7〕

儘管葦席產業持續發展，但從事葦席編織的家庭生活並不富裕。有研究者曾經對 30 年代初期河北定縣西阪村進行過調查，該村 1100 戶人家中有 770

〔註5〕 孫犁：《孫犁全集》（第一卷），人民文學出版社，2004 年版，第 31 頁。

〔註6〕 從翰香主編：《近代冀魯豫鄉村》，中國社會科學出版社，1995 年版，第 416 頁。

〔註7〕 數據來源：《北寧鐵路沿線經濟調查報告》（北寧鐵路管理局，1937 年），轉引自從翰香主編：《近代冀魯豫鄉村》，中國社會科學出版社，1995 年版，第 418 頁。

戶從事席業，村中設有席市，屬於席業較爲發達的地區。調查結果顯示：該村織席戶平均每戶人口 4.43 人，有 2.37 人參加織席，每人全年平均工作 189.11 天，而每戶全年席業收益僅 57.08 元，這個數字占家庭全年收入的 37.56%。可見，作爲副業，編席爲家庭創收的作用不能算低，但依靠席業發家致富卻不大可能。〔註 8〕一些事例也可以印證這一點，白洋淀地區葦席編織業從不收稅，如清光緒年間，「有牟利之徒，呈請開席葦捐者，經邑紳士君士彥條陳利害於個上憲，其議乃寢」〔註 9〕。到民國十四年，潘希福等人「以補助軍餉爲名，議設席葦捐」，開始在安洲集市開收捐稅，結果激起民憤，造成騷動，迫使省公署嚴令禁止：「如有私牙影射抽用，查明依法懲辦」。〔註 10〕從政府聽從紳士勸阻不收稅到收稅導致民憤，都可見編織農民生活的艱辛，稍有額外負擔，便難以承受。

孫犁小說中描寫的白洋淀生活，都不是以葦席編織爲家庭主業，他們大多數都生活在深水區，家庭生活主要是男性捕魚、女性編席，編席只是生活中比重甚小的一個副業。這也比較符合歷史上安新縣的狀況，1931 年安新手工業產值 28000 元，戶均 2.0 元，工業產值占總產值的比例爲 8.5%。〔註 11〕安新手工業的水平，在河北省內也非常低，可見葦席編織在他們的生活中並不是一個重要的產業，如果聯繫到該縣糧食生產的匱乏，可以推斷捕魚才是他們生活的主要支柱。

白洋淀地區的捕魚業源遠流長，據《安新縣志》載，最早的文字記錄可追溯到魏晉時期。與白洋淀的葦席一樣，白洋淀的漁業也不限於本地銷售，在抗戰前夕有 38%銷往外莊，即京莊、衛莊和府莊（北京、天津、保定），62%銷往內地，包括安新、徐水、容城、高陽、安國、任丘、河間等數縣。在銷售方式上，白洋淀地區的漁業形成較爲成熟的銷售網絡，主要方式是「開帳」，即由外莊委託本地魚店代買，所有資本、設備、運輸均由外莊承擔，本地魚店收受手續費。這種銷售方式比較符合市場經濟的法則，外莊根據行情和產

〔註 8〕 數據來源：張世文：《定縣農業工業調查》（四川民族出版社，1991 年），轉引自從翰香主編：《近代冀魯豫鄉村》，中國社會科學出版社，1995 年版，第 420 頁。

〔註 9〕 《安新縣志》，新華出版社，2000 年版，第 585 頁。

〔註 10〕 《安新縣志》，新華出版社，2000 年版，第 585 頁。

〔註 11〕 從翰香主編：《近代冀魯豫鄉村》，中國社會科學出版社，1995 年版，第 443 頁。

魚情況確定收購價格。在「開帳」之外，也存在「代賣」模式，即在外莊銷售行情不佳，停止收購，本地魚店委託外莊代賣，外莊收取手續費。除此之外，還有大量單獨販魚的「魚行販」，他們成本小但十分靈活，可以補充「開帳」和「代賣」中可能出現的市場空檔，從而保證了白洋淀漁業的繁榮。在抗戰前夕，白洋淀上最多有超過 15000 人捕魚，全年產量可達 21830000 斤，產值達 873200 元，規模相當可觀。〔註 12〕

　　相比於葦席生產，白洋淀漁民的生活較為優越。漁民在捕魚期間，每日的收入多則 1～2 元，少則 3～4 角〔註 13〕，所捕的魚直接賣給淀旁商戶，無需承擔太大風險。白洋淀漁民有這樣的收入，可能與淡水魚資源在華北地區的稀缺有關，在交通和保鮮都不十分發達的時期，白洋淀的魚就成為不可替代的資源。白洋淀的漁戶採取的是多種經營的方式，「春日無水時，操作農事，夏季山洪暴漲，入秋則捕魚撈魚鮮，並以割葦採藕、採菱、養鴨以及夏日沖船工冬日撐冰床為副業，終年操作，經濟尚稱富裕」〔註 14〕。不過，雖然相對葦席編織的農戶，白洋淀深水區漁戶的生活略顯富足，但由於糧食生產的薄弱，漁夫生活不得不受制於市場和中間商，這使得他們的生活始終存在風險，難以實現農業文明發達後可以實現的「自足」。

　　白洋淀地區經濟在中國農村當中較有特點，典型的特徵是其小農經濟的繁榮依靠了商業經濟的發展。不管是葦席編織還是漁業生產，當地農民若要在這兩種行業中獲利，並過上較為充裕的生活，市場拓展和交通發達是必不可少的要素，只有形成了成熟的生產、銷售、運輸的產業鏈條，孫犁筆下白洋淀恬淡的生活才可能出現。不過，雖然擁有成熟的產業鏈條，白洋淀地區的各種產業並沒有走向規模化，而是依然保持小農生產的方式。白洋淀經濟的這種特點，造成其小農經濟的脆弱性，因為一旦該地區產業鏈遭到破壞，小農經濟的繁榮便要宣告結束——而且這種改變會非常突然，因為沒有糧食生產的優勢，繁榮會驟然變成食不果腹。

　　正因為此，抗戰爆發對白洋淀地區人民的生活影響巨大，主要原因就在於戰爭對該地區商業環境的破壞。戰爭爆發，導致白洋淀與外界的聯繫不再暢通；在此基礎上，日偽政權對葦席和漁業的自由貿易都進行了限制，兩廂

〔註 12〕　資料來源：《白洋淀的漁業》，河北檔案館藏檔案，檔案號：5-2-248-2。
〔註 13〕　張元第：《河北省漁業志》，工業印書館，1936 年版，第 253 頁。
〔註 14〕　張元第：《河北省漁業志》，工業印書館，1936 年版，第 253 頁。

結合，白洋淀地區的葦席生產和漁業都嚴重受制於日僞政權的意志。孫犁小說《採蒲臺》就描寫類似的場景，主人公小紅和她的母親到集市去出售漁網和葦席，因爲葦席和漁業自由市場遭到破壞，質量上乘的漁網不再受到漁民的青睞，而葦席只能在指定地點被賤賣。與此同時，由於糧食是戰略物資，在戰時價格飛升，白洋淀地區人民的日常生活急轉直下，如果不考察中共在敵後抗戰中對地區經濟的影響，很難想像會有《荷花淀》般恬淡自足生活的出現。

白洋淀靠近保定，也是華北地區重要的水上交通線，抗戰時期日僞對該地區的控制較爲嚴密，在大部分時期它都屬於中共冀中根據地的「游擊區」，直到抗戰接近尾聲，中共對白洋淀地區的實際控制才有所加強，標誌是 1944 年 5 月晉察冀邊區貿易公司在白洋淀設立隆昌商店。抗戰時期中共領導的敵後抗日根據地，與日僞政權常常是犬牙交錯的狀態，日僞政權控制嚴密的地區，是敵後抗日根據地的「游擊區」；日僞政權控制薄弱的地區，則是敵後抗日根據地的「鞏固區」。一般來說，「游擊區」是根據地的前沿，除了進行軍事鬥爭，無法進行有效的經濟建設，只有在「鞏固區」內，經濟建設才成爲可能。所以雖然在 1944 年之前，白洋淀已經有了著名的「雁翎隊」，但對該地區經濟並沒有產生太多影響。

隆昌商店的本質是根據地的合作社。合作社在根據地內是一種集體所有制的貿易公司，其資本來源於參加合作社成員的原始股本，主要經營根據地內農業、手工業產品和日用品的生產和銷售，農民在正常生產所得外，還參與合作社分紅。在多數都沒有形成規模化生產的中國農村，合作社的出現有利於形成規模化的效用，從而實現農業、手工業收益的最大化和對外的競爭力。中國共產黨創建合作社，重要目的是實現根據地內的經濟穩定和物資平衡。小農經濟的致命弱點是競爭力不強，在戰爭年代，由於正常經濟環境遭到破壞，任何風吹草動都可能導致一個地區農民的破產，中共在建設根據地的過程中，必須保證地區經濟的穩定。另一方面，中共若要鞏固根據地，軍需物資十分必須，要在戰爭對峙中從對方獲得軍需物質，必須有強大的經濟控制力。中共建立合作社的主要目的是爲了鞏固和發展自身實力，但其對於恢復和發展抗日根據地內遭到破壞的小農經濟也起到了重要作用，一些主要做法，如抵制洋貨、打擊奸商，保障收益、支持生產等方面，促進了地區小農經濟的繁榮。隆昌商店的建立，使白洋淀地區有效地擺脫了日僞政權的經

濟控制，實現了葦席業和漁業的恢復。該店成立後，即組織將該地區的葦席、魚蝦、大米、土布、火硝、食鹽等運往平漢路以西的山區推銷，然後採購山貨藥材等物品回來，以調劑平原和山區的物資。〔註15〕《荷花淀》中，水生一家若沒有合作社作爲後盾，小農生活的自足和自然恐怕很難實現。

僅僅依靠經濟的恢復，《荷花淀》中的恬淡生活可能還是很難出現，因爲既使有合作社作爲經濟後盾，戰時的經濟也無法恢復並超過戰前的水平。就白洋淀支柱產業捕魚來說，隆昌公司建立後，魚的單價雖然有所提升，但捕魚的人口、捕魚的時間和每日捕魚的數量都有所降低。

白洋淀漁業生產調查統計表（一九三七～一九四七）〔註16〕

年份	實有治魚的人數	每天平均參加治魚的人數	每人一天生產魚數（斤）	每天總得魚數（斤）	全年治魚天數	全年生產總數（斤）	當時魚價（元）	共計魚價（元）
1937 年	10500	5960	8	47680	265	12635200	0.03	379056
1938 年	12500	6940	9	62460	290	18113400	0.04	724536
1939 年	11000	5920	9	53280	280	14918400	0.05	745920
1940 年	10500	5420	8	43360	280	12140800	0.06	728448
1941 年	9060	4040	7	28280	290	8201200	0.15	1230180
1942 年	9080	5040	8	40320	270	10886400	0.21	2286144
1943 年	6400	2896	4	11584	260	3011840	0.45	1355328
1944 年	6500	2900	4	11600	240	2784000	10	27840000
1945 年	8560	5200	6	31200	250	7800000	20	156000000
1946 年	10500	7040	8	56320	270	15206400	80	1216512000
1947 年	6250	4240	6	25440	250	6360000	2000	12720000000

圖表顯示，1944 年後白洋淀漁業的價格直線上升，雖然其中包含了通貨膨脹的因素，但其增長的幅度依然超過了通脹的幅度。不過，雖然魚的價格有所提升，但漁民每天所得及工作時長都有所減少，從整體收益而言，漁民的收入顯然不及抗戰之前。從經濟的角度，《荷花淀》中水生一家的從容，重

〔註15〕史立德：《冀中抗日根據地鬥爭史》，中共黨史出版社，1997 年版，第 416 頁。

〔註16〕資料來源：《白洋淀的漁業》，河北檔案館藏檔案，檔案號：5-2-248-2。

要基礎還在於當地農民對共產黨政權的信任和依賴，當然其中也包括根據地政權對「鄉村傳統」的尊重〔註 17〕。在水生一家人中，真正從事生產的實際只有水生嫂一人——水生的父親和兒子只能做一些補充的事情，水生能夠義無反顧參加游擊隊和區大隊，除了參加自身抗戰的熱情，現實基礎是根據地對抗屬的優待政策，它使參加抗戰的家庭在生活上更有保障。晉察冀對抗屬的優待包括實物補償、勞力補償和精神補償，通過這些補充，抗屬的生活可以實現衣食無憂。水生在參軍前夜囑咐妻子：「家裏，自然有別人照顧。可是咱的莊子小，這一次參軍的就有七個。莊上青年人少了，也不能全靠別人，家裏的事，你就多做些，爹老了，小華還不頂事。」〔註 18〕可見，在抗屬優待的政策下，水生參軍後，水生嫂即使不參加勞動也可保生活無憂——多做些事情不過是體現抗屬的高姿態。正因爲此，之後才會出現抗屬集體冒險探望丈夫的場景——如果沒有生活的保證，她們既使有這樣的想法，恐怕也不敢脫離生產。

所以說，從歷史上的白洋淀到孫犁筆下的「荷花淀」，除了孫犁優美的筆法和浪漫的想像，從現實的層面它又與中共在抗戰時期的「鄉土重構」是分不開的，而正是有後一方面作爲基礎，《荷花淀》系列作品才可能在解放區內獲得肯定並廣泛傳播。

二、家庭、婚姻與鄉土秩序

在孫犁的小說中，很多作品都圍繞家庭生活的主題展開，有直接寫家庭成員之間的故事，如《荷花淀》、《「藏」》、《丈夫》、《囑咐》、《黃敏兒》等；有以家庭生活爲背景，反映根據地人民生活的變化，如《麥收》、《蒿兒梁》、《碑》、《邢蘭》、《蘆葦》、《光榮》、《澆園》、《紀念》、《山地回憶》、《採蒲臺》、《鐵木前傳》等。對根據地人民家庭生活的關注，是孫犁小說主題的一個顯在特點，也是透視其美學風格的重要切入點。家庭生活是中國鄉土文化的重要載體，費孝通在《鄉土中國》中對「鄉土中國」的概括，主要內容都可以說與家庭生活有或隱或顯的聯繫。究其原因，「鄉土中國」是以小農經濟爲基礎，在小農經濟形態下，家庭是最基本的生產單位，因此一切社會活動和文化傳統都圍繞家庭而展開。孫犁小說濃鬱的鄉土氣息和詩意特點，就在於它

〔註17〕 李軍全：《軍事動員與鄉村傳統：以晉察冀抗日根據地優待抗屬爲例》，《歷史教學》，2011 年第 2 期。
〔註18〕 孫犁：《孫犁全集》（第一卷），人民文學出版社，2004 年版，第 33 頁。

寫出了小農經濟制度下家庭生活的自然和自足。

小農經濟下家庭生活的自然和自足，從根源上講，緣於小農生產的特點。小農生產以家庭爲單位進行，由於農業生產的周期較長（在中國至多一年三收），生產者不必遵守嚴苛的時間規範，依照農時自由作息是這種生活的重要特點。魯迅筆下的「魯鎮」，沈從文筆下「湘西」的生活，最令現代都市人羨慕不已的大概就是這裡自然的生活。另一方面，小規模農業生產具有獨立性和封閉性，以舉家之力，足以完成生產的全部過程，獲得大部分家庭所需物資——如果家庭收入足以應付一家所需，家庭可以不跟外界發生多大聯繫，在此基礎上小農制度下的「自足」也就出現了。自然和自足，是鄉土文學中經常說到的自然美、人情美、人性美的基礎，不過從現實的角度，小農家庭如果不能獲得生產資料的保障，不能擁有足以養活整個家庭的土地和生產工具，自然和自足並不易實現。也正是這個原因，歷史記載中的中國鄉村，遠沒有文學當中那般美好和詩意。

近代華北鄉村（孫犁小說情節主要發生的區域），小農經濟已經處於奔潰的邊緣，主要原因有近代中國農村經濟普遍面臨的問題，也有華北地區自身的原因。就普遍的問題而言，華北小農經濟的崩潰，主要面臨了人口持續增長的壓力和外國商業資本介入的威脅。就前者而言，它直接導致人均土地佔有量的減少，很多地區即使平分了土地，也很難解決溫飽問題——況且在普通家庭普遍遭遇負債的情況下，土地更容易走向集中。外國商業資本的介入，直接造成了對農村手工業的破壞，雖然前文提到華北地區的葦席業，由於沒有替代產品依舊獲得了增長，但多數手工業還是面臨巨大威脅，使許多依靠手工業緩解土地不足壓力的家庭走向破產。典型的例子便是河北有良好紡織手工業基礎的高陽縣，在洋布洋紗進入中國後，影響巨大〔註 19〕。就華北地區的情況來說，土地資源、交通和周圍商業環境等多方面原因，類似江南地區的「小農經濟商品化」並沒有在華北大面積出現〔註 20〕，即依靠發展

〔註19〕 在抗戰時期，高陽的棉紗曾受到日本洋布和洋紗的衝擊，中共在晉察冀邊區曾組織鄉民抵制日貨的運動，最終達到保護民族手工業的目的。（見《抗日戰爭時期晉察冀邊區財政經濟史資料選編》（工商合作編），南開大學出版社，1984 年版。）

〔註20〕 黃宗智在《長江三角洲小農經濟與鄉村發展》（中華書局，1992 年版）中，對長江三角洲一帶出現的「小農經濟商品化」（即家庭成員通過拓展勞動過密型商品化生產，如特色種植、家庭手工業等，以此來維護小農生產的延續性）進行了分析，特別比較了該地區與華北地區的差別，認爲農業基礎、交通和

手工業或特色農業經濟確保家庭生產的持續性，其結果是土地集中和家庭普遍負債。

華北農村小農經濟瀕臨崩潰的現實，在孫犁的小說中也能找到相關的反映。譬如在《蒿兒梁》中，女村主任一家對戰局十分關心，這也是她們對待轉移來的傷員十分熱情的根本動機，因為她們就是一家破產的農民，租種川裏地主的土地，有了共產黨政權的保護，日子才得到改善，若中共的部隊被打退，她們又要回到赤貧的生活當中。再譬如《邢蘭》，邢蘭是一個類似「拼命三郎」的農民，但在八路軍到來之前，即使如此拼命的一個人，家中依然一貧如洗。

在極度貧困的境況下，孫犁小說中家庭溫馨、民情淳樸、恬淡自然的場面其實很難實現。可以想像，如果沒有生活的保障，《荷花淀》、《「藏」》中夫妻溫馨浪漫的場景很難發生；如果沒有家庭經濟的改善，《山地回憶》、《蘆葦》、《吳召兒》中村民的善良和慷慨難以成為現實；如果沒有小農經濟的恢復，《碑》、《紀念》、《蒿兒梁》中小農家庭表現出的溫情和大義也難以出現。所以，孫犁小說中極富鄉土特色的家庭生活描寫，現實的基礎是中共在抗日時期的經濟政策。

中共在抗戰時期的土地政策和經濟政策，以扶持和保護農村普通家庭的生產為目的。作為一個抗戰時期拓展而來的根據地，中共在晉察冀抗日根據地主要實行「減租減息」的經濟政策。晉察冀減租的標準，在所有的敵後抗日根據地中程度也比較低，屬於「二五減租」，即在過去地租的基礎上減去25%。此外，減租減息政策還包括民間債務的利息標準年利不超過1分；嚴禁莊頭剝削；太糧、雜糧、小租、送工等額外附加，一律禁止；出門利（即現扣利）、剝皮利、臭蟲利，印子錢等高利貸，一律禁止等等。如此，既降低了正常的地租和利息，同時又避免中間剝削、過度剝削的產生──許多小農家庭的破產，直接原因便是這些因素。〔註 21〕與減租減息相適應，邊區政府通過自身力量鼓勵生產，譬如減免稅金、鼓勵開荒、給予貸款、技術支持、水利建設等等〔註 22〕，幫助已經破產或瀕臨破產的家庭重新投入生產，使有能

商業環境是長三角出現這種經濟形態而華北未曾出現的原因。

〔註21〕《晉察冀邊區減租減息單行條例》（1938 年 2 月），《晉察冀抗日根據地史料選編》（上冊），河北人民出版社，1983 年版，第 31 頁。

〔註22〕晉察冀邊區獎勵生產事業暫行條例（1939 年 4 月 3 日），《晉察冀抗日根據地史料選編》（上冊），河北人民出版社，1983 年版，第 126～129 頁。

力擴大生產規模的家庭，再度擴大生產規模。在這兩者的結合下，「減租減息」的政策雖然沒有直接改變生產關係，但通過政府支持和小農經濟的恢復，土地實現了合法分散，中農和富農家庭普遍增多，地主佔有土地量有所減少。也正是在這樣的背景下，曾經失去活力的華北農民家庭，才可能重新煥發生機。

作為家庭生活的一部分，孫犁小說中關於婚姻愛情的浪漫描寫也是其整體特色之一，而這種浪漫也與根據地「鄉土重構」是分不開的。在小農經濟瀕臨破產的境況下，華北地區的婚姻制度日益扭曲，典型的表現是「婚姻論財」成為更重要的擇偶標準〔註23〕。所謂「婚姻論財」，即女方家庭將婚姻作為謀利的手段，不達到一定數額的彩禮，不能談婚論嫁。在「婚姻論財」的社會風氣下，原本自然、和諧的愛情和婚姻變得畸形化，這些扭曲的婚姻狀況在孫犁的小說裏也有反映。孫犁的小說《正月》和《蒿兒梁》裏，就反映「婚姻論財」導致畸形婚姻的一種傾向——老夫少妻。在《正月》裏，作者介紹了「老夫少妻」形成的原因，「這一帶有些外鄉的單身漢，給地主家當長工，苦到四五十歲上，有些落項的就花錢娶個女人，名義上是製件衣裳，實際上就是女孩子的身價。丈夫四五十，女子十三四，那些漢子都苦得像澆乾了的水畦一樣，不上幾年就死了，留下兒女，就又走母親的路。」〔註24〕這裏的「外鄉單身漢」，範圍可以擴大，失去土地農民為了生存都可能加入到「外鄉單身漢」的行列，他們沒有經濟實力正常娶親，只能依靠半生做長工的積蓄，娶一個妻子。年輕的女子願意嫁給這樣的丈夫，多半因為家裏過於貧困，索要禮金很高，只有這些大齡的長工願意投入——《蒿兒梁》中的女主任就是這樣。

《光榮》裏的原生和《鐵木前傳》中的大壯則提供了另一種畸形婚姻——少夫老妻。「少夫老妻」在中國民間比較普遍，很多鄉土文學作品中都出現過類似的情況。華北地區「少夫老妻」現象的形成有兩種原因，一是社會風氣使然，近代華北地區流行結婚女子比男子大五歲左右；二是養童養媳，這種男女年齡差距常常會更大。從根源上來說，不管怎樣狀況下造成的少夫老妻現象，都有經濟的考慮：就前者來說，娶年齡大的女子可以對家庭生產

〔註23〕 喬志強、行龍：《近代華北農村社會變遷》，人民出版社，1998年版，第80～81頁。

〔註24〕 孫犁：《孫犁全集》（第一卷），人民文學出版社，2004年版，第224頁。

有更直接的幫助；而對養童養媳現象而言，迴避彩禮支出和增加勞動力是主要的考慮。總之，在小農經濟瀕臨崩潰境況下，自然和諧的愛情婚姻也隨之扭曲變形。

抗日根據地的建立，改變了當地的婚姻狀況，特別是對於自由戀愛的發展，起到了保護和促進的作用。根據地政權對婚姻制度的改變，根本是改變了鄉村權力結構的形態，表現在婚嫁習慣上是「革命標準」對「財富標準」的替代。具體來說，在抗日政權建立後，當地民眾對婚嫁對象的考察，對「革命程度」的重視已經超過了「財富數量」。《小勝兒》中的窮小子小金子，他能夠獲得鄉民的喜愛，並得到小勝兒漂亮的小馬鞭，不是因為有錢，而是因為他是騎兵主任的勤務兵；《正月》中，多兒一家人對其娶親對象的考察，革命程度也大過了財富數量，這使她最終堅定地選擇了新農會副主席劉德發。《黃敏兒》中，主人公王振中是富農家庭的媳婦，卻不滿足自己的婚姻狀況，千方百計脫離家庭參加革命，在她的心目中，「革命」顯然高於「財富」。在鄉村世界，革命標準能夠成功取代財富標準，離不開革命的武力後盾和抗日的道義支持，但不管怎樣都改變了「婚姻論財」，為自由戀愛提供了制度和現實的保障。

三、「革命」與「鄉土」的曖昧

與同時代作家相比，孫犁小說的獨特之處，在於他表現了抗日根據地內「革命」與「鄉土」的曖昧關係——這是其他作家表現不充分（或沒有發掘）的地方。從數量上來說，中國現代文學史上表現新民主主義革命農村題材的作品舉不勝舉，甚至可以武斷地說，表現新民主主義革命題材的作品，基本都是農村題材——畢竟中國革命的道路是「農村包圍城市」。但在數量巨大的此類作品中，「革命」與「鄉土」的關係並沒有被挖掘，他（她）們筆下的農村，更多呈現出「階級」的特徵，缺少了對「鄉土」的充分體認和表達。出現這種狀況的原因，可以從兩個方面來理解：第一，它是鄉土社會自然潰敗的產物。鄉土社會在近代以來的危機，導致了農村「階級」矛盾的突出，這一點在中國現代文學史上的鄉土小說和左翼農村小說中已有表現，這些作品促人深思的地方，就在於帶給讀者要求改變現實的衝動——這種模糊的衝動被清晰化之後，就變成了階級鬥爭的原動力。第二，是「革命」與「鄉土」內在衝突的結果。革命所要實現的目標，在根本上是對鄉土社會的改造和重

建，不管是經濟上的土地革命和合作化改造，還是文化上的革命倫理重建，都是要打破鄉土社會的固有秩序。當中共農村革命理論爲作家接受，革命的實踐廣泛開展，「鄉土」必然在文學中消失，農村社會的變遷被納入到革命發展的統一邏輯當中。

孫犁小說與一般農村革命題材小說的區別，在於他筆下有一個相對完整的鄉土世界，他小說中的主人公有些可能是貧農（如《邢蘭》中的邢蘭、《蒿兒梁》中的女主任、《正月》中的多兒等），有些可能是中農或富農（如《荷花淀》中的水生、《藏》中的淺花、《碑》中的老金、《村歌》中的雙眉等），有的甚至生活在地主家（如《黃敏兒》中的王振中），但「身份」並沒有構成他們的本質差別，他們都具有淳樸和善良的特徵，都對於抗戰表現出極大的熱情。所以說，孫犁小說所要表現的內容，不是革命化了的農村，而是鄉土與革命在抗戰時期相生相長的理想狀態。

孫犁對這種現象的捕捉，或者說孫犁小說獨特性的根源，源於他生活的晉察冀抗日根據地，以及其創作成長時期的中共抗戰政策。晉察冀抗日根據地是中共在抗戰當中新發展起來的根據地，其以靠近陝甘寧的山西爲突破口，不斷向東向北拓展，從而建立起以鄉村爲主要活動區域、零星散落的「網狀根據地」〔註 25〕。其典型特徵是，中共抗日政權和日僞政權在第一地區犬牙交錯，日僞控制中心城市及交通要道，抗日政權控制城市之外的鄉村和偏僻地區，雙方的勢力範圍伴隨軍事鬥爭不斷消長。一個地區政權交替過於頻繁，實際提升了鄉土文化的影響力。這種狀況在陳忠實的《白鹿原》有充分地表現，在軍閥割據時期，作爲鄉約的鹿子霖在白鹿原地位直線下降，而作爲族長的白嘉軒地位則不斷攀升，出現這種狀況的原因在於：世俗權力力量在政局不穩時極易喪失，而鄉土文化力量則擁有更加穩定和長期的影響力。具體到晉察冀地區，由於抗日力量與日僞力量彼此消長，中共在晉察冀邊區並不能如在陝甘寧邊區進行強勢而系統的社會改造，爲了保持在該地區的穩固性，中共不得不借助鄉土傳統——這其實也是中共敵後抗戰政策的一致特徵。

〔註 25〕李公樸著《華北敵後——晉察冀》中說：「晉察冀的經濟中心不在城市，因爲除了阜平之外，沒有一座城池。也不在鎮市，許多的大鎮市，尤其是冀中亦都變成了日寇的據點。在晉察冀是無數的『經濟點』構成的一面強韌的經濟網」。（三聯書店，1979 年版，第 119 頁）雖然李公樸此處所描述的是經濟情況，但也反映了晉察冀根據地的概括。

　　相較於中共抗戰前後的農村政策，中共在抗戰時期對農村鄉土傳統顯得格外重視，甚至可以說是對既有鄉土秩序的妥協。可以從三個方面來說明這個問題：首先，在土地政策上，中共在工農割據時期推行的「土地革命」在此時基本停止，取而代之推行了「減租減息」政策。雖然「減租減息」在各根據地執行標準不一，但其旨歸是不破壞鄉村的既有社會結構，通過鄉土文化傳統的延續性擴大並發展抗日力量；其次，在農村經濟發展方式上，中共在抗戰時期並沒有急於推廣之後奉行的「合作化」道路，即通過人為組織實現農村經濟的集體化生產，而是以鼓勵家庭生產為主的「富農經濟」。「富農經濟」以家庭為基本生產單位，雖然為了擴大生產規模，也出現了家庭農場化的集體合作，但生產資料的所有制屬於家庭而非集體。在家庭生產的基礎上，中共鼓勵農民擴大生產規模，保護私產的正常發展，並沒有出現「因公廢私」的傾向。這種農村經濟發展方式，延續了小農經濟的發展傳統。最後，在發動農民參與抗戰的組織和動員中，中共採取借助鄉土文化——而非對抗的方式。這表現在一些具體做法當中，譬如陝甘寧邊區在大生產運動中，為了讓更多人參與生產，借助了農民希望發家致富的「起家」傳統，在現實生活中樹立「二流子轉變」的起家典型，秧歌劇《鍾萬財起家》、《劉二起家》就表現了這種內容。再譬如前文提到的晉察冀優待抗屬的政策，特別尊重了農民注重實利的習慣。中共這樣的農村路線，隨著抗戰勝利而宣告結束，取而代之是對農村鄉土社會的強力改造，土地改革和合作化運動在根本上改變農村的社會秩序，並間接中斷了農村的文化傳統；階級鬥爭思想的推廣和普及，完全取代了鄉土傳統，成為中共進行革命和戰爭動員的有力武器。在這樣的背景下，「鄉土」在很多作家農村書寫中變成了例如方言、習俗、著裝等破碎的元素。

　　孫犁的創作起步於抗戰時期的晉察冀，正是「抗戰」和「晉察冀」讓他感受到革命與鄉土共融後的曖昧——這也是其創作獨樹一幟的獨特所在。因為孫犁小說中革命與鄉土的共融有廣泛的社會基礎，其小說可以從「鄉土」和「革命」進行雙重解讀。

（一）革命的與現實的

　　如同詩人穆旦在《讚美》裏對抗戰時期中國底層人民的讚美，孫犁抗戰主題小說表現出對家鄉人民投入抗戰的深深讚美。從「革命」的角度，孫犁筆下的晉察冀人民以最淳樸的方式表現出對抗戰的擁護和支持，是新民主主

義革命的一個縮影，也是中共領導下「全面抗戰」正確性和有效性的明證，同時也證明了「人民群眾是社會發展的動力」的道理，是一個典型的革命主題。不過，如果從「鄉土」的角度，孫犁小說也可以說與「革命」無關。在孫犁的小說中，侵略者與抗戰力量都是鄉土社會的「介入者」，它們的差別在於前者破壞了鄉土生活的正常秩序，而後者則是鄉土生活的維護者和恢復者，擁護抗戰抵抗侵略對底層人民而言是現實的選擇。譬如在《白洋淀邊的一次小鬥爭》中，撐船老漢所講的雞與女孩的故事最有典型性，為什麼連沒有成熟意志的動物和小孩都參與抗戰，因為日寇破壞了鄉土生活的平靜和自足，要保持這種自足的生活，就必須起來反抗。而在《荷花淀》、《蒿兒梁》等作品中，那些普通人為什麼要積極擁護並參與中共領導的抗日活動，因為這樣可以讓他們本已潦倒的生活有了現實保障。在《「藏」》、《邢蘭》、《正月》、《黃敏兒》等作品中，則反映了另一種情況，參加和擁護抗戰可以讓很多底層人民獲得尊重和地位的提升：新卯參加抗戰提升了自己在家庭的地位；邢蘭和多兒通過抗戰提升了自己在當地的地位；王振中通過參加抗戰，改變了自身的命運。這種現實的效果，沒有抗戰的契機很難實現。

（二）現代的與傳統的

抗戰是一場現代戰爭，不管是中共編纂的抗戰史描述中，還是在孫犁的小說中，「現代」戰爭的痕跡都十分濃厚。中共領導下「全面抗戰」的現代特徵表現在多個方面，如：土地政策、政權建設、抗戰組織與動員、作戰形式、社會變革等等。這些特徵在孫犁的小說中也有表現，譬如在基層政權建設上，鄉民選舉、婦救會、青先會、游擊隊等，都是過去不曾出現的現代政治組織和政治實踐；再譬如在社會生活上，自由戀愛、離婚、合作社等新事物的出現，反映了中共抗戰過程為建立現代國家而進行社會實踐。在中國大陸編纂的抗日戰爭史著中，抗戰勝利的根本原因（特別是中共領導下敵後抗戰的成果），都可歸結於這些現代因素。對於孫犁的小說，我們可以從這個角度進行認知，但同時也可以從傳統民間心理的角度進行理解。在中國民間社會，「家國情懷」深入人心，「天下興亡，匹夫有責」的觀念有著旺盛的生命力，而晉察冀所在的「燕趙之地」，本來就多慷慨悲歌之士，剛烈勇猛的地域傳統對當地人民影響深遠。孫犁小說中多處表現了這些傳統文化心理的影響。譬如在《荷花淀》中對水生參軍離家的描寫，他父親說：「水生，你幹的是光榮事情，我不攔你，你放心走吧。大人孩子我給照顧，什麼

也不要惦記。」〔註26〕而水生對妻子的交代是：「不要叫敵人漢奸活捉的，捉住了要和他拼命。」〔註27〕他們談話中所體現出文化觀念，並沒有多少現代內涵，更多是民間流傳的家國情懷和儒家倫理。再如《白洋淀邊一次小鬥爭》中，主人公說：「同志，咱這裡的人不能叫人欺侮，尤其是女人家，那是情願死了也不讓人的」。〔註28〕這種剛烈的性格，唯一的解釋只能是燕趙文化的現代呈現。此外，在許多作品中，很多底層農民因為參加抗戰而獲得尊重，這種現象除了中共在抗戰中善於宣傳造勢，也是儒家倫理在民間影響的結果。

（三）鄉土美學與革命美學

由於革命與鄉土的曖昧，孫犁小說力圖呈現的審美典範也同樣具有曖昧性。譬如其對根據地女性美的刻畫，鄉土色彩十分濃厚，如《「藏」》中的淺花：

> 這個女人，好說好笑，說起話來，像小車軸上新抹了油，轉得快叫得又好聽。這個女人，嘴快腳快手快，織織紡紡全都行，地裏活賽過一個好長工。她紡線，紡車像瘋了似的轉；她織布，挺拍亂響，梭飛得像流星；她做飯，切菜刀案板一齊響。走起路來，兩隻手甩起，像掃過平原的一股小旋風。〔註29〕

這種勤勞能幹的女性形象，只有在鄉土世界裏，才具有最大的美感。從革命的角度來說，抗戰也需要這樣的女性形象，當男性們紛紛奔赴戰場，日常生產和後勤補給都需要女性來完成，不勤勞能幹不足以勝任這樣的角色。當然，僅僅勤勞能幹還不能滿足革命的需求，他們還必須對家庭之外的抗戰事業積極支持，體現出民族大義。淺花就是這樣，她不僅個人能幹，還要求丈夫新卯能承擔公共事務——這在抗戰時期就是要參與抗戰。淺花對新卯及其同志參加抗戰的支持，為其形象的審美內涵增加了新的內容。不過，淺花的這種革命大義，又符合了傳統女性的審美標準，那便是「男主外、女主內」的「賢內助」形象。就淺花來說只有丈夫新卯參加革命在「主外」的環節表現得出類拔萃，它的「賢內助」形象才能完成，所以鼓勵新卯承擔公共事務，不僅

〔註26〕孫犁：《孫犁全集》（第一卷），人民文學出版社，2004年版，第34頁。
〔註27〕孫犁：《孫犁全集》（第一卷），人民文學出版社，2004年版，第34頁。
〔註28〕孫犁：《孫犁全集》（第一卷），人民文學出版社，2004年版，第72頁。
〔註29〕孫犁：《孫犁全集》（第一卷），人民文學出版社，2004年版，第89頁。

是民族大義，也是自我完成的必要過程。孫犁筆下，塑造成功的女性都有此類特徵，譬如水生嫂、雙眉、九兒等等。還有一些女性，孫犁力圖展現他們作為革命新女性的特徵，如《麥收》中的二梅、《正月》中的多兒、《黃敏兒》中的王振中，但她們要麼並不夠動人，要麼只有在革命與鄉土的新的交接點上，才體現出美感。譬如二梅，她在革命工作中表現出的老成和嚴厲並沒有多少美感，但作品將其放在類似「木蘭從軍」的境況下，由於祖父祖母過於年邁，二梅必須表現出堅韌和強幹的特點，正是鄉土與革命的這種新交叉點上，二梅可愛的特徵再次油然而生。

從社會學的角度而言，孫犁小說的這種特徵正是抗日根據地「鄉土重構」典型表現。由於近代以來中國鄉土社會持續走向潰敗，抗戰根據地從自身需要出發對鄉村社會的改變，恰恰恢復了業已（或正在）崩潰的鄉土秩序和鄉土傳統。這些被恢復的鄉土秩序和鄉土傳統，是中共為抗日根據地帶來的「改變」，而這種改變又恰恰是鄉村的鄉土本色。正是如此，「鄉土重構」後的抗日根據地，既是革命的根據地，又是鄉土的烏托邦，孫犁的獨特性，就在於他敏銳地抓住了抗日根據地的這種特質。

四、土地改革與孫犁的矛盾

土地改革的開始，標誌著抗日根據地內「鄉土重構」的結束。土地改革的目標，是改變中國自封建社會以來建立的土地制度，以及在此土地制度下形成的鄉村社會格局，中國鄉土社會的諸多特徵就是建立在這樣的土地制度之上，因此土地改革的本質，是對鄉土社會的消解和重建──土地改革與鄉土傳統之間，對抗遠遠要大於共融。〔註30〕土地改革不僅改變了土地制度和鄉村格局，不僅涉及到農民與地主、貧與富之間社會關係的變革，也改變了普通農民的思維方式和日常生活。土地改變對鄉土生活的改變，孫犁敏銳地感受到這一點，在他的小說裏這種改變可以概括為三個方面：自足的狀態被打破；自然的關係被改變；自由的生活被束縛。

〔註30〕1949 年頒佈的《中國土地法大綱》可以非常清楚看到土地改革對鄉土社會的態度。《大綱》第一條：「廢除封建性及半封建性剝削的土地制度，實行耕者有其田的土地制度」，實際已將農村已有的土地制度和鄉土傳統統統定性為「封建制度」，也就意味著要被徹底改變。《大綱》第三條：「廢除一切祠堂、廟宇、寺院、學校、機關及團體的土地所有權」，這也就意味著宗族制度、民間信仰、民間組織等鄉土社會重要要素的衰落。從土地制度入手，中共的土地改革是對鄉土社會的徹底改造。

（一）自足的狀態被打破

鄉土生活的魅力之一，在於其中人們的自足感。「自足」是一種社會現實，又是一種文化心理。作為一種社會現實，自足的基礎是小農經濟的獨立性，一個家庭的生產可以滿足一家基本之需；作為一種文化心理，自足來自於鄉土社會的穩定性：不是說所有的農民都不想改變自己的命運，而是鄉土社會給予他們改變命運的機會並不多，一家人窮其一生辛苦勞作，不一定在經濟上有大的改變。這種狀況，使他們逐漸養成安於現狀的自足感。抗戰時期根據地內的「鄉土重構」保持了鄉土的穩定性，所以根據地的人民依然保持了自足的心態，這在孫犂的小說中也都有反映，此處不再贅言。「土地改革」打破了鄉土社會的穩定性，通過群眾鬥爭的手段，鄉村的權力結構發生改變，財富也要被重新分配，這種翻天覆地的變化，打破了農民的自足心理，種種農民身上的局限性也隨之暴露了出來。

私欲膨脹是土改後農民局限性的典型表現。《鐵木前傳》中的黎老東在革命到來前一貧如洗，革命到來改變了他的經濟狀況，但也打破了他自足的心態。他想賺更多的錢，建更大的家業，為此不惜與朋友、鄰里決裂，不惜走上與被打倒財主同樣剝削的道路。《村歌》裏也有同樣的情形，在土改被打倒地主的浮財還沒有被分配的時候，榮軍和烈屬紛紛仗著自己的資格來要財產，態度惡劣，完全不顧及自己的身份。兩種情形，十分類似巴金在抗戰後創作的《憩園》，園子不變園內的封建殘魂就難以消散。自足和私欲其實是農民身上同時存在的兩種秉性，當土地改革讓他們輕易獲得大量財產，沒有經過思想洗禮的農民不可避免暴露出自己的局限性。

（二）自然的關係被改變

與鄉土生活的自足緊密相聯，鄉土社會人際關係體現出自然的人情美。孫犂很多作品如《山地回憶》、《碑》、《澆園》、《紀念》、《女人們》等等，都通過八路軍與鄉民關係，讚美鄉民的淳樸和善良。自然的前提，也來自於小農經濟的獨立性和鄉土社會的穩定性，在獨立經營的體制下，即使長久相處的鄉民之間的利益糾葛也十分有限，這為自然的人際關係打下了基礎。土改和伴隨而來的合作化，改變了農民生產的方式，也加強了彼此的利益糾葛，與之俱來便是自然人際關係的破壞。

土地改革對鄉村人際關係的破壞，是孫犂最為敏感，在作品中表現最為充分的部分。孫犂筆下鄉村人際關係破壞的第一種情況是在財產分配的情形

下，《石猴》典範地反映了這個問題。小說首先提到小官亭地區由於歷史上比較貧困，可以平分的鬥爭成果比較少，農民在平分時斤斤計較、喋喋不休，原本自然簡單的人際關係已不復存在。如果說小官亭的斤斤計較是可分配財產太少，十分富裕、財產充足的大官亭卻出現了更加悲劇的事件。主持分配財產的老侯，拿了平分財產中的一段廢緞子和一個石猴做了煙包和弔墜——如果比較戰爭年代農民為八路軍作出的種種犧牲，譬如《山地回憶》中的襪子、《小勝兒》中的棉襖，這幾乎不算什麼，而老侯本人也不過是喜歡漂亮才有如此行為。但小小的石猴和緞子卻給老侯帶來無窮的災難，民間關於石猴的謠言四起，老侯最終竟被整風審查。小說的結尾，代表政府對這個事情表態的老邴說：「興妖作怪不是猴兒，是我們的敵人，村裏有看不見的無線電。老侯同志作風不好，叫人家借屍還魂，受點處分也不算冤枉。」〔註31〕這話有值得思索的空間：「我們的敵人」是誰呢？老侯受處分除了自身原因還有沒有其他原因呢？從整篇小說表現的情形看，孫犁認為的「我們的敵人」恰恰是人民自身，當長期個體生產的農民之間有了利益的瓜葛，他們既不能從集體主義出發來看待正在發生的社會改變，曾經擁有的自足和自然也逐漸消失——這才是值得思考的問題。

第二種人際關係破壞的情形是因為階級鬥爭。階級鬥爭在民間的普及，對人際關係的影響最大，在一些「紅色經典」當中，我們不乏看到土地改革中群眾鬥爭大會的壯觀場面。近年來，不少史學家已經開始注意到群眾鬥爭的人為性質，即近代中國農村的階級矛盾並不如許多著作中描述的那般激烈，很多群眾鬥爭大會都是在不斷動員、組織下完成的。〔註32〕從這個角度而言，階級鬥爭對自然人際關係的破壞，堪稱諸種要素之最。孫犁小說很多時候迴避了土改中激烈的階級鬥爭，但在一些作品的細節中也能捕捉到蛛絲馬迹。《村歌》的下篇，雙眉風風火火拿著青秫秸的形象讓人記憶猶新，如果

〔註31〕 孫犁：《孫犁全集》（第一卷），人民文學出版社，2004 年版，第 278 頁。

〔註32〕 代表論文有黃宗智：《中國革命中的農村階級鬥爭：從土改到文革時期的表達性現實與客觀性現實》（《中國鄉村研究》（第 2 輯），商務印書館，2003 年版）；張鳴：《動員結構與運動模式——華北地區土地改革運動的政治運作（1946～1949）》（《21 世紀》（網絡版），2003 年 6 月號（總 15 期））。此外，〔美〕韓丁的《翻身——中國一個村莊的革命紀實》（北京出版社，1980 年版），〔加〕伊莎貝爾·柯魯克、〔英〕大衛·柯魯克著《十里店——中國一個村莊的群眾運動》（北京出版社，1982 年版）等著作中，也從一個側面反映了相關的情況。

追蹤雙眉爲什麼拿起這個「武器」，就必然要追蹤到土地改革中對地主的鬥爭，雙眉是鬥爭地主的積極分子，孫犁雖然隱去不表雙眉在地主鬥爭中的表現，但可以想像可能正是依靠「青秫桔」的暴力行爲，她才能在群眾鬥爭大會上脫穎而出。另一個細節發生在保衛莊稼的場景中，當雙眉面對同一宗族的爺爺輩地主郭老漢，雙眉拿著撅槍堅決和他劃清界限，這其實是階級鬥爭打破當地宗族傳統的一個例子。在鄉村社會，「長老權力」〔註33〕具有重要的權威性，但在階級鬥爭面前，它的權威性已不復存在。我們可以理解雙眉的行爲和做法，也可以從中看到進步的因素，但鄉土社會中自然的人際關係已不復存在。

第三種對自然人際關係破壞的情形是集體生產。「互助合作」是中共在進行土地改革過程，爲提高生產效率而推行一種生產製度。準確地說，「互助合作」在中共領導區域內一直推行的一種政策，只是在土地改革過程中推行面最廣程度最高。「互助合作」改變了小農經濟的生產方式，也改變了鄉土社會的人際關係。在《村歌》的上篇，雙眉、大順義、小黃梨等一大批人被拒絕在互助組之外，人爲製造了人和人之間的分裂和隔閡。究其原因，其實也不過是因爲提高效率，互助組建立的目的是爲了提高效率，而且在互助組之間還存在競爭關係，爲了不影響聲譽或拖後腿，一部分人就被淘汰了出來。在小農經濟下，這種情形是不會出現的，特別是落後分子大順義和勞動英雄李三竟還是夫妻，她們之間的隔閡完全可以在家庭內部得到解決。互助合作實際將小農經濟下可以存在的個體差別，用一個標準變成人與人之間的隔閡。互助合作造成的隔閡，在開明領導人老邴的幫助下得到了解決，但由於這種整體劃一的制度依然存在，組建起互助組的雙眉爲了不落人後，竟然也用鬥爭地主的青秫桔去威脅落後分子。雖然雙眉的行爲受到了批評，但這位單純青年女子的變化，無疑讓我們看待集體生產方式對鄉土社會的改變之深。

（三）自由的生活被束縛

對鄉土生活而言，自足、自然和自由三位一體，有了自足的心態，就會

〔註33〕費孝通在《鄉土中國》中將鄉土社會中的權力分爲四種：社會衝突中所發生的橫暴權力：社會合作中所發生的同意權力；社會繼替中所發生的長老權力，社會變遷中的時勢權力。長老權力的重要功能是對於傳統的傳承作用，在十分看重血緣聯繫的鄉土社會，它具有重要的影響力。

有自然的人際關係，也就有自由的日常生活。儘管在中國歷史上，由於生存的壓力，鄉土中的人必須爲謀生苦苦掙扎，但相對以分工合作爲基礎的現代社會對人的束縛，他們的生活依然保持了較大的自由度。沈從文筆下的湘西世界，是鄉土社會中自由生活的理想狀態，如果說這種理想狀態有刻意美化的成分，孫犁抗戰小說中的一些場景，則可以說是更爲現實的自由。《荷花淀》中，一眾抗屬聚眾探夫的場景讓人印象深刻，其實這便是鄉土自由生活的一個例子，在丈夫參軍婦女要承擔主要生產任務的背景下，她們撇下工作直接奔赴前方，在現代社會幾乎不可能。所以，鄉土社會中的自由還在於小農生產的個體性，不用分工合作，只要不違農時都可以自由安排生產的時間。

土地改革開始的互助合作運動，將分工合作的方式應用到農業生產中，由於這種生產方式是政治外力推動的結果，因此種種紀律也被強加到農民的升上。《村歌》中寫了雙眉組織互助組的情形，當日漸周密化的生產製度應用到農民身上時，他們十分不適應。在某種程度上，對這種制度適應的程度，成爲這一時期農村「先進」與「落後」的分水嶺。《鐵木前傳》中的六兒和小滿是鄉土自由的典型，他們是自然的精靈，不適應任何制度化的東西，但因此他們成爲了鄉土中的「問題青年」。自然的精靈成爲問題青年，不能不歸因於鄉土社會的巨大轉變。

革命對鄉土的劇烈改變，對於已經習慣了晉察冀「鄉土重構」的孫犁來說，無疑造成巨大衝擊，這表現在創作中則是其審美理想的內在衝突。在孫犁創作的反映土改生活的作品中，可以很明顯感覺到其思想的猶豫和動搖，其在理性層面力圖樹立的正面典型，常常受到潛在審美理想的影響而體現出美學的缺陷，「善」和「美」在孫犁的作品中分裂了。《村歌》中的雙眉是個從「落後」到「先進」的轉變模範，雖然她的「落後」與「先進」都有很多可以探討的空間，但在小說裏的現實世界中，她無疑發生了這樣的「轉變」。然而，如果從審美的角度看待雙眉從「落後」到「先進」的轉變，恰恰又是一個從「美」到「不美」（至少是「不夠美」）的過程，這是十分值得關注的現象。在雙眉被互助組排斥在外是一名「落後分子」時，孫犁這樣描寫她：

> 她聽見吃吃的笑聲。轉過臉來，看見一位姑娘抱著一個小孩，
> 正用青秫桔打棗，逗著小孩笑。這姑娘細長身子，梳理得明亮烏黑

的頭髮，披在肩上；細線白線紫花線合織的方格子上身，下身穿一
條短褲，光腳穿著薄薄的新做的紅鞋。〔註34〕

漂亮單純的雙眉如同《邊城》中的翠翠。如果再仔細瞭解她的情形，她勤勞
能幹，能織出別人不能織出的花布，而且效率不低；她愛好文藝，喜歡編
排戲劇；她生性善良，爲了小牛生產不顧自己性別而遭人非議；她性格好
強，處處不落在人後。這樣的形象和素質，簡直是孫犁之前小說中女性美的
集合體。然而就是同樣的一個人，當她一步步靠近「先進」時，「美」卻在逐
漸喪失。加入「互助組」後，要強的雙眉希望在新的潮流中體現自己的價
值，這也本是人之常情，但其所作所爲體現出的「美感」不是增加而是減少
了。同樣喜歡拿著「青秫桔」，雙眉不再是用來打棗，而是用它鬥爭地主、對
付落後分子——固然這些行爲是先進的表現，但其單純善良的「自然之子」
現象卻在我們腦海中漸漸消失了——作爲讀者，雙眉的這種轉變，不免讓人
擔心。

《鐵木前傳》是一部表現鄉土社會在革命中發生轉變的作品。一般讀者
都注意到黎老東的變化，這也在上文裏分析過，土地改革導致其私欲的膨脹，
進而又影響了他與周圍人的關係。然而，作品中還有一種轉變常常被忽略掉，
那便是傅老剛女兒九兒的轉變，相比於多年沒有長進的六兒，九兒在久別重
逢後已經成長爲革命「模範青年」。然而成爲「模範青年」的九兒，在審美性
上卻不如六兒和另一個問題青年小滿。成長後的的九兒，吃苦耐勞、積極上
進，幾乎挑不出什麼毛病，但正是如此，她彷彿一個革命的機器人，毫無趣
味可言。九兒就不同了，他掏鳥蛋、做買賣，不務正業瞎折騰，卻保持了自
然的天性，反而讓人覺得他是個活生生的人。

對一個作家而言，眞、善、美是一致而統一的體系，其力圖樹立的正面
形象（善）必然是其美學理想的化身，三者之間的錯位都很少發生，更不用
說發生悖逆的情景。孫犁作品這種反常現象，只能說明其內心深深困惑，而
其根源恰恰是革命與鄉土關係的急劇變化：抗戰時期的「鄉土重構」，讓他看
到了革命與鄉土共融的可能和美好；而土地改革的發生，不僅讓曾經的美好
不復存在，還讓他看到了農民的局限性和熟悉鄉土生活的消亡。在這樣的社
會劇變面前，對於革命閱歷和知識閱歷都有限的孫犁來說，怎麼會不陷入矛
盾當中呢？

〔註34〕孫犁：《孫犁全集》（第二卷），人民文學出版社，2004年版，第4頁。

四、從革命與鄉土的關係再看孫犁

孫犁早、晚期創作的迥然差別，以及其在解放初期創作中表現出的種種矛盾，使孫犁作為「革命文學中多餘人」〔註35〕的形象來日漸深入人心。「多餘人」揭示了孫犁創作與主流革命文學之間的分歧，這種觀點的出現，標誌著學界對廣義「革命文學」和孫犁認識的深入。不過，作為世界文學中的一個重要概念，用「多餘人」來定位孫犁，也留下了值得進一步思考的問題：首先，如果說「多餘人」代表個人與時代、潮流之間較為清晰的距離，孫犁與革命文學之間的距離是否十分明確？其次，革命文學的「主流」是否具有較為恆定的標準，會不會出現主流標準變異、或從模糊到清晰逐漸形成的狀態？再次，在革命文學形成自己標準的過程中，有不少作家與標準形成距離，應該如何看待這些「多餘人」與孫犁的關係呢？這些問題，要求我們在認識到孫犁在革命文學中的獨特性的同時，更深入探討其「多餘」狀態形成的原因。

如果我們追蹤孫犁創作發展的道路，創作初期的孫犁至少沒有將自己邊緣化的主觀意圖，甚至還形成了緊跟主流的意識。孫犁在晉察冀工作時期，主要從事宣傳工作，當記者寫通訊是其文學生涯的起步，以至於孫犁早期許多小說都有類似通訊的意味。從記者成長起來的作家，對於媒體的需要和體現自身特性的把握比一般作家更為敏感，這在孫犁在延安成名的過程中已經體現了出來。發表孫犁《荷花淀》的編輯方紀，後來回憶到：「讀到『荷花淀』的原稿時，我差不多跳了起來，還記得當時編輯部的議論——大家把它看成一個將要產生好作品的信號」，「『荷花淀』無論從題材的新鮮，語言的新鮮和表現方法的新鮮上，在當時的創作中顯得別開生面。」〔註36〕《荷花淀》的橫空出世並不是偶然，孫犁後來自己回憶說：

> 這篇小說引起延安讀者的注意，我想是因為同志們長年在西北高原工作，習慣於那裡的大風沙的氣候，忽然見到關於白洋淀水鄉的描寫，刮來的是帶有荷花香味的風，於是情不自禁地感到新鮮吧。當然這不是最主要的。是獻身於抗日的戰士們，看到我們的抗日革

〔註35〕楊聯芬：《孫犁：革命文學中的「多餘人」》，《中國現代文學研究叢刊》，1998年第 4 期。

〔註36〕方紀：《一個有風格的作家——讀孫犁同志的〈白洋淀紀事〉》，《新港》，1959年第 4 期。

命根據地不但擴大，群眾的抗日決心日益堅決，而婦女的抗日情緒
也如此令人鼓舞，因此就對這篇小說發生了喜愛之心。〔註37〕

這段話充分體現出孫犁的敏感和匠心，從晉察冀來到延安，孫犁十分清楚什麼能代表自己的獨特性：他在抗戰時期並沒有在白洋淀長期工作的經歷，但針對西北高原的實際，依靠自己過去在白洋淀生活的經歷和聽來的故事，創作了具有水鄉特色的荷花淀；他清楚知道作為抗戰後方的延安讀者，十分想瞭解前方抗日根據地的故事，因此選擇了一個戰爭的題材。除此之外，他從「令人鼓舞」的角度來進行創作，是否已經覺察到延安文藝座談會後創作的轉變未為可知，但他與晉察冀另一位相熟作家王林（《腹地》的作者）關於晉察冀不同的表現方式，及因此導致二人解放後不同的命運，也可推測他多少注意到這一點。〔註38〕《荷花淀》在延安獲得了成功，而且還成為延安文藝座談會後「好作品」的典範，這不能不歸功於孫犁的敏感。從這個角度來說，說孫犁是革命文學中的「多餘人」，至少從孫犁主觀意志和其初登文壇的狀態上講是行不通的。

孫犁的邊緣化，或者說他後來創作中出現的問題，在於他不能及時把握革命的變化。這不能不說是孫犁的悲哀。如果說孫犁是革命文學中的「多餘人」，那麼類似孫犁這樣新民主主義革命中的「多餘人」還不在少數，他們可以統稱為革命的追隨者。與「追隨者」相對應的是革命的「主導者」，他們居於革命的中心地帶，對於革命形勢的變化、發展瞭如指掌，因此也能及時把握革命的形勢，成為潮流的領導者。就文學界而言，一大批聚集在延安的作家，顯然是革命文學的主導者，他們參與革命文學方針的決策，始終主導著延安文學的走向，雖然在延安整風當中一大批人受到衝擊、一大批作品受到批判，但這些批判的作品曾經依然是革命文學的主導和主流。與這些革命的

〔註37〕 孫犁：《關於〈荷花淀〉的寫作》，《延河》，1978 年第 11 期。
〔註38〕 《腹地》是作家王林在抗戰期間以冀中「五一大掃蕩」為題材創作的一部長篇小說，初版於 1949 年。小說以自然主義的創作方法，反映了敵後「反掃蕩」的艱苦生活和曲折現實，由於小說暴露了中共在敵後抗戰中存在的一些問題，在 1950 年受到批判並被查禁，成為共和國歷史上的第一部禁書。與《荷花淀》相比，《腹地》更真實地反映了敵後抗戰的艱苦和不易，這是其遭受厄運的根本原因，王林認為出現這種境況的原因，是其在創作過程中沒能及時看到毛澤東《在延安文藝座談會上的講話》，沒有領會到延安文藝座談會後文藝的新動向。這種狀態，為我們重新認識《荷花淀》和孫犁提供了新的參照。

主導者相比，更多數基層的革命者都只能算是革命的追隨者，由於知識、閱歷、信息等多方面的原因，他們對於革命的理解要麼依靠政策，要麼依靠切身對革命的感受和經驗，對於革命形勢的微妙變化始終要慢一些，而且對於變化本質的認識不可能是否準確。這些天然的劣勢，使得他們也只能居於「追隨者」的地位——相對於主導者，必然處於「邊緣」的位置。

革命與鄉土的關係，對於孫犁而言是其感受革命最初的方式——也是最重要的方式。正如有研究者形容的那樣，孫犁是「隨波逐流」參加了革命。這種缺少強烈主觀傾向的革命方式，在近代中國群雄並起的局面下，一個基層革命者要感受中共革命的獨特性，只能樸素地參照它與這片土地的關係。長期宣傳工作的訓練，讓孫犁敏感地把握到敵後根據地在「鄉土重構」政策下革命與鄉土共融的特質，並形成了他對於革命的個人理解。這種對革命的認知方式，伴隨《荷花淀》的成功最終在孫犁的內心走向成熟。應該說正是孫犁的聰慧和敏感，讓他從成功從「邊緣」走向了「主流」。

儘管孫犁有足夠的聰慧和敏感，其從邊緣走向主流的過程也依舊充滿偶然。方紀回憶《荷花淀》能夠成功的原因時說：「那正是延安文藝座談會以後，又經過整風，不少人下去了，開始寫新人——這是一個轉折點；但多半還用的是舊方法……」〔註39〕這裡有很多值得思考的信息：如果沒有座談會後文藝方向的轉變；如果不是整風打倒一大批作家，《荷花淀》都不可能一舉成功。如果孫犁要保住自己來之不易獲得的「主流」地位，很多「功課」都需要補上，譬如：延安文藝座談會召開的原因是什麼？毛澤東《在延安文藝座談會上的講話》的精髓是什麼？延安整風的意義何在？這些問題，如果孫犁一直留在延安或許能夠明白，當然這也可能改變其創作的道路——但孫犁很快離開了延安。

重新回到晉察冀的孫犁，也只能重新依靠鄉土的參照來體會革命發展和變化，然而他面對的是與「鄉土重構」迥然差別的土地改革。土地改革在抗戰之後被推上中共革命的重中之重，普及面之廣、影響之深刻都可謂空前絕會，在這種潮流面前，任何人都知道它是革命的新方向。然而，落實到孫犁十分熟悉而敏感的鄉土，土地改革不是創造一個更加理想的「荷花淀」，而是要毀滅已有的「荷花淀」，這種巨大的反差，如何在文學的世界中得到化

〔註39〕方紀：《一個有風格的作家——讀孫犁同志的〈白洋淀紀事〉》，《新港》，1959年第4期。

解，顯然超出了孫犁的能力。所以，如果將孫犁視爲革命文學中的「多餘
人」，那麼這種「多餘人」應該算是一大批革命追隨者在文學世界的共同宿
命。革命需要追隨者，但革命文學只需要主導者，當一個作家以革命追隨者
的身份參與創作，在瞬息萬變的革命潮流和革命文學潮流面前，他們只可能
曇花一現。

拾貳、20 世紀初期留美學生與校園體驗

陶永莉[*]

摘要：20 世紀初期留美學生在美國大學學習時，對科學方法尤爲關注。他們認爲歸納法可通過觀察世界本身而取得新知識，而演繹法則不能產生新知識，因此，普遍重視歸納法而忽視演繹法。這種價值取向說明了他們將科學方法與對傳統思想的批判聯繫起來。這就與美國大學教授的科學方法區別開來，具有中國特點。

關鍵詞：留美學生，歸納，演繹，體驗

---

* 陶永莉，女，四川大學文學與新聞學院博士生。

　　1847年容閎、黃寬、黃勝開啓赴美留學之後，1872年清政府派遣第一批幼童留美，至1881年留美幼童分三批撤回，從而留學美國告一段落。1895年甲午戰敗與《馬關條約》的簽訂引起了清廷上下震動，有識之士在探尋日本迅速強大的原因時，認爲向國外派留學生是當務之急，掀起了一股留學熱潮。然而，這次熱潮最先以留學日本爲主，直到1908年美國國會正式通過退還庚款餘額用以資助青年赴美留學的法案之後，留美高潮才到來，至1929年由於美國經濟危機和清華學校留美預備部結束，留美學生人數才有所下降。

　　縱觀二十世紀初期的留學熱，如果說集會、罷課、退學、肄業回國以至革命、暗殺成爲留日學生的大事，那麼，上課、做實驗、參加各種學生活動、到工廠見習則是留美學生的日常狀態。留日學生普遍傾向關注政治事件，對國際形勢尤其是中日俄關係極爲敏感，相比之下，雖然留美學生也會討論諸如美國大選之類政治，但他們更多的是潛心學業。趙元任在下面的這段回憶錄雖然不能代表全部留美學生的情況，但是可以從中窺見一般留美學生對政治較爲漠然的態度，他說，「除了在上海出版《科學》外，我和中國的聯繫不多，只經常和我堂表兄弟姊妹以及我最喜歡的姑母儂姑通信。那時中國最振奮的事件是 1911 年推翻帝制的革命……那是我第一次聽到革命的事」，「那些年另一件重要大事是1914年的歐洲大戰，我們並未認清那次戰爭的重要性，我在1914年7月31日的日記上只記『歐戰迫近，何等荒謬！』繼續忙於科學社開會等等」。〔註1〕學業才是留美學生的大事。胡適在1914年1月25日的日記中寫道，「今日吾國之急需，不在新奇之學說，高深之哲理，而在所以求學論事觀物經國之術。以吾所見言之，有三術焉，皆起死之神丹也：一曰歸納的理論，二曰歷史的眼光，三曰進化的觀念。」〔註2〕由此可見，此時就讀康乃爾大學四年級的青年胡適尤爲關注科學方法，然而，這種情況不僅僅見於胡適一人，它幾乎就可以說是留美學生在美國學習的共同體驗。

　　以蔣夢麟爲例，1908年8月赴美留學，次年2月入加州大學農學院學農學，1909年秋轉到社會科學學院學教育，1912年於加州大學畢業。隨後赴紐

〔註1〕趙元任：《從家鄉到美國——趙元任早年回憶》，學林出版社，1997年版，第105、111頁。

〔註2〕胡適著：《胡適日記全編1》，曹伯言整理，安徽教育出版社，2001年版，第222～223頁。

約哥倫比亞大學研究院，師從杜威，攻讀哲學和教育學，1917 年 3 月獲得哲學及教育學博士學位。蔣夢麟在《西潮・新潮》中回憶留學生活時，主要談到了學習情況、加州華人以及紐約生活等方面，其中在談及學習時，重點強調了思維訓練與學習方法。回憶錄爲事後回憶，一方面因爲當事人的內在心態與外在時空的變化，所以很難完全而準確地還原出事發時的情景，因而對回憶錄要持謹慎態度；另一方面記憶具有選擇性特徵，人們往往根據自己的需求，在已被注意和理解的信息中挑選出對自己有價值的信息儲存在大腦中，也就是說，從選擇的角度看，能被記住且能回憶起來的信息與回憶者的主觀態度和價值判斷等有著密切關係。那麼，從記憶的選擇性特徵角度看，思維訓練與學習方法對蔣夢麟來說具有特殊的意義和價值。在赴美留學之前，蔣夢麟有讀私塾經歷，從他的回憶錄中能夠讀到「乏味」、「苦難」的描述，這主要是私塾教學方法導致的。私塾先生完全採用記憶式、灌輸式教學，要求學生熟讀背誦儒家經典，背到一定程度後再逐句講解，然後再背誦。對學生來說，學習的興趣沒有被調動起來，思維沒有得到開發，受到訓練的只有記憶力和耐心。這樣的私塾教育「簡直像監獄」，「只有給小孩子添些無謂的苦難」。〔註 3〕有了這樣深刻而痛苦的私塾體驗後，蔣夢麟對美國大學教育與科學方法較爲敏感。在農學院學習時，他對實驗與實驗器材十分感興趣；在社會科學學院時，他從邏輯學課中認識到思維方法的重要性，努力進行觀察、歸納、推理的思維訓練，重視經驗的運用；在哥倫比亞大學研究院時，學到如何以科學方法應用於社會現象，以及體會到科學研究的精神。

1911 年留學美國就讀歐柏林學院的蔣廷黻同樣表示：「歐柏林的老師不再要我死記課文，不再要我使用演繹法和孔夫子的格言，他要我多用眼睛多用手。要我在顯微鏡下研究試管中的微點。要我觀察我所能看到的東西，不要忽略所觀察到的事實。訓練我觀察要仔細，提出報告要客觀。經過這一番訓練，物質對我又有了新意義。科學方法也成了一個新發現……我衷心羨慕這種教育方法」。〔註 4〕與中國私塾先生灌輸式教學相比，美國大學老師注重交給學生思維方法與學習方法。顧維鈞在回憶哥倫比亞大學穆爾教授時說，穆爾強調學會做以下兩件事的重要性：第一，不論是爲了寫文章還是爲了求知，要知道到哪裏去找自己所需要的材料；第二，學會推理。不必讓一個人費腦

〔註 3〕 蔣夢麟：《西潮・新潮》，嶽麓書社，2000 年，第 31、32 頁。
〔註 4〕 蔣廷黻：《蔣廷黻回憶錄》，臺灣傳記文學出版社，1979 年版，第 59～60 頁。

子去記事實、日期、人名和地點,重要得多的是學會到哪裏去找這些資料,這樣的話,就能保持頭腦清醒,進行獨立思考,而不只是一位編年史的匯編者。〔註5〕相比之下,中國傳統私塾教育的最大特點恰恰是讓學生死記硬背,這種教育方式與尊崇古代聖賢思想和封建統治有關,不需要有個體獨立的思考,只需要遵守一代代傳承下來的儒家思想與倫理道德。入私塾最直接、最主要的目的是參加科舉考取功名。二十世紀初期的留美學生普遍出生於十九世紀八九十年代,四、五歲入私塾,在 1905 年清政府取消科舉制之前,一般都在私塾讀了 5 至 10 年左右,隨後進入新式學堂或教會學校學習英語、數學等課程,再出國留學,因此二十世紀初期的留美學生幾乎都接受過私塾教育。入私塾不僅僅只是一種學習經歷,更重要的是它意味著接受這種學習就是接受與它相關的知識體系、價值觀念以及思維方式。知識體系在某些時候比較容易受到質疑與改變,然而後兩者相對來說卻難得多。留美學生帶著童年「乏味」、「苦難」的私塾學習經歷來到美國大學,顯然會受到美國教育的衝擊,對美國教育尤為敏感,體驗尤為深刻,因此,出現了前面在回憶錄中大談美國教學的現象。

關於美國教育所呈現出來的科學方法,除了上述在回憶錄中表達的崇尚之情外,留美學生還做了進一步探討。任鴻雋在《科學方法講義》中對歸納與演繹進行了比較:歸納邏輯是事實的研究,演繹邏輯是形式的敷衍;歸納邏輯是由特例以發現通則,演繹邏輯是由通則以判斷特例;歸納邏輯是步步腳踏實地,演繹邏輯是憑虛構造;歸納邏輯是隨時改良進步的,演繹邏輯是一誤到底的。〔註6〕留美學生多偏重歸納而忽視演繹,他們主要認為歸納法可以通過觀察世界本身而取得新知識,而演繹法則不能產生新知識,因為在任何演繹推理中,結論已經被包含在前提中了。因而,他們十分推崇歸納法,例如竺可楨曾提出:「科學上最有威能之方法,乃演繹法」〔註7〕,趙元任也曾說:「海王星之發見實近世演繹科學收功之最大者。孰謂紙上空談為科學家所不齒乎?」〔註8〕在西方,自亞里士多德以來,演繹法最先獲得哲學家的厚

〔註5〕 顧維鈞:《顧維鈞回憶錄第一分冊》中國社會科學院近代史研究所譯,中華書局,1983 年版,第 35 頁。

〔註6〕 任鴻雋:《科學方法講義》,《科學》第 4 卷第 11 期,第 1048～1049 頁。

〔註7〕 竺可楨:《近代科學先驅徐光啓》,《竺可楨科普選集》,中國大百科全書出版社,2011 年版,第 47 頁。

〔註8〕 趙元任:《海王行星之發見》,《科學》第 1 卷第 12 期,第 1359 頁。

愛；然而，隨著近代自然科學的發展，開始形成一套嚴密的科學方法，首先是經驗觀察，再對觀察資料進行分析，形成假設，然後用進一步的觀察和實驗來檢驗假設：在此過程中，歸納法與演繹法二者都起著重要的作用。與此不同的是，如上所述，中國留美學生卻對歸納法情有獨鍾。這說明留美學生在體驗美國科學文化時，根據自身的經歷與需求，進行了適當的「調整」。李自強在分析五四時期一些學術界人士偏重歸納法時指出，他們主要認為演繹法不能產生新知識，且該法曾經用於灌輸和推行儒家經典，而歸納法則可通過觀察世界本身而取得新知識。〔註9〕這也適合留美學生的情況。

然而，值得深思的是，歸納法與演繹法都是科學方法，在美國都受重視，為什麼到了中國留學生這裡卻產生了輕重之別；如果僅僅從科學研究的角度看，二者都會在研究過程中得到運用：顯然，這裡的輕重之別的根本不在具體的科學研究中，而在科學之外。也就是說，科學與科學方法在中國留學生這裡承擔了科學之外的其他意義即救國與啟蒙，這就將科學的意義與作用擴大，甚至為後來在中國興起的科學主義思潮打下了基礎。這就不難理解為什麼留美學生傾向強調歸納法而忽視演繹法了。在他們看來，儒家經典就是採用演繹的方法進行推廣與傳承的。一方面童年的私塾教育經歷讓他們對此深有體會：在私塾教育下，只能被動接受儒家經典的灌輸，將它作為先天的合理的存在，在它規定的範圍內行事做人；另一方面與美國科學文化相比，二十世紀初期的中國仍受到儒家權威思想、經學獨斷論的思維方式的影響與控制。那麼，重視歸納法與忽視演繹法就同時指向了對傳統思想的批判，因而具有了歷史的啟蒙意義，為近代思想觀念的變革提供了某種程度上的支持。所以，任鴻雋用了一連串具有強烈感情色彩的詞語來描述歸納與演繹的差異，如歸納「步步腳踏實地」、「改良進步」，演繹「敷衍」、「虛構」與「一誤到底」，這種描述就具有了價值傾向與批判色彩，從而與美國大學教授的科學方法拉開了距離，具有了自己的特色。

〔註9〕李自強：《現代中國科學主義思潮》，鄭州大學出版社，2001 年版，第 111 頁。

附　錄

壹、從宏觀視野到微觀問題
——「民國歷史文化與中國現代
經典作家」學術研討會述評

高博涵[*]

中國現代文學史敘述範式問題是學界近年來關注的熱點問題。從「新文學」、「近代／現代／當代文學」到「二十世紀中國文學」，我們的文學研究逐步擺脫「政治革命歷史研究框架」，向「社會文化史研究框架」的轉變，有意識地突破政治對文學研究的干擾，還原文學研究本來的獨立與自足，但這一轉向依然深陷「文學／政治」的二元對立模式，且在此框架下興盛而起的「現代性」話語也因脫離本土、纏繞於西方理論而遭到質疑。[註1] 與學科自身建設的困境相對，國人當下的生存體驗也發生了很大變化，我們開始從革命語境中走出，回歸原質性的生活，尋求以此為基點的物質精神發展，帶著這樣的需求回看歷史，「我們對歷史的關注，不再僅僅局限於這種文化的政治意義和民族屬性的辨析，而是關注一種合理健康的、能和世界交流的普適性的文化如何生產的問題。」[註2] 「民國視野」[註3] 的提出，正是這一研究轉型的表徵，「民國視野」，包括了張福貴、丁帆、湯溢澤、趙步陽、楊丹丹等人提出的「民國文學史」、張中良提出的「民國史視角」、李怡提出的「民國機

* 高博涵，女，四川大學文學與新聞學院博士生。

〔註1〕參看李怡：《中國現代文學史的敘述範式》，《中國社會科學》，2012 年第 2 期，及其他相關文章。

〔註2〕王永祥：《「民國視野」的問題與方法意識——「民國社會歷史與中國現代文學」學術研討會綜述》，《文藝爭鳴》，2013 年第 1 期。

〔註3〕有關「民國視野」的詳細梳理與分析，可參看周維東：《中國現代文學研究中的「民國視野」述評》，《文藝爭鳴》，2012 年第 5 期。

制」等多種研究思路，〔註4〕這些提法雖存在著內部諸多的差異，但在將文學研究回歸「民國」歷史語境的過程中，仍尚需在合力的狀態下發起對話，以期在學科建設中、在學界建立起新的研究範式。

正是在這樣的呼籲與前提下，以西川論壇學人爲首的一批學者著手將這一研究落於實處。2011 年 12 月，該論壇學人於雲南蒙自紅河學院發起了第一屆年會，專題研討「民國經濟與現代中國文學」，〔註5〕2012 年 12 月，第二屆年會又順利於北京師範大學召開，就「民國視野」的有效性、民國政治法律之下的現代文學、出版審查制度與現代文學生產等問題展開了討論。〔註6〕前兩次會議均就某一主題嘗試回歸歷史語境，挖掘文學的眞實生成過程，而第三次年會則更多伸入到具體的作家作品及與之相關的文學事件，以個案的方式將「民國視野」的研究落到實處，從微觀處細緻體察，得出具體的研究結果。這一次年會便是本書著重述評的「民國歷史文化與中國現代經典作家」學術研討會。此次會議由新疆阿拉爾的塔里木大學人文學院主辦、北京師範大學民國歷史文化與文學研究中心、四川大學現代中國文化與文學研究中心、中華文學史料學學會、西川論壇組委會協辦，於 2013 年 10 月 23 日至 24 日在塔里木大學召開。此次會議參會學者六十餘人，諸多「聲音」彙聚一處，產生了許多碰撞與交流。

一、「民國視野」有效性的再討論

與上一次會議議題密切相連，本次會議中，仍有學者從方法論、價值觀等角度再次對「民國視野」的有效性及操作性進行深入的探討，形成了對上

〔註4〕 詳見張福貴：《從意義概念返回時間概念——關於中國現代文學史的命名問題》（《文學世紀》（香港），2003 年第 4 期）、丁帆：《新舊文學的分水嶺——尋找被中國現代文學史遺忘和遮蔽了的七年（1912～1919）》（《江蘇社會科學》，2011 年第 1 期）、張中良（秦弓）：《現代文學的歷史還原與民國史視角》（《湖南社會科學》2010 年第 1 期）、張中良（秦弓）：《三論現代文學與民國史視角》（《文藝爭鳴》2012 年第 1 期）、李怡：《「五四」與現代文學「民國機制」的形成》（《鄭州大學學報》哲學社會科學版，2009 年第 4 期）、李怡：《民國機制：中國現代文學的一種闡釋框架》（《廣東社會科學》2010 年第 6 期）、李怡：《中國現代文學史的敘述範式》（《中國社會科學》，2012 年第 2 期）等一系列相關文章。

〔註5〕 會議綜述詳見王永祥：《民國文學機制研究中的經濟視角——西川論壇第一屆年會綜述》，《社會科學研究》，2012 年第 3 期。

〔註6〕 會議綜述詳見王永祥：《「民國視野」的問題與方法意識——「民國社會歷史與中國現代文學」學術研討會綜述》，《文藝爭鳴》，2013 年第 1 期。

次會議的補充與擴展。李怡（北京師範大學、四川大學）將民國文學研究與當下流行的「民國熱」現象進行了對比分析，認爲「民國熱」屬於大眾文化潮流，而「民國文學研究」則是中國學術多年探索發展的結果，應加以嚴格區分，但另一方面，學術研究也應由此探索社會情懷，爲中國當代文化貢獻自己的智慧和力量。賈振勇（山東師範大學）繼續沿著「民國視野」的宏觀視角思考，認爲改造自我的歷史觀是當下首當其衝的任務，我們無需過多糾纏於「民國文學」具體時間點的分界，而是要建立起眞正意義上的價値觀。「民國視野」首先要基於整體的中華民族復興視野，並將「民國文學」看作中國文藝復興的初始階段。在他看來，我們的現下發起的「民國視野」的研究只能是一個初始摸索階段，如要走向成熟，尚需大量的時間積累。賈振勇的觀點不僅意欲將這一研究逐步推進，同時也提醒我們警惕小圈子中的自我陶醉，時刻客觀求實地面對整個研究過程。周海波（青島大學）再次闡釋了民國文學與現代文學的不同，認爲在卸去了社會革命眼光的衡量後，處於轉換期的作家新舊兩面的特徵値得進一步挖掘，而一些多年來被邊緣化的處於夾縫中的傳統特徵較鮮明的作家與作品及其背後隱藏的特殊心態，也値得再次審視，這樣的觀點使得長期被忽略遮蔽的歷史褶皺有了再解讀的可能性。魏建（山東師範大學）雖然從整體上論述「民國視野」，其關注的重心卻是「民國機制的微觀研究」，他以《創造》這一刊物名稱被訛傳、刊物性質被混淆這一具體研究事件爲例，指出返回民國歷史現場尤需注意諸多歷史細節的勘正，在重視史料的同時，更應具備辨析能力，避免失誤，歷史眞相需通過微觀研究來做一點實事，把「民國機制」的設想落到實處。魏建的觀點即將此次研討會的主題從以往的宏觀視角帶入了具體的微觀研究，在接下來的諸多發言中，學者們正是以具體的作家作品、文學事件、刊物社團等作爲研討對象，實踐著本次會議論題所倡導的研究方向。

二、民國歷史文化與魯迅

在本次會議中，具體到作家作品研究，魯迅無疑是重點關注對象，有十位以上的學者關注到了民國歷史文化與魯迅的關係，並從多側面對此進行了研究。張中良（上海交通大學）考察了魯迅的民國意識，認爲魯迅對民國的態度，除了我們慣常熟知的批判態度，同時也有很強烈的認同態度，這種認同可通過魯迅對民國建立的擁護、魯迅任職於民國政府、魯迅依賴於民國法

律等一系列史實體現而出，這說明魯迅與民國的關係是多樣而複雜的，需要我們重新還原、重新解讀。欒梅健（復旦大學）考察了魯迅的文學觀問題，認為從魯迅對古典小說的評判標準來看，魯迅並非始終堅持文學的功利性，且對啟蒙一直存在著很大的懷疑，我們以往只是突出了魯迅一時一面的觀點，現如今應將魯迅還原回民國，還原回他整體的真實的文學觀與心態。姜異新（《魯迅研究月刊》編輯部）通過魯迅與辛亥革命關係的梳理，認為魯迅不會為激進的民族情緒左右，而是選擇走在文化啟蒙的道路上，選擇以改造民族劣根性的方式艱難地活下去，不斷追求思想革命與思想革命的反省。靖輝（東莞理工學院）以魯迅為例，論述了民國歷史文化與現代文學的經典性問題，認為民國空間對作者的影響、古典文學的滋養、反叛倫理道德、文學語言特殊性等問題，應提起研究者的注意。胡昌平（塔里木大學）從民國體驗的角度出發，對魯迅的文學批評進行了解讀，認為面對血淋淋的人生體驗，魯迅的文學觀是複雜獨特的，其文學批評兼具戰鬥性與藝術性。蕭濤（塔里木大學）梳理了魯迅從清末到民初的生活軌迹與思想脈絡，認為這一段時期為魯迅日後的創作帶來理性思索的依據，同時也與其日後批判性、否定性、矛盾性的思想特徵的形成有著密切聯繫，其內心深處的孤獨感也在這一時期種下諸多因由。

除了在整體思想上考察魯迅，也有一些學者選擇以具體的文本或事例來解讀「民國視野」下的魯迅。楊慧（廈門大學）對魯迅筆下的「白俄敘事」進行了考論，認為作為獨特的「他者」，白俄構成了有關西方、現代、歷史與革命的多重鏡象，而魯迅則敏銳地發現了白俄對於自身及國人獨特的「喚醒」與「質疑」功能，成為魯迅為建設「拿來」的現代中國所作出的獨特貢獻之一。顏同林（貴州師範大學）回歸了魯迅的從教體驗，並以此為基點挖掘魯迅現代小說有關教育書寫的內容與涵義，認為魯迅的小說作品包蘊著灰色而失敗的教育理念，其中帶有作者個人不妥協的洞見與偏見，魯迅一手執教育，一手執文藝，其小說創作成為了民國教育及其機制本身的藝術呈現。黎保榮（肇慶學院）考察了魯迅反抗文學商業化的經濟體驗，打開了魯迅作為社會存在的政治、經濟、文化、生命體驗中的「經濟」維度與「文學——經濟」的跨界視野，並梳理了魯迅反抗文學商業化的思想構成、應對策略、心理誘因與文學史意義，展現了魯迅反抗文學商業化的思想悖論與難以擺脫的寂寞悲涼。盧軍（聊城大學）從文學敘事與歷史真實的甄別出發，考察了

魯迅筆下的庸醫何廉臣的真實身份與醫德醫術，將魯迅父親病因、症狀、死
亡原因、何廉臣的治療方案等相結合進行綜合考證，可以看出：魯迅將父親
之死歸咎於何廉臣是有失公允的，其原因有二，喪父之痛、個人私怨，以及
視中醫爲封建殘餘故而進行排斥與抨擊，即魯迅是站在反封建反傳統文化的
啓蒙立場來批判中醫的，矛頭指向並非何廉臣個人。羅執廷（暨南大學）考
察了選集運作與魯迅形象的塑造，並從魯迅選集出版概況、魯迅「文學家」
身份及內涵的認定、雜文選本與魯迅「思想家」、「革命家」形象的塑造等方
面進行了論述。同樣類型的討論還可見袁少沖（運城學院）從當下的倫理道
德背景重看《肥皂》，孫偉（四川大學）對漢畫像與魯迅文學創作關係的論述
等等。

三、民國歷史文化與其他作家作品

　　本次會議討論最多的即是民國歷史文化與具體的作家作品，除去較爲集
中的有關魯迅的討論之外，有近二十餘位學者對郭沫若、茅盾、巴金等一系
列的作家及具體作品進行了論述，一些學者還將觸角伸及到往常較少關注的
作家。張玫（四川大學）就對學界以往較少關注的王平陵進行了關注與分析，
並認爲，將王平陵歸於「民族主義文藝運動」的發起者和倡導者，並不準確，
這一文藝運動視民族爲種族、無視社會矛盾和民生疾苦，而王平陵文藝思想
的內涵和外延要寬廣得多，屬於以「發揚民族精神、開發民治思想、促進民
生建設」爲目的的「三民主義文藝」。錢曉宇（華北科技學院）看來，在文學
史中被遮蔽的但實際具備經典性的作家與其作品可被稱爲「影子經典」，白薇
就是這樣一位作家，在對其創作環境的考察中可發現，白薇之所以出現較爲
出格的寫作內容，除去個人的原因之外，也與民國的生態環境有著密不可分
的關係，對照白薇的文本，可折射出民國生態的大量細節，值得學界重新關
注。李俊傑（北京師範大學）挖掘了長期被遮蔽的徐訏詩歌，並將關注點投
放於徐訏戰爭題材的詩歌中，並認爲這類詩歌既豐富又多元，深沉悲傷、充
滿反思，具有內容形式的特別感，同時又介於現實與非現實之間，值得進一
步被關注。劉永麗（四川師範大學）考察了早期左翼作家的革命書寫問題，
認爲政治革命的實質並不被早期左翼作家看中，當時的作家更多是被激情生
活的渴望所驅使，僅將革命作爲羅曼蒂克的想像。李光榮（西南民族大學）
考察了西南聯大求學期間的汪曾祺，通過他參與文學社團、修習文學課程、

沉迷圖書館、拜師求教、茶館裏養氣品世等事件的梳理與挖掘，可知汪曾祺的文學品性即是在此一時期得到了較好的培養與開蒙。王學東（西華大學）將冰心的作品置放於「民國文學」的視野進行考察，指出冰心的作品體現出民國時期「海洋文明」的發展特質，其詩歌不僅呈現出海洋意象系統，同時更呈現出海洋性的新的思維方式，顯示出了詩歌中童心、愛、哲理等範疇的真正指向和獨特意義所在，其所包蘊的完全之愛打開了民國文學通往「愛」的思想甬道，而「理性——宗教」的審美旨趣，也為民國詩歌的發展開啟了一條「反抒情」的重要發展路徑。周維東（四川大學）從社會史角度出發，通過對孫犁小說中「荷花淀」的原型「白洋淀」生產收入、戰時影響、家庭婚姻、革命與鄉土關係等問題的考察，以及土地改革與作者的矛盾等一系列問題的分析，認為孫犁創作的「荷花淀」系列小說很難說是對現代鄉土文學經驗的繼承，甚至也很難說是某種審美理想左右的產物，而是在抗日革命根據地「鄉土重構」的背景下，孫犁個人體驗與時代需求共融的結果。高博涵（四川大學）通過社會情態影響、詩人主觀創作心態的考察，論證了卞之琳早期詩歌多層次散射與雜糅的詩歌主題，並認為詩人是以較平和的創作心態呈現著現實世界多元的色調，展現著難以釐定的諸多發展可能性。楊華麗（綿陽師範學院）將馮沅君抗戰時期的文學書寫納入作者的漂泊體驗中去考察，認為戰時的漂泊體驗使得馮沅君彌合了新／舊、文學創作／學術研究之間的間隙，文學女作家與古典文學研究者的雙重身份在此時實現了互融互滲。同類型的論文還可見張睿睿（成都大學）對民國上海的英文期刊環境與林語堂的創作轉型的考察、彭超（西南民族大學）對民國視野下少數民族作家身份價值定位的分析等等。

　　具體到某一部作品，羅維斯（北京師範大學）認為「階級性」和「現代性」這樣的「舶來品」並不能準確解讀《動搖》中茅盾刻畫的民國時期人物形象，如重新回歸作品人物的身世背景，會發覺他們均指向了在傳統社會中延續千年，卻在 1949 年後逐漸消失的階層——「士紳」，只有通過這一本土理念，返回民國時期具體的社會歷史情境，才能真正得到文本的體認。趙靜（北京師範大學）從民國公館外圍城市社會風貌、公館內部家族結構、公館歷史考證等不同側面入手，對巴金《家》中的公館及作品的思想藝術形態做了考察，重新挖掘了巴金引借高公館來揭示中國家族命運的真實用意，探究作品解構鄉村與城市、府門與公館、個人與群的多重關係，以及《家》中以

公館、花園、公園所代表的城市家居景觀背後的「人的覺醒」的涵義，動態地解密家族走向和現代人的歸宿。倪海燕（肇慶學院）從《三個叛逆的女性》切入，分析了郭沫若這三個劇中對女性的書寫，以及他的「女權」體認，並由此生發開來，考察了民國時期一些男性作家對女性問題的關注以及對其創作產生的影響。陳思廣（四川大學）則具體考察了《子夜》刪節版，通過細緻而艱難的尋覓和查證，更正了先前論者對《子夜》版本的錯誤印象，更提出新的問題留待學界進一步查證。胡安定（西南大學）考察了張恨水《八十一夢》的戲仿特徵，並對該作品的讀者群進行了分析，認為因文化趣味、文學記憶、閱讀闡釋方式相近而造就了一個民國舊派小說的閱讀共同體，這一閱讀共同體對當時的文學生產機制產生了重要影響。

四、民國歷史文化與文學事件、刊物社團

　　本次會議第四個重要討論內容即是對文學事件、刊物、社團等問題的探討。張堂錡（臺灣政治大學）向我們介紹瞭解嚴之前因兩岸敵對狀態而被禁止閱讀的 1930 年代作家作品在臺灣被討論的情況，通過文化政策下的「禁區」、政治迷霧下的「誤區」、道德迷思下的「誤區」等多方面的探討，使我們看到政治干涉下文學研究所走過的艱難歷程，而唯有回歸學術自身，不斷拂去歷史塵埃，各種有形無形的禁區、誤區才有真正消失的可能。張武軍（西南大學）以南社與《新青年》為例，著重探討了民國文人結社機制和文學的演進關係，認為南社雖因自由結社理念而興起，但用「集權制」的方式來解決南社的發展困境無疑會背道而馳，而進一步通過對《新青年》聚合離散、人員選擇的考察，可發現自由結合、自由裂變的社團發展過程，體現出了自由的社團機制與自由的表達，而這正是涵屬於五四的價值理念。謝明香（成都信息工程學院）同樣以《新青年》為討論對象，從話語權構建、話語權爭奪、話語權控制及控制策略等幾方面考察了《新青年》媒介話語權的控制與形成，使我們在媒介層面重新體認《新青年》的運作機制。王榮（陝西師範大學）將關注點對焦於四十年代國統區出版、發行的延安文藝期刊，並以《新大眾雜誌》中的讀者來信回覆為例，指出我們應走出意識形態、還原歷史，以學術性的態度對當時的期刊發展等文藝情況作出真實的判斷，對延安戰時地位影響力及一系列相關問題給予合理的呈現與分析。陶永莉（四川大學）關注到了 20 世紀初期留美學生與校園體驗的關係問題，認為留美學生在美國

大學學習時，對科學方法尤為關注，且普遍重視歸納法而忽視演繹法，這種價值取向說明了他們將科學方法與對傳統思想的批判聯繫起來，這就與美國大學教授的科學方法區別開來，具有中國特點。王西強（陝西師範大學）關注到了 1930 年代上海「眞美善作家群」的形成及其文化姿態，並從租界對文學影響、「眞美善作家群」的聚集、內部交往、文化姿態，以及曾樸父子與法租界關係、交際空間等問題為著眼點，進行了深入的分析，使我們進一步觸摸到了當時形成這一作家群的社會歷史境況。

以上分四個部分對民國歷史文化與中國現代經典作家研討會的討論內容進行了介紹與梳理。此次會議既包括了宏觀的「民國視野」方向的探討，也包括了微觀細緻的作家作品及文學事件、刊物社團等具象性的考察，既有主題的深入，也有文本的關照，並努力以多種方式嘗試將文學研究回歸原始歷史語境，獲得新的打量眼光與衡量標準。此次會議同時著重強調了「民國視野」研究的「名」與「實」問題，所謂「民國視野」，並非前綴「民國」二字即能代表回歸歷史情境，而是需要我們努力尋找和還原民國自身的發展演變邏輯，這種演變邏輯不僅是時間的，更是空間的。於此同時，如何在進入歷史之後返迴文學，如何在發掘大量歷史細節的同時，仍能保持文學研究的本體性並使還原的歷史為文學研究所用，這些問題都是需要我們進一步關注、嘗試並落實的。最後，在不斷推進「民國視野」研究的同時，我們也必須強調，「民國視野」絕非唯一的研究範式，提出這一範式的目的並非試圖推翻已有的其他研究模式，而是欲圖與其他研究形成對話與補充，以嶄新的視角為我們的文學研究注入新的活力。以上所有這些嘗試與探索，仍期待著進一步的發展，並努力建立屬於自己的合理有效的空間，這還需關注這一研究範式的學人不斷挖掘、建設與更深層次地反思。

貳、民國歷史文化與中國現代經典作家學術研討會議程

（西川論壇第三屆年會）

2013.10.22～10.27

新疆・阿拉爾

主辦單位：塔里木大學人文學院

協辦單位：北京師範大學民國歷史文化與文學研究中心

四川大學現代中國文化與文學研究中心

中華文學史料學學會

西川論壇組委會

一、具體日程安排

日　期	時　間	地　點	備　註
10 月 22 日	全　天	阿克蘇機場	乘車到阿拉爾
		希貴賓館、桃源賓館	報到、住宿
10 月 23 日	08:30～09:30	貴賓館、桃源賓館	早餐
	10:00～11:00	南疆幹部培訓中心三樓會議室	開幕式
	11:00～11:20	南疆幹部培訓中心門前	合影
	11:30～12:35	南疆幹部培訓中心三樓會議室	主題發言第一場
	12:50～14:05	南疆幹部培訓中心三樓會議室	主題發言第二場
	14:05～15:00	南疆幹部培訓中心一樓餐廳	午餐
	15:30～17:05	生物技術研發中心四樓會議室	主題發言第三場
	17:05～17:25	生物技術研發中心四樓會議室	主題發言第四場
	19:30～21:30	南疆幹部培訓中心三樓會議室	塔里木大學歡迎晚宴
10 月 24 日	08:30～09:30	貴賓館、桃源賓館	早餐
	10:00～11:35	南疆幹部培訓中心三樓會議室	主題發言第五場
	12:00～13:35	南疆幹部培訓中心三樓會議室	主題發言第六場
	13:50～14:50	南疆幹部培訓中心一樓餐廳	午餐
	15:30～16:35	南疆幹部培訓中心三樓會議室	主題發言第七場
	17:00～17:30	南疆幹部培訓中心三樓會議室	閉幕式暨學術總結
	17:30～19:30	西域文化博物館、校史館	參觀
	20:00～22:00	禾一飯店	人文學院安排晚餐
10 月 25 日	08:30～09:30	貴賓館、桃源賓館	早餐
	09:30～14:00	沙漠——胡楊林	考察
	14:00～15:00	沙雅塔里木河大橋胡楊林	午餐
	15:00～16:30	沙雅魔鬼林	考察
	16:30～20:00	魔鬼林——阿克蘇	乘車
	20:30～22:00	阿克蘇凱旋賓館	晚餐、住宿
10 月 26 日	全　天	天山神木園、溫宿大峽谷	考察
		阿克蘇	午餐
		阿克蘇凱旋賓館	早餐、晚餐、住宿
10 月 27 日	全　天	阿克蘇機場	離會

二、與會學者名錄

安曉平：塔里木大學人文學院教授、院長

陳漢萍：《新華文摘》編輯部

陳思廣：四川大學文學與新聞學院教授

范智紅：《文學評論》編輯部編審、中國社會科學院研究員

高博涵：四川大學文學與新聞學院博士生

韓　偉：西北師範大學文學院教授、副院長、博導

胡安定：西南大學文學院副教授

胡昌平：塔里木大學人文學院副教授、副院長

賈振勇：山東師範大學文學院教授

姜異新：《魯迅研究月刊》編輯部主任

靖　輝：東莞理工學院文學院教授、院長

黎保榮：肇慶學院文學院副教授

李光榮：西南民族大學文學與新聞學院教授、博導

李俊傑：北京師範大學文學院博士生

李青果：《中山大學學報》編輯部

李　怡：北京師範大學民國歷史文化與文學研究中心、四川大學現代中國文化與文學研究中心教授、主任、博導

劉福春：中國社會科學院文學研究所、中華文學史料學學會教授、副會長

劉永麗：四川師範大學文學院教授

盧　軍：聊城大學文學院教授

欒梅健：復旦大學教授、博導

羅　梅：四川大學文學與新聞學院教授、副書記

羅維斯：北京師範大學文學院博士生

羅執廷：暨南大學中文系副教授

倪海燕：肇慶學院文學院副教授

彭　超：西南民族大學文學與新聞學院副教授

錢曉宇：華北科技學院人文社科學院副教授

邱　戈：塔里木大學人文學院副教授、副院長

宋　軍：西南民族大學文學與新聞學院副教授

孫　偉：四川大學文學與新聞學院博士後

陶永莉：四川大學文學與新聞學院博士生

妥佳寧：北京師範大學文學院博士生

王立昌：石河子大學文學與藝術學院教授、院長

王　榮：陝西師範大學文學院教授、博導

王西強：陝西師範大學外國語學院副教授

王曉瑜：太原師範學院中文系副教授

王學東：西華大學人文學院副教授

王志剛：塔里木大學人文學院副教授、書記

魏　建：山東師範大學文學院教授、博導

蕭　濤：塔里木大學人文學院教授、副院長

謝明香：成都信息工程學院文化藝術學院教授

徐麗松：《詩探索》編輯部

顏同林：貴州師範大學文學院教授

楊華麗：綿陽師範學院文學與對外漢語學院副教授、副院長

楊　慧：廈門大學文學院副教授

楊紹軍：雲南大學人文學院教授

姚秋霞：陝西理工學院教授

袁少沖：運城學院中文系副教授

張傳輝：塔里木大學黨委常委、副校長、教授、博導

張　玫：四川大學文學與新聞學院博士生

張睿睿：成都大學文學與新聞傳播學院副教授

張堂錡：臺灣政治大學教授

張武軍：西南大學文學院副教授

張　曦：《學術月刊》編輯部

張中良：上海交通大學左翼文化研究中心、中國現代文學學會教授、副會長、
　　　　博導

趙　靜：北京師範大學文學院博士生

周海波：青島大學文學院教授、副院長、博導

周維東：四川大學文學與新聞學院副教授

朱靜宇：同濟大學教授、博導

　注：按姓氏音序排列。

三、學術研討會議程

（一）10 月 23 日 10:00～11:00 開幕式

　地點：南疆幹部培訓中心三樓會議室

　主持人：塔里木大學人文學院黨委書記王志剛

　1. 塔里木大學校黨委常委、副校長張傳輝教授致歡迎詞

　2. 北京師範大學民國歷史文化與文學研究中心主任、四川大學現代中國文化與文學研究中心主任李怡教授致開幕詞

　3. 中國現代文學學會常務副會長張中良教授致詞

　4. 中華文學史料學學會常務副會長劉福春教授致詞

　5. 臺灣政治大學中國文學系張堂錡教授致詞

　6. 塔里木大學人文學院院長安曉平教授致詞

　7. 與會代表合影

（二）10 月 23 日 11:30～12:35　　主題發言第一場

（每人 10 分鐘，點評 15 分鐘）

　地點：南疆幹部培訓中心三樓會議室

　主持人：欒梅健（復旦大學）

　點評人：周海波（青島大學）

　發言人：

　魏　建（山東師範大學）：關於民國機制的微觀研究

　賈振勇（山東師範大學）：民國文學史：一種新的研究範式在崛起

　張武軍（西南大學）：民國文人結社機制和文學的演進

　謝明香（成都信息工程學院）：《新青年》媒介話語權的控制與形成

　張　玫（四川大學）：王平陵「民族主義文藝」還是「三民主義文藝」？

（三）10 月 23 日 12:50～14:05　　主題發言第二場

（每人 10 分鐘，點評 15 分鐘）

　地點：南疆幹部培訓中心三樓會議室

　主持人：姜異新（《魯迅研究月刊》）

　點評人：魏建（山東師範大學）

　發言人：

　張中良（上海交通大學）：魯迅的民國意識

王　榮（陝西師範大學）：四十年代國統區出版、發行的延安文藝期刊研究

周海波（青島大學）：民國大學視野中的經典作家——以青島時期的老舍為例

張堂錡（臺灣政治大學）：「禁區」與「誤區」——臺灣的「三十年代作家論」

陶永莉（四川大學）：20 世紀初期留美學生與校園體驗

王西強（陝西師範大學）：1930 年代上海「真美善作家群」的形成及其文化姿態研究

（四）10 月 23 日 15:30～17:05　主題發言第三場

（每人 10 分鐘，點評 15 分鐘）

地點：生物技術研發中心四樓會議室

主持人：王　榮（陝西師範大學）

點評人：張堂錡（臺灣政治大學）

發言人：

欒梅健（復旦大學）：民國文學與魯迅文學觀

姜異新（《魯迅研究月刊》）：魯迅的辛亥

楊　慧（廈門大學）：隱蔽的他者——魯迅「白俄敘事」考論

靖　輝（東莞理工學院）：民國歷史文化與現代文學的經典性——以魯迅為例

顏同林（貴州師範大學）：從教體驗與魯迅現代小說的教育書寫

袁少沖（運城學院）：另類的封建家庭與別樣的道學家——從當下的倫理道德背景重看《肥皂》

胡昌平（塔里木大學）：民國體驗與魯迅的文學批評

（五）10 月 23 日 17:25～19:00　主題發言第四場

（每人 10 分鐘，點評 15 分鐘）

地點：生物技術研發中心四樓會議室

主持人：陳漢萍（《新華文摘》）

點評人：韓　偉（西北師範大學）

發言人：

錢曉宇（華北科技學院）：影子經典

黎保榮（肇慶學院）：反抗商業化的「鬥士」——論魯迅思想的一個重要側面

盧　軍（聊城大學）：文學敘事與歷史眞實——爲魯迅筆下的庸醫何廉臣正名

妥佳寧（北京師範大學）：魯迅形象嬗變 1949～1979

孫　偉（四川大學）：漢畫像對魯迅文學創作的影響

羅執廷（暨南大學）：選集運作與魯迅形象的塑造（1932～1949）

蕭　濤（塔里木大學）：從清末到民初：魯迅生活軌迹與思想脈絡探微

（六）10 月 24 日 10:00～11:35　主題發言第五場

（每人 10 分鐘，點評 15 分鐘）

地點：南疆幹部培訓中心三樓會議室

主持人：蕭　濤（塔里木大學）

點評人：張　曦（《學術月刊》）

發言人：

倪海燕（肇慶學院）：《三個叛逆的女性》與郭沫若的「女權」思想

陳思廣（四川大學）：《子夜》的刪節本

劉永麗（四川師範大學）：茅盾早期小說中的的革命書寫

羅維斯（北京師範大學）：《動搖》史實考

趙　靜（北京師範大學）：民國公館與《家》的思想藝術形態

李光榮（西南民族大學）：作家汪曾祺的由來

（七）10 月 24 日 12:00～13:35　主題發言第六場

（每人 10 分鐘，點評 15 分鐘）

地點：南疆幹部培訓中心三樓會議室

主持人：羅　梅（四川大學）

點評人：李光榮（西南民族大學）

發言人：

王學東（西華大學）：「民國文學」視野下的冰心

高博涵（四川大學文學）：論卞之琳 1930～1934 年間的創作心態及其詩歌

周維東（四川大學）：鄉村重建與孫犁的小說

張睿睿（成都大學）：民國上海的英文期刊環境與林語堂的創作轉型

邱　戈（塔里木大學）：張愛玲作品中的時間和空間

（八）10 月 24 日 15:30～16:35　主題發言第七場

（每人 10 分鐘，點評 15 分鐘）

地點：南疆幹部培訓中心三樓會議室

主持人：李青果（《中山大學學報》）

點評人：陳思廣（四川大學）

發言人：

胡安定（西南大學）：戲仿　趣味　民國舊派小說閱讀共同體

彭　超（西南民族大學）：民國視野下的少數民族作家身份價值定位

楊紹軍（雲南大學）：西南聯大的新文學研究

楊華麗（綿陽師範學院）：漂泊體驗與馮沅君抗戰時期的文學書寫

李俊傑（北京師範大學）：簡論徐訏的戰爭題材詩歌

宋　軍（西南民族大學）：飛躍雲端　超越宇宙——論毛澤東詩詞的「崇
　　　　高」風格的源泉

（九）10 月 24 日 17:00～17:35　閉幕式暨學術總結

地　　點：南疆幹部培訓中心三樓會議室

主 持 人：李　怡（北京師範大學、四川大學）

學術感言：張中良（上海交通大學）

學術感言：周維東（四川大學）

歡 送 詞：王志剛（塔里木大學）

四、會議組織機構

策　劃

李　怡：北京師範大學民國歷史文化與文學研究中心、四川大學現代中國
　　　　文化與文學研究中心教授、主任、博導

安曉平：塔里木大學人文學院教授、院長

協　調

王志剛：塔里木大學人文學院副教授、書記

阿不都·力提甫：塔里木大學人文學院副教授、副書記

執 行

胡昌平：塔里木大學人文學院副教授、副院長

蕭　濤：塔里木大學人文學院教授、副院長

邱　戈：塔里木大學人文學院副教授、副院長

會務組

塔里木大學：王東亮、蕭軍、張泰琦、萬里萍、馬彩雲、李玲、卜祥坤、
　　　　　　屈玉麗、王燕靈、王中偉、高英、常玉柱、王金萍、馮德華、
　　　　　　侯曉俊、阿迪力江、李晶

北京師範大學：趙靜、羅維斯

四川大學：周維東

西南大學：黃菊、張武軍